医学文献信息检索与利用

（第二版）

主编 缪幽竹

苏州大学出版社
Soochow University Press

图书在版编目(CIP)数据

医学文献信息检索与利用/缪幽竹主编. --2版. --苏州:苏州大学出版社,2024.8. --(医学专业通用教材). -- ISBN 978-7-5672-4898-4

Ⅰ.G252.7

中国国家版本馆 CIP 数据核字第 2024D2B395 号

医学文献信息检索与利用(第二版)

缪幽竹　主编

责任编辑　赵晓嬿

苏州大学出版社出版发行
(地址:苏州市十梓街1号　邮编:215006)
苏州市越洋印刷有限公司印装
(地址:苏州市吴中区南官渡路20号　邮编:215100)

开本 787 mm×1 092 mm　1/16　印张 17　字数 383 千
2024 年 8 月第 2 版　2024 年 8 月第 1 次印刷
ISBN 978-7-5672-4898-4　定价:55.00 元

图书若有印装错误,本社负责调换
苏州大学出版社营销部　电话:0512-67481020
苏州大学出版社网址　http://www.sudapress.com
苏州大学出版社邮箱　sdcbs@suda.edu.cn

本书编写组

主　　编　缪幽竹
副 主 编　徐旭光　张云坤　任　荣
编　　者（按姓氏笔画排序）
　　　　　任　荣　何　柯　张　禾　张云坤
　　　　　陈　娜　胡梦梵　徐旭光　缪幽竹
　　　　　瞿冬霞

PREFACE 前言

人类业已迈入以现代科学技术为核心、以知识创新和技术创新为特征的信息时代。这个时代使人们深切地感受到：知识就是力量，信息就是财富。随着科学技术的飞速发展，信息技术和手段也日新月异，新经验、新知识不断产生，文献数量也不断增加，网络和电子文献资源蓬勃发展。数字化浪潮一方面为我们带来了丰富的文献信息资源，另一方面也给文献信息检索和利用带来了新的挑战。如何及时有效地进行文献检索，以及利用这些记载人类科技成果的文献促进科学研究的进一步发展，已成为科技工作者日益关注的问题。

文献检索是关于如何查阅、获取和利用有效文献的、具有很强的实践性和应用性的一门方法课程。自20世纪80年代初我国教育部颁发《关于在高等学校开设〈文献检索与利用〉课的意见》文件以来，全国各类高校已将这门课程纳入必修课程体系。医学文献是科技文献的重要组成部分，对于研究人类生命的医学工作者来说，掌握和提高文献检索的方法和技能，可更加有效地利用医学文献，促进自身的学习、工作和研究，进一步提高自身的科研水平，从而成为一名具有较强的情报意识和较高的信息素养，善于在现代信息社会中摄取各类信息，善于终身学习，勇于创新的医学工作者。

本教材共分八章，内容包括医学文献信息概论、医学信息检索基础、常用医学文献检索工具(包括SinoMed、MEDLINE、Embase、SciFinder等数据库)、药学信息检索(包括中外药典和药物索引等)、常用中外文全文数据库、网络医学资源利用、循证医学和医学论文写作。本教材在第一版的基础上，根据各数据库的改版情况，经过反复修订和完善，并借鉴国内外已经出版的一些比较好的教材，结合苏州大学实际教学经验及日常检索工作体会编写而成。对重点内容采用大量的原始图片示例，具有真实、直观、形象和易教、易学、易懂的特点，适用于生物、医学相关专业的研究生、长学制本科生的医学文献检索教学，也可作为临床医生、医学科研和教学人员继续教育的参考用书。

本教材在编写过程中尽量使用最新的检索工具和检索技术,大部分数据资料统计截止至 2024 年 3 月。但数据库更新较快,内容可能与实际有所差异,且囿于编写人员水平、经验,教材中难免存在不足,敬请同行专家和广大师生批评指正。

本教材在编写过程中参考了大量的重要著作,对提高本教材的质量起了十分重要的作用。苏州大学图书馆的有关领导、同人及苏州大学出版社对本教材的编辑和出版给予了大力支持和帮助,在此谨向他们表示衷心的感谢。

编者
2024 年 7 月

CONTENTS 目录

第一章 医学文献信息概论 ⋯⋯⋯⋯⋯⋯⋯⋯⋯⋯⋯⋯⋯⋯⋯⋯⋯⋯⋯⋯⋯⋯⋯⋯⋯⋯⋯⋯⋯ 1

  第一节 信息、文献、知识和情报 ⋯⋯⋯⋯⋯⋯⋯⋯⋯⋯⋯⋯⋯⋯⋯⋯⋯⋯⋯⋯⋯⋯⋯⋯ 1

  第二节 信息资源的类型和级别 ⋯⋯⋯⋯⋯⋯⋯⋯⋯⋯⋯⋯⋯⋯⋯⋯⋯⋯⋯⋯⋯⋯⋯⋯⋯ 3

  第三节 医学信息资源的现状和发展趋势 ⋯⋯⋯⋯⋯⋯⋯⋯⋯⋯⋯⋯⋯⋯⋯⋯⋯⋯⋯⋯ 6

第二章 医学信息检索基础 ⋯⋯⋯⋯⋯⋯⋯⋯⋯⋯⋯⋯⋯⋯⋯⋯⋯⋯⋯⋯⋯⋯⋯⋯⋯⋯⋯⋯⋯ 8

  第一节 信息检索与检索原理 ⋯⋯⋯⋯⋯⋯⋯⋯⋯⋯⋯⋯⋯⋯⋯⋯⋯⋯⋯⋯⋯⋯⋯⋯⋯⋯ 8

  第二节 检索语言 ⋯⋯⋯⋯⋯⋯⋯⋯⋯⋯⋯⋯⋯⋯⋯⋯⋯⋯⋯⋯⋯⋯⋯⋯⋯⋯⋯⋯⋯⋯⋯⋯ 9

  第三节 传统的手工检索工具 ⋯⋯⋯⋯⋯⋯⋯⋯⋯⋯⋯⋯⋯⋯⋯⋯⋯⋯⋯⋯⋯⋯⋯⋯⋯⋯ 12

  第四节 计算机检索及其数据库基本知识 ⋯⋯⋯⋯⋯⋯⋯⋯⋯⋯⋯⋯⋯⋯⋯⋯⋯⋯⋯⋯ 14

  第五节 信息检索方法与检索途径、步骤 ⋯⋯⋯⋯⋯⋯⋯⋯⋯⋯⋯⋯⋯⋯⋯⋯⋯⋯⋯⋯ 19

  第六节 信息检索效果评估 ⋯⋯⋯⋯⋯⋯⋯⋯⋯⋯⋯⋯⋯⋯⋯⋯⋯⋯⋯⋯⋯⋯⋯⋯⋯⋯⋯ 23

第三章 常用医学文献检索工具 ⋯⋯⋯⋯⋯⋯⋯⋯⋯⋯⋯⋯⋯⋯⋯⋯⋯⋯⋯⋯⋯⋯⋯⋯⋯⋯ 25

  第一节 美国《医学索引》与《医学主题词表》 ⋯⋯⋯⋯⋯⋯⋯⋯⋯⋯⋯⋯⋯⋯⋯⋯⋯ 25

  第二节 中国生物医学文献服务系统(SinoMed) ⋯⋯⋯⋯⋯⋯⋯⋯⋯⋯⋯⋯⋯⋯⋯⋯⋯ 33

  第三节 MEDLINE 数据库 ⋯⋯⋯⋯⋯⋯⋯⋯⋯⋯⋯⋯⋯⋯⋯⋯⋯⋯⋯⋯⋯⋯⋯⋯⋯⋯⋯ 60

  第四节 BIOSIS Previews 数据库 ⋯⋯⋯⋯⋯⋯⋯⋯⋯⋯⋯⋯⋯⋯⋯⋯⋯⋯⋯⋯⋯⋯⋯⋯ 84

  第五节 荷兰医学文摘数据库(Embase) ⋯⋯⋯⋯⋯⋯⋯⋯⋯⋯⋯⋯⋯⋯⋯⋯⋯⋯⋯⋯⋯ 94

  第六节 美国化学文摘数据库(SciFinder) ⋯⋯⋯⋯⋯⋯⋯⋯⋯⋯⋯⋯⋯⋯⋯⋯⋯⋯⋯ 104

  第七节 Web of Science ⋯⋯⋯⋯⋯⋯⋯⋯⋯⋯⋯⋯⋯⋯⋯⋯⋯⋯⋯⋯⋯⋯⋯⋯⋯⋯⋯⋯ 115

第四章　药学信息检索 · 134

　第一节　《中国药学文摘》及其数据库 · 134

　第二节　美国《国际药学文摘》及其数据库 · 140

　第三节　药典和药物索引 · 146

第五章　常用中外文全文数据库 · 156

　第一节　全文数据库概述 · 156

　第二节　中文全文数据库 · 157

　第三节　外文全文数据库 · 175

　第四节　电子书数据库 · 191

第六章　网络医学资源利用 · 198

　第一节　搜索引擎 · 198

　第二节　PubMed · 201

　第三节　开放获取资源 · 216

第七章　循证医学 · 223

　第一节　循证医学概述 · 223

　第二节　循证医学资源及其检索 · 226

第八章　医学论文写作 · 240

　第一节　医学论文的写作要求 · 240

　第二节　医学论文写作的三大要素 · 242

　第三节　医学论文的种类 · 243

　第四节　医学论文的体裁 · 244

　第五节　医学论文的写作格式及要点 · 246

　第六节　医学论文的写作步骤 · 253

　第七节　医学论文写作的常见问题 · 256

　第八节　医学论文写作中参考文献管理工具的利用 · 257

参考文献 · 262

第一章 医学文献信息概论

第一节 信息、文献、知识和情报

一、信息(information)

信息这一概念自20世纪50年代被正式提出以来,已得到广泛而深入的研究,但由于信息涉及的领域广、内容丰富,不同时期对信息的认识不尽相同。已有的较具代表性的信息定义如下:① 信息是客观世界中各种事物变化与特征的最新反映,是客观事物状态经过传递后的再现;② 信息是实现事物间根据某种自然的规律和人为的约定建立联系的一种形式,是被表现出来的事物增添了的确定性或被取消了的不确定性;③ 信息是经过传递为接收者所理解并对解决所面临问题有用的、预先未知的新报道和新知识;④ 信息是物质存在的一种形式,它是以物质的属性和运动状态为内容,并且总是借助于一定的物质载体传输和储存的。

目前,信息的通用定义为:信息是通过一定的物质载体形式反映出来的事物存在的状态、运动形式、运动规律及其相互作用的表征。信息普遍存在于整个自然界,无处不在,无时不有,其外延是相当广泛的,宇宙万物所产生和彼此交流的内容都可被称为信息。例如,患者体温的升高与下降是其体征信息,天空乌云密布是暴风雨来临的预示信息,敌军布防的情报是战斗决策信息,DNA的密码是生命繁衍所依靠的遗传信息,医学成果论文是有关学术知识的文献信息,等等。信息、能源和材料已构成现代社会文明的三大支柱。信息本身不能独立存在,必须依附于某些物质载体,因此产生了信源、信宿、信道三大概念。信源是信息的发源地或源泉;信宿是信息的归宿处,是信息的接受体;信道即信息传递的通道,是信源和信宿之间的流通渠道。信息具有3个最基本的特性,即差异性、特征性、可传递性。① 差异性:信息的意义就在于反映差异,没有差异就不称其为信息。② 特征性:信息要反映客观事物在时间、空间上的不同状态。不同事物具有不同的状态,同一事物在不同的时间和空间也有不同的状态呈现,这就是事物的状态特征,信息则是再现事物状态特征的客观描述。③ 可传递性：信息是可以传递的，也只有通过传递才能实现其价值。

除了上述3个基本特性之外，信息还具有以下一些物质特性。① 普遍性与可识别性：信息无处不在，并能通过人的感官和各种探测设备与手段加以识别。② 可存储性与可处理性：借助于纸、磁、光、电等物质载体，可对信息加以保存，同时还可对其进行加工、整理等处理。③ 时效性与可共享性：信息的价值往往体现在某一个时间段内，具有较强的时效性。信息应是属于全人类的财富，不由专人占有，实现信息共享是充分发挥信息价值的最佳途径。④ 动态性与再生性：信息的内容不是一成不变的，是会随着时空的改变呈现出动态性变化的，并可通过语言、文字、音像等形式再生，呈几何级数增长。

关于信息素养（information literacy）：信息素养是科研人员对信息社会中人的信息行为能力和思维方式的整体描述，包括信息发现、评价、利用、交流等各种能力，是一种综合能力和素质。信息素养能够使科研人员认识到信息的价值，并利用信息在生活、工作、学习中做出正确选择。具有信息素养的人能对不同形式、不同内容和不同来源的信息进行有效的收集、评价、组织和综合利用。

二、文献（literature）

凡是用文字、图形、符号、声频、视频等手段记录在各种载体上的人类知识都可称为文献。简言之，文献是"包含知识内容和/或艺术内容的有形或无形的实体"（《信息与文献 资源描述》GB/T 3792—2021）。文献是由3个要素构成的：① 有一定的知识内容；② 要有用以保存和传递知识的记录方式，如文字、图形等；③ 要有记录知识的载体，如纸张、光盘等。文献是社会发展的产物，它记录了人类历史长河中社会活动、生产活动、科技发展所达到的成就和水平，凝聚着数千年来人类辛勤劳动的智慧，是社会精神财富的重要组成部分。科技文献是文献的重要组成部分，而医学文献又属于科技文献范畴。医学文献记录了千千万万医学工作者在研究人类生命过程及同疾病作斗争过程中形成的科学知识，包括人类生命活动与外界环境的关系、人类疾病的发生、发展及其防治、消灭的规律，以及增进健康、延长寿命和提高生活质量的有效措施等方面的知识。因此，医学文献是人类很宝贵的精神财富。

三、知识（knowledge）

知识是人类对客观世界的正确认识以及对社会实践及生产实践的经验总结，是人类对客观世界的概括和反映。人类通过收集和利用信息来认识世界和改造世界，并在这个过程中不断地将感性认识或经验总结成知识，或将所获得的信息上升为知识。例如，1862年俄国生理学家谢切诺夫发现，刺激青蛙的丘脑能抑制屈肌反射以及脊髓中的其他反射，其后他出版了《大脑反射》一书。这就是一个在获得信息的基础上又将信息组成为知识的典型例证。知识按其内容可分为自然科学知识、社会科学知识和哲学知识。自然科学知识是人们在改造自然中所获得的知识，社会科学知识是人们在改造社会的实践中所获得的知识。医学知识属于自然科学知识范畴，是人类在长期与疾病作斗争的反复实践过程中所积累的经验结晶。

四、情报(intelligence)

情报是关于某种情况的消息和报告,是被传递的知识或事实。著名科学家钱学森认为:所谓情报,就是为了解决一个特定问题所需要的知识,是激活了、活化了的知识,以及这种知识的及时性和针对性。情报的基本属性包括知识性、传递性和效用性。① 知识性:情报来源于知识,任何情报都具有一定的知识。② 传递性:知识和信息要转化为情报,必须经过传递,并为用户接受和利用。③ 效用性:人们创造情报、传递情报的目的就在于充分利用情报,提高其效用性。情报的效用性表现为启迪思维、增进见识、改变知识结构、提高认识能力,帮助人们改造世界,发挥其使用价值、经济价值和社会价值。

关于医学情报意识:医学情报意识是指人们对情报在医学教学、科研和临床工作中的地位、作用、价值等的认知程度,对医学情报重要性的认识程度和需求的迫切程度以及捕捉、分析、判断和吸收情报信息的自觉程度。

关于情报能力:包括情报的收集、处理、利用、交流能力。

五、信息、文献、知识和情报四者之间的相互关系

信息、文献、知识和情报之间有着十分密切的关系。信息是事物存在方式和运动状态及其特征的反映;知识是人类对大量信息进行思维、提炼、优化和系统化的结果;情报是被活化了的有用知识;文献则是记录知识的一切载体,它是重要的知识源和情报、信息源,也是知识、情报、信息存储的重要方式。信息可以成为情报,但是一般要经过选择、综合、研究、分析、加工等过程,也就是要经过去粗取精、去伪存真、由此及彼、由表及里的提炼过程。信息是知识的组成部分,但不是全部,只有提高了的、深化了的、系统化的信息才能称得上是知识。在知识或信息的海洋里,变化、流动最活跃的、被激活了的那一部分就是情报。知识、情报、信息的主要部分被包含在文献之中,有人把信息比喻为大海,把知识比喻为大海中的一片水域,而情报则是这片水域中的一个小岛。文献则属于知识的范畴,是知识的一部分。换言之,信息包含着知识,知识包含着文献和情报,信息既包含着知识,又包含着文献和情报。

第二节 信息资源的类型和级别

一、信息资源的类型

根据载体形态,信息资源可分成以下几种类型。

(一)印刷型(printed form)

印刷型信息资源即传统的纸质文献,包括石印、油印、铅印、胶印、激光照排形式的文献

信息资源,是图书情报机构收藏最多、使用最广的文献信息资源。其特点是符合人类传统的阅读习惯,实用、方便。印刷型信息资源主要有以下三大类。

1. 图书(book)

图书是现代出版物中最普通的一种,历史久、内容广、数量多。它是系统地论述某一专题比较成熟的、定型的、带有总结性的文献。图书一般都有固定的装帧,通过出版社出版发行,有国际标准书号(ISBN)。图书可分为两大类:一类是供读者阅读的书籍,如教科书、专著、丛书、多卷书集等;另一类是供读者检索参考用的工具书,如书目、索引、文摘、手册、辞典、年鉴、图谱、百科全书、指南等。

2. 期刊(journal)

期刊是指连续、定期、长期出版的出版物,有固定的刊名,每期版式大致相同,有连续的年、卷、期号,有国际连续出版物号(ISSN)。期刊出版周期短,更新速度快,内容新颖,信息量大,是主要的信息源,也是信息检索的主要对象。期刊按内容性质的不同可分为学术性、科普性、商业性、娱乐性等类型。

3. 资料(material)

资料是指图书、期刊以外的出版物(无 ISBN 和 ISSN),如科技报告、政府出版物、专利文献、产品样本、学位论文、技术标准、会议论文等,通常为不定期出版,也可能不公开出版。此类文献由于涉及许多最新研究和技术及国家的法规、标准等信息,故也是科研的重要信息源。

(二) 缩微型(micro form)

缩微型信息资源是指采用照相技术,将文献缩小拍摄在感光胶卷或平片上,通过专门的阅读机进行阅读的文献,包括缩微胶卷、缩微胶片等。其优点是体积小、容量大、易保存、成本低,便于携带、存储;缺点是阅读不方便。

(三) 视听型(audio-visual form)

视听型信息资源亦称声像型信息资源,包括唱片、录音带、录像带、电影胶片、幻灯片等。此类信息形象直观,读者容易理解,便于掌握,能反复播放和录制。

(四) 数字型(digitalization form)

数字型(电子型)信息资源按其载体材料、存储技术和传递方式的不同,主要分为联机型、光盘型和网络型三种。联机型信息资源是指以磁性材料为载体,采用计算机技术和磁性存储技术,记录在磁带、磁盘、磁鼓等载体上的文字和图像信息,可使用计算机及其通信网络,通过程序控制将存入的联机型信息资源读取出来。光盘型信息资源是指以特殊光敏材料制成的光盘为载体,采用激光技术、计算机技术刻录在光盘上的文字、声音、图像等信息,可使用计算机和光盘驱动器将光盘型信息资源读取出来。网络型信息资源是指利用互联网中的各种网络数据库读取的有关信息。

二、信息资源的级别

信息资源根据内容性质、加工深度的不同,可分为以下3个级别。

(一) 一次信息(primary information)

一次信息是指未经加工的原始信息资源,是由作者直接记录的生产、科研成果或报道的新发明、新创造、新技术、新知识、新见解等,如期刊论文、专利文献、技术标准、科技报告、会议论文、学位论文等。它具有新颖性、创新性的特点,是信息检索的主要对象。

(二) 二次信息(secondary information)

二次信息是将分散的、无组织的一次信息进行加工、整理、编排(总称为信息标引)的产物,即检索工具。它是用来查找一次信息的线索,包括目录、索引、文摘等。一般而言,一次信息发表在前,二次信息编制在后。但近年来由于科技参考的需要,人们要求缩短文献出版的时差,因此有些出版物在正式发表原文前,先发表题录或文摘,如美国《现期期刊目次》(*Current Contents*)就是在原始论文出版之前,预先报道一次信息的线索。所以,一次信息与二次信息的关系正在发生变化。

(三) 三次信息(tertiary information)

三次信息是在利用二次信息的基础上,选用大量一次信息的内容经过综合、分析,并加上作者的评述撰写而成的。这类信息包括综述、述评、年鉴、手册、进展、数据手册及指南等。三次信息是经作者浓缩、再生的科研信息。

此外,目前还有零次信息的提法。零次信息是指尚未形成文字记载、未出版的口头交流的信息,包括专家口头交流的经验、科研设想、现场考察所见所闻、某些专门技巧、仪器或设备使用的窍门、医务人员的临床心得、教师的教学经验等,其中有的信息可能永远不会正式以文字的形式报道或发表。

从一次信息到二次信息、三次信息,是一个由分散到集中,由无组织到系统化的过程。对于广大信息用户来说,一次信息是检索的对象,二次信息是检索的工具,而三次信息则是情报调研的结果。各级信息资源的产生状况见表1-1。

表1-1 各级信息资源的产生状况

信息级别	生产者	生产工艺	产品形态
一次信息	科研人员、临床工作者	科学实验、临床观察	期刊论文、科研报告、学位论文、专利等
二次信息	文献标引工作人员	收集、加工、整理	目录、索引、文摘(检索工具)
三次信息	专家、学者	综合分析、浓缩重组	综述、手册、年鉴、百科全书等

第三节 医学信息资源的现状和发展趋势

现代科学技术正朝着高度综合又高度分化的方向发展,学科越分越细,分支越来越多,学科之间相互交叉、相互渗透,边缘学科、新兴学科不断涌现,知识门类日益增多。作为记载、保存和传播知识的文献信息资源出现了极其复杂的局面,其中医学信息资源的现状和发展趋势主要有以下几方面特点。

一、数量庞大

据英国技术预测专家詹姆斯·马丁的测算:人类的知识在19世纪是每50年翻一番,20世纪初是每10年翻一番,20世纪中后期是每5年翻一番,21世纪前20年大约每3年翻一番,而到2020年后则达到每2~3个月就翻一番的空前速度。加上IT和网络技术发展,知识发现、传播和分享机制发生了革命性变化,21世纪成了信息泛滥的时代。人类知识的迅速增长,导致科技文献数量激增。而医学文献数量增长之迅速、数量之庞大,居各学科之首。目前,全世界出版的科技期刊约33万种,年发行80多亿册,其中38.35%为生物、医学期刊,约有12万种科技期刊发行量在30亿册左右。其他类型的医学文献,如专利、会议录、学位论文、科技报告、产品说明书等的情况基本类似,可见其数量之庞大。

二、类型复杂

知识载体的多样化,使得信息资源的类型十分复杂,除传统的印刷型信息资源外,视听型、缩微型、数字型信息资源因出版速度快、存储密度高、形象直观、便于携带等优点而发展迅速,特别是随着现代技术的应用,更多的新型载体信息资源将会大量涌现。

三、文种繁多

全世界出版文献的文种在不断地增加,目前已达到70~80种,科技期刊较常用的文种有英文、中文、德文、西班牙文、法文、日文等。据统计,美国MEDLINE数据库收录文献的语种最多时近80种。文献文种的不断增多,造成了使用文献时的语言隔阂,阻碍了国际上的科学交流和情报传递,也给科研工作者掌握各门学科知识、及时获取最新信息、更新知识增加了难度。

四、重复交叉

随着科学技术的发展,科技活动日益繁多,反映科技进展的形式各异,同一篇论文往往以多种形式出版,一项专利可以同时在多个国家申请,一篇关于免疫学的文献可以从分子生物学、肿瘤学、医学工程等学科的多种杂志上获取,造成信息资源大量重复交叉。

五、分布分散

当前科学技术发展的特点是学科越分越细,内容彼此渗透、相互交叉,加上期刊种类越来越多,致使各专业文献发表分散。布拉德福定律表明,同一个专业的文献,只有1/3刊登在本专业的刊物上,还有1/3刊登在综合性刊物上,其余1/3则刊登在相关学科的刊物上。文献的这种分散发表现象是现代学科门类之间广泛交叉渗透、分化综合这一特点的必然反映。

六、更新速度加快

随着科学的发展、知识的更新,文献会逐渐老化。科技文献的老化周期,已从20世纪的5~10年缩短到目前的2~3个月。

七、交流传播速度快

计算机技术、通信技术、多媒体技术的广泛应用,为文献的快速传播提供了便捷的条件。互联网打破了时空界限,推动了全球信息化的进程。现在世界上发生的重大事件,瞬息即可耳闻目睹,某种疾病治疗方法的突破或特效药物的产生等信息,立刻就会在世界各地传播。随着现代高新技术的发展,文献信息交流的速度会越来越快,文献的寿命越来越短。

八、向数字化、网络化发展

进入数字化时代,文献的出版、传递方式发生了很大的变化,印刷型信息资源经数字化处理后,既可制成可利用计算机、手机乃至各种终端阅读的电子出版物,如电子图书、电子杂志、电子地图等,也可通过互联网进行传递、检索和利用。数字化、网络化的发展,实现了信息资源的真正共享。

思考题

1. 什么是信息?
2. 信息资源有哪些类型?各有何特点?
3. 信息资源的级别指的是什么?
4. 医学信息资源的现状如何?

第二章 医学信息检索基础

第一节 信息检索与检索原理

一、信息检索

信息检索是指根据研究需要,运用科学的方法和专门的工具,从大量文献中迅速、准确而无重大遗漏地获取所需文献的过程。信息检索按检索内容要求的不同,具体可分为事实检索、数值检索、文献(书目、全文)检索;按检索数据揭示内容程度的不同,可分为题录检索、文摘检索和全文检索;按信息检索的手段不同,又可分为手工检索和计算机检索;按信息检索标记的不同,又可分为分类检索、主题检索、作者检索等。

信息检索的作用及意义:对于科研人员来说,学会信息检索有利于不断学习专业知识,拓宽知识面,能够捕捉更多的信息,增强情报意识,立足于社会。学会信息检索,可节省查找文献的时间和费用,提高文献信息的利用率,促进信息资源的开发利用;避免低水平的重复劳动;有利于全面掌握必要的文献信息;能提高和增强信息素质,加速成才。信息检索的意义包含3个方面:① 确定有无类似的研究成果,是否要立项;② 参考其他文献,理清思路,搞清楚要做的研究是什么;③ 取长补短,推陈出新,设立新论题,取得新成果。信息检索在课程设计、毕业设计、开题立项、成果查新方面都具有重要作用。

二、检索原理

广义的信息检索包括文献的存储和检索。文献的存储过程是由文献信息标引专业人员完成的。他们将分散的文献资料进行搜集、评价和选择,然后对确定收录的文献信息进行著录、标引、编写文摘等工作,即进行文献特征的描述、加工,并使其有序化,组织成具有检索价值的数据结构系统供检索使用。文献存储结果的表现形式即是检索工具,如题录、文摘、数据库等。文献的检索过程就是用户利用检索工具获取所需文献的过程。用户在分析待检课题内容范围的基础上,将检索需求转换成检索提问标识,利用相应的检索系统,查出所需文献。存储与检索是互逆的过程。存储是检索的基础,检索是存储的目的,存储的质量高低会直接影响检索的效率;而检索则是存储的反过程,检索的复杂性又促进了存储水平的不断提高。检索效率的高低取决于标引与检索时是否用相同的标识词,标识一致,文献命中率就高。这个"标识",也就是检索语言。可见,检索语言是信息检索的枢纽,是联系标引人员与检索用户之间的桥梁。

第二节 检索语言

检索语言是为建立检索系统而创建的专门用来描述文献特征(内容特征或外表特征)和表达检索提问的一种人工语言。

一、检索语言的分类

检索语言有很多种,按照不同的标准可有不同的划分方法,归纳起来主要有以下几种分类方法。

(一)按检索语言的受控情况划分

1. 规范化语言

规范化语言又称受控语言、人工语言,是指采用经过人工控制的规范性的专业名词、术语或符号作为检索语言,用来专指某一概念,这些规范化的语言能较好地对同义词、近义词、相关词、多义词及缩略词等概念进行严格的规范化处理。

2. 非规范化语言

非规范化语言又称非受控语言、自然语言,是指采用未经人工控制的专业名词、术语或符号作为检索语言,通常所说的自由词、关键词就属此类。一般当某些特定概念无法用规范词准确表达,或新出现的词语还未来得及被规范化时,就只能使用非规范词。这类词语有较大弹性和灵活性,检索者可以自拟词语进行检索。在计算机检索中,非规范词的应用比较广泛。但这类语言对一词多义、多词一义的词语,检索就相对困难些。

不同的检索语言构成不同的检索标识和索引系统,为用户提供不同的检索点和检索途径。

(二)按检索词组配设置的时间划分

1. 先组式语言

先组式语言是指复杂主题的检索词在检索前已经在检索系统中组配好的检索语言,如分类语言、主题词语言。

2. 后组式语言

后组式语言是指在检索前检索系统中的检索词是独立的,实施检索后才根据检索需要对检索词进行组配的检索语言,如关键词语言、单元词语言等。

检索的匹配就是通过检索语言的匹配来实现的。检索效果的好坏,在很大程度上取决于所采用的检索语言的质量以及使用是否正确。检索语言除表达事物的不同概念之外,有时还要揭示概念之间的相互关系。概念之间的相互关系主要有以下几种:

(1) 等同关系:指两个或两个以上的词所表达的概念完全或基本相同,如同义词、近义词、全称与简称等。

(2) 从属关系:指两个概念中,一个概念被包含在另一个概念的外延中,是另一个概念的外延部分,也就是上、下位概念的关系,外延较大的是上位概念,较小的是下位概念。例如,高血压与肾性高血压之间是从属关系,肾性高血压是高血压的下位概念。

(3) 相关关系:指概念之间关系的密切程度不同于等同关系和从属关系的一种关系,如交叉关系、矛盾关系、对立关系、并列关系等。

二、常用的检索语言

(一) 内容特征检索语言

内容特征检索语言包括能表达文献内容特征的词、代号等。

1. 分类语言

分类是指以学科专业为基础,根据文献的内部或某些外部特征,运用概念划分的原理,将知识门类按照一定的逻辑次序分门别类地排列起来。分类的原则是从总到分、从一般到具体、从简单到复杂,层层划分,逐级展开。一个上位类往往划分出许多平行的下位类,一个类目向上是隶属关系,向下是派生关系,从而形成一个有序的、直线型的知识门类等级体系。分类表中的类目又称类名,每个类目配一个号码,称类号。体系分类法能较好地体现学科的系统性,揭示知识之间的隶属、派生和平行的关系,不仅便于从学科专业的角度查找文献,还便于扩大或缩小检索范围。分类语言既可以用于期刊论文的分类,也可以用于图书等其他文献信息的分类。国内外有多种广泛使用的分类检索方法,如美国国会图书馆图书分类法(library of congress classification, LC)、国际十进分类法(universal decimal classification, UDC)、杜威十进分类法(Dewey decimal classification and relative index, DC 或 DDC)、中国图书馆分类法(简称中图法)。中图法是我国使用最普遍的一种分类检索方法。中图法共分五大部分 22 个基本大类,"R 医药卫生"大类下共分 17 个二级类目(图 2-1)。中国生物医学文献(CBM)数据库即可按中图法分类检索。

图 2-1　中图法分类示意图

2. 标题词语言

标题词语言是指用表达文献主题内容的、有实质意义的专业名词术语作为检索标识的检索语言。应用较多的是主题词和关键词。

（1）主题词：主题词（subject heading）又称叙述词（descriptor），是指用来表达文献主题概念的、有实质意义的、经过规范化处理（分析转换）的专业名词或词组。最具代表性的主题词表是美国国立医学图书馆（National Library of Medicine，NLM）编制出版的《医学主题词表》（Medical Subject Headings，MeSH），MeSH 也是医学领域内使用最多的一种用于查找主题词的工具。MeSH 用于标引和揭示医学文献的主题内容，对于提高医学信息检索的准确率具有十分重要的意义（参见本书第三章第一节）。

（2）关键词：关键词（key word）是指出现在文献的题名、摘要或正文中，有实质意义并能表达文献中心内容的词语，即对揭示和描述文献主题内容而言是重要的、带关键性的那些词语。关键词直接取自原文，一般不做规范化处理，可以提供更多的检索入口，适合计算机系统自动编制索引的需要。但由于关键词没有经过规范化处理，不能进行选择和控制，容易造成漏检和误检。

主题词与关键词最大的区别就是主题词经过了严格的规范化处理。

主题词是规范化的检索语言，它对文献中出现的同义词、近义词、多义词以及同一概念的不同书写形式等进行严格的控制和规范，使每个主题词都含义明确，以便准确检索，防止误检、漏检。例如，"白介素2""白细胞介素2""IL2""IL-2"等词是同一概念的不同表达形式，可统一规范为"白细胞介素2"。主题词表是对主题词进行规范化处理的依据，也是文献标引者和检索者共同参照的依据。而关键词属于自然语言的范畴，未经规范化处理，也不受主题词表的控制。例如，"白细胞介素2"这一概念可用"白介素2""白细胞介素2""IL2""IL-2"等不同词来表达。

因此，为了达到较高的查准率和查全率，如果检索工具提供了主题词这一检索途径的话，就应该选择主题词来进行检索，而不应该选择关键词。

（3）代码语言：代码语言是依据文献内容特征而设计的检索语言，如美国《化学文摘》(Chemical Abstract)中的分子式、专利号、化学物质登记号，《生物学文摘》(Biological Abstract)中的生物体名称等。

(二) 外表特征检索语言

外表特征检索语言是指用无法表达文献内容特征的词语或代号作为检索语言，如文献题名、作者姓名、期刊名称等。一般采用自然语言。

1. 文献篇名或题名索引系统

该系统是以文献发表时的题目（篇名）、刊名或书名字顺为标识的检索系统，如书名目录（索引）、刊名目录（索引）、篇名索引等。

2. 以文献作者姓名或团体名称作为标识的字顺索引系统

该系统是以文献作者姓名字顺作为标识的检索系统。

3. 文献序号索引系统

该系统是以文献特有的序号（如专利号、科技报告号、技术标准号等）作为检索标识的检索系统。

4. 引文索引系统

该系统是以文献所附注的参考文献为检索标识的检索系统。

第三节 传统的手工检索工具

信息检索工具是指将大量分散无序的信息经过搜集、加工和整理后，按照一定的规则和方法进行组织和系统排列，用于报道、存储和查找文献的工具。信息检索工具主要由使用说明、正文（或数据库）、辅助索引和附录四部分组成。正文（或数据库）部分是信息检索工具的主体部分，是指将收入检索工具的每篇文献著录成为题录、文摘或数据库的记录，并将它们按照一定的方式（如学科分类、主题词字顺或序号）组织排列成的一个有序的集合体。辅助索引通常有多种，如主题索引、作者索引、关键词索引、药物名称索引、分子式索引等，可以提供更多的与主体部分不同的检索途径。

检索工具的构成要素：① 文献，构成检索工具的主体。② 检索语言，用于组织文献，是经过分析和标引所形成的人工语言。③ 文献条目，文献在检索工具中的存在方式，即著录格式或字段格式，最基本的内容应包括文献题名、作者姓名、作者单位、文献出处、文摘等。

检索工具具有以下特征：① 详细描述文献的内容特征与外表特征。内容特征包括分类号、主题词、关键词、生物体名称、化学物质的分子式等。外表特征包括文献篇名、作者姓名、作者单位、文献出处等。② 每条文献必须有存储和检索特征标识（分类号、主题词、关键词等）。③ 全部文献条目按一定规则和顺序形成一个有机的整体。④ 能够提供多种检索途径供检索使用。⑤ 附有编制说明、使用指南、帮助等信息，以便于用户学会和用好检索工具。

一、常用的传统检索工具（印刷型手工检索工具）

（一）目录

目录是最常用的一种检索工具，它可反映书刊题名、作者、出版事项及收藏情况。目录所揭示、报道的是一份完整的出版物（如图书、期刊、报纸）的基本特征，对内容的揭示程度非常浅。目录的种类很多，可根据编制方法、用途进行划分，有馆藏目录、国家目录、出版目录、专题目录、联合目录等。对信息检索来说，馆藏目录与联合目录尤为重要，它们是读者了解馆藏及查找、借阅书刊的重要依据。

（二）索引

索引是指将图书、期刊中所刊载的文献题目、作者及所讨论或涉及的学科主题等，根据需要，注明其在书刊中的位置，并按照一定的原则和方法排列起来的一种检索工具。凡揭示报纸、期刊、论文集、会议录中的文献名称的索引，称为篇名索引；凡揭示图书中包含的人名、地名、名词、公式、数据、人物等内容，并通过分析摘录标明所在页次而编成的索引，称为内容索引。篇名索引是查阅文献线索的重要工具。

（三）文摘

文摘是一种报道性的检索工具，它是指将大量分散的文献收集到一起，选择重要的部分，以简练的形式做成摘要后按一定的方法组织排列起来的一种出版物。文摘能帮助专业人员在较短时间内了解大量资料的概貌，掌握有关文献的现状及基本内容，获得本专业发展水平和最新成就的知识，从而吸取和利用他人已有的成果，避免重复劳动。

文摘按其摘要的详略程度，可分为指示性文摘和结构式文摘两种。

1. 指示性文摘

指示性文摘亦称简介或提要，它以最简短的语言写明文献题目、内容范围、研究目的和出处，实际上是题目的补充说明，一般在 100 字左右。

2. 结构式文摘

1987 年，美国期刊《内科纪事》（*Annals of Internal Medicine*）首先推出了结构式文摘。结构式文摘是医学论文摘要新的书写格式，给整个情报界带来了一次革命。它要求科技论文文摘按照一定的结构分层次，设 4 个小标题，进行格式化撰写，给论文撰写者、情报工作者和读者带来了极大的便利。

结构式文摘一般包括研究目的、方法、结果、结论四部分。研究目的部分往往用一句话概括研究课题所要解决的问题,即论文的主题内容;方法部分简要说明研究所采用的方法、途径、对象、仪器、设备、药品剂量等;结果部分主要介绍研究所发现的事实,获得的数据、资料,发明的新技术、新方法,取得的新成果等;结论部分介绍研究者在对研究结果进行分析的基础上所得出的观点或看法,提出尚未解决的或有争议的问题等。结构式文摘的优点是:具有固定格式,便于撰写,可避免内容的疏漏,信息完整、集中,分设层次,便于计算机检索。

二、传统检索工具的构成

传统的检索工具多为印刷型,是通过人的手(翻书)、眼(看)、脑(分析)来完成检索工作的。传统的检索工具一般由 5 个部分组成,即编辑使用说明、目次表、正文、索引和附表。

1. 编辑使用说明

编辑使用说明主要为帮助使用者了解和使用该检索工具而编写,可为使用者提供必要的指导。一般包括编制方法和原则、收录范围及年限、著录格式、查找方法及注意事项,以及所使用的代号说明等。

2. 目次表

目次表可揭示正文部分或者整本检索刊物内容的排列次序及所在页码。

3. 正文

正文是检索工具的核心,由按一定规则排列的一篇篇文献条目组成。为了方便识别,一般每篇文献条目按照前后顺序赋予顺序号,一个顺序号代表一条文献条目。

4. 索引

索引检索工具的检索途径(检索入口)主要体现在其所附的索引部分,一般一种索引就是一种检索途径。常用的索引有主题索引、作者索引、分类索引、关键词索引等。

5. 附表

附表一般包括所收录的刊物名称,所使用文字的翻译,各种简称与全称对照、专业术语以及所使用的主题词表等。

第四节 计算机检索及其数据库基本知识

一、计算机检索的基本概念

计算机检索是指通过机器对已经数字化的信息(数据库),按照设计好的程序(检索系统)进行查找和输出的过程。简而言之,就是利用计算机对信息和数据的高速处理能力来实现信息的存储与检索。从广义上讲,计算机检索包括文献信息的存储和检索两个方面。每个计算机检索系统都由存储和检索两部分组成。存储过程,即数据库的建立,是指由文献标引人员将大量分散的文献资料进行收集、评价和选择,然后对确定收录的文献进行分析标引、著录、编写文摘等工作,把每篇论文转换成若干个检索标识输入计算机,组织成具有检索功能的数据库的过程。检索过程则是指用户利用数据库获取所需信息的过程。用户将检索提问转换成计算机检索系统能够识别的检索表达式,由计算机自动在数据库各文档的记录中进行匹配运算,完全匹配的就是命中的文献即检索结果,由计算机输出。进行计算机检索必须有完整的数据库、可靠的计算机检索系统、编制检索提问式和制定切实可行的检索策略。

与传统的手工检索相比,计算机检索具有以下特点:

(1) 检索速度快:手工检索需要数日甚至数周的时间,计算机检索只需要数分钟甚至几秒钟即可完成。

(2) 检索途径多:除手工检索工具提供的分类、主题、作者、题名等检索途径外,计算机检索还能提供更多的检索途径,如自由词等。

(3) 更新快:尤其是国外的计算机检索工具,光盘多为月更新、周更新,网络数据库甚至为日更新。

(4) 资源共享:用户可以不受时空限制,通过网络共享服务器上的检索数据库。

(5) 检索更加方便灵活:支持自然语言检索,并可用逻辑运算符将多个检索词组配起来进行检索,也可以用通配符、截词符等进行模糊检索。

(6) 检索结果可以直接输出:可以进行有选择的打印、存盘或导出检索结果,有的还可以在线直接订购原文。全文检索工具可以直接检索出全文。

二、数据库的定义和结构

文献数据库是指包括书目与文献及其有关数据的机读记录的有序集合。其结构组成包括文档、记录和字段。

1. 文档

数据库是由多个文档组成,每个文档又是由若干条记录组成的,每条记录又由若干个字段(数据项)组成。每一个字段都有标识符(字段名),字段中所含的真实内容叫作数据项。数据库中存放的是一系列彼此相关的数据,而计算机检索系统所用的数据库的主要部分是各种文档(顺排文档或倒排文档)。顺排文档是数据库的主体,又称主文档,它按每条记录的顺序号进行编排。数据库中得到的检索结果都来自顺排文档。倒排文档是供快速检索顺排文档的工具,也称索引文档。一个数据库可能有若干个索引文档,如主题索引、作者索引、刊名索引等。检索时,计算机按输入检索词的字顺先从指定的倒排文档(索引)中找到相匹配的索引词,然后根据索引词后的记录顺序号到主文档中调出相关记录。

2. 记录

在书目型数据库中,记录是构成数据库的基本单元,它揭示了文献的内容特征和外表特征。一条记录代表一篇文献,如一篇期刊论文、一篇综述文献、一本专著、一种期刊、书中的某一章节等。记录和文献的区别在于:前者含有数据库标引人员添加的人工字段,如医学主题词字段、文献类型字段等；后者的内容完全由作者提供，对应的是文献的原文。

3. 字段

字段是组成记录的数据项，是数据库最基本的检索单元。书目型数据库中的字段反映了一篇文献的具体特征，如篇名(TI)、作者(AU)、文摘(AB)、文献出处(SO)等。将记录划分成若干不同字段的作用在于：有利于识别记录内容；方便检索结果输出时的格式选择；便于进行字段检索。

篇名、作者、文献出处这三个字段构成文献题录(不含文摘)。题录是检索结果显示时的常见格式，也是获取的原文的基本信息。

三、数据库的类型

数据库的内容非常广泛，从各学科的科学文献到经济、文化、金融、商业等领域，几乎包罗万象，应有尽有。对检索用户来说，有必要先了解数据库的类型和内容，以便根据不同的检索需求选择合适的数据库。

数据库按内容的不同可分为 4 种。

1. 书目数据库(bibliographic database)

书目数据库亦称参考型数据库，包括各种机读版的文摘、题录、目录等形式，可给用户提供一些简单而基本的信息、原始文献的线索，指引用户根据线索去查找原始文献。此类数据库使用最广泛，因而地位也最重要，如 MEDLINE、CBM 等都是书目数据库。这种数据库一般有固定的更新周期，可进行回溯检索(检索从过去某年直到当前的所需文献)和定题检索(定期从最近的更新数据中检索预定的课题文献)。

2. 数值数据库(numeric database)

数值数据库主要包含的是数字数据，如各种统计数据、科学实验数据、测量数据等。例如，医学上使用的化学制剂、药物的各种理化参数、人体生理上的各种数值、人口统计数据等都可收入数值数据库。其检索结果可供直接参考，大大节省了时间。NLM 编制的化学物质毒性数据库(registry of toxic effects of chemical substances, RTECS)包含 10 万多种化学物质的急慢性毒理实验数据。

3. 事实数据库(fact database)

事实数据库存储的是描述人物、机构、事物等信息的情况、过程、现象的事实数据，如名人录、机构指南、大事记等，均可归入事实数据库。对于这类数据库，用户只需通过人名、机构名和事物名称等就能查到关于它们的介绍和相关信息等。在医学界，美国 MEDLARS 系统中的医生咨询数据库(PDQ 数据库)能为医生提供有关癌症治疗和临床试验的相关病因、诊断标准、治疗方案及最新研究进展等信息。

4. 全文数据库(full text database)

全文数据库存储的是原始文献的全文，如期刊论文、报纸文章、新闻、法院案例等。有的有相应的印刷型文本，有的则是纯电子出版物。从此类数据库中可以直接检索获取原始文献,而不是书刊线索,提高了用户的检索效率。医学方面的全文数据库越来越多,如 Ovid 数据库、EBSCO 数据库、Elsevier 数据库,以及我国自行开发的中国学术期刊(网络版)、中文科技期刊数据库(重庆维普全文数据库)等。

四、计算机检索技术

计算机信息检索本质上就是计算机检索系统的"匹配运算",即由检索者把检索提问和计算机能识别的检索策略(各种运算符,如 and、or、not 等)输入计算机中,由计算机自动在数据库各个文档的记录中进行匹配,把完全匹配的文献记录检索出来的自动化过程。

检索提问式就是采用计算机信息检索系统规定使用的组配符号,将反映不同检索途径的检索单元组合在一起而形成的一种逻辑运算表达式。它以计算机系统可以识别和执行的命令形式将检索方案表现出来,表述了各个检索单元之间的逻辑关系、位置关系等。通过这样一个检索提问式,用户对拟查课题所涉及的各个方面及其所包含的多种概念或多种限定都可以实时做出相应的处理,从而完成一次检索,全面体现用户的需求。不同的检索系统在运算符号上略有差别。

1. 逻辑运算符

逻辑运算符也称布尔(Boolean)运算符,该运算符由英国数学家乔治·布尔提出,用来表示两个检索单元(检索项)之间的逻辑关系。常用的逻辑运算符有 3 种:and(逻辑与,可用"*"表示)、or(逻辑或,可用"+"表示)、not(逻辑非,可用"-"表示)。假设有两个检索词 A 和 B,它们的各种逻辑组配关系及检索结果如图 2-2 所示。注意,不同的检索系统逻辑运算符及运算方式可能不完全相同。

A and B:表示命中结果是 A 和 B 所相交的部分,A 词和 B 词的内容必须同时存在。使用此运算可缩小检索范围,提高查准率。

A or B:表示命中结果是 A 或者 B,两者同时存在也可以。用于查找两个或两个以上同义词和近义词。查找两个或两个以上并列概念的检索词可使用此运算符,可扩大检索范围,提高查全率。

A not B:表示命中结果是 A 中不含有 B 的部分,从 A 检索范围中减去 B 部分的内容,缩小了检索范围。

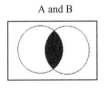
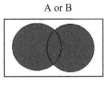

图 2-2 逻辑运算符示意图

逻辑运算次序:一般按运算符的优先级次序,即( ) > not > and > or,( )可改变运算次序,优先运算。但在具体运用中需要注意的是,某些检索系统中会按输入的先后顺序进行运算。

2. 位置运算符

near：表示多个检索词存在于同一句子中，词序可以颠倒。near+n：表示两个检索词之间最多可插入n-1个词。不同的检索系统稍有差别。

with：表示两个检索词存在于同一字段中，词序可颠倒，两个检索词之间的位置要比near宽。例如，"AIDS with CD40"表示可检索出"AIDS"和"CD40"两词同时出现在篇名字段中，或同时出现在文摘字段中的文献。

ADJ：ADJ(adjacency)表示两个检索词之间的间隔，ADJn表明两个检索词之间最多允许插入$n-1$个单词。例如，"tongue ADJ3 base"表示可以检索出含"tongue base""base of tongue""base of the tongue"等信息的文献(与tongue、base前后位置无关)。

3. 通配符和截词符

以符号即通配符或截词符取代检索词中某些字符，可检索出含某一类检索词的文献。通配符和截词符在不同的检索系统中稍有差别，使用不同的检索系统时要参考使用帮助。下面为常用通配符和截词符的一般含义。

"#"为通配符，代表1个字符，用于词中或词尾。用于词中时表示一个不同的字符，如"Wom#n"表示"Woman"和"Women"；用于词尾时通常表示复数形式。

"?"为通配符，可代替任何一个字符或空格(0~1个字符)，常用于英文单词的英式拼法和美式拼法的差别。例如，"computer?"可查到关于"computer""computers"等的文献；"colo?r"表示可同时查出关于"color"和"colour"的文献。注意：在中国生物医学文献数据库中，"?"只能代表一个任意字符。例如，检索"扁桃?炎"可同时查出关于"扁桃体炎"和"扁桃腺炎"的文献。

"%""*""$"为无限截词符(有的数据库中%为任意通配符)，可代替任何字符串或空格(0~n个字符)，用于词中或词尾。例如，"%"用于CBM数据库时，检索"肝炎%疫苗"可查到关于"肝炎疫苗""肝炎DNA疫苗""肝炎减毒活疫苗"等的文献。"*""$"可用于Ovid-MEDLINE数据库。

"$1"和"$2"为有限截词符，分别表示0~1个和0~2个字符。例如，在Ovid-MEDLINE数据库中检索"dog$1"，只能查到"dog"和"dogs"，无法检索到"dogma"；只有用"dog$2"才能查出"dogma"。

使用通配符和截词符检索是计算机检索中的常用方法，它可以解决检索词的单复数问题、词尾变化问题以及英文单词的英美拼写差异问题，可减少输入步骤，简化检索程序，扩大检索范围，提高查全率。灵活运用各种运算符，可编制出比较完善的、符合要求的检索式(检索策略)。只有良好的检索策略才能保证检索的效果。

4. 字段检索

字段是数据库检索中的最基本的检索单元。字段检索是指对记录中的一个或多个字段(也称指定或限定字段)进行检索。检索时，计算机只在指定的字段内进行检索，可提高检索的查准率。字段检索的操作形式有两种：一是在下拉菜单中选择字段后再输入检索词检索；

二是一次性输入检索词和字段名进行检索。在 Ovid 系统中,用英文状态下的句号"."表示指定字段。例如,要查中国出版的文献,可用"China. CP";"Cancer. JN"则表示要检索刊名中含有"Cancer"的期刊。

5. 限定检索

限定检索是一种辅助检索,目的是将检索结果限定在某一特定范围之内。常见的限定范围有年代、文献类型、文献语种、年龄组、性别、研究对象等。

6. 精确检索与模糊检索

精确检索表示检索词完全相等(如:"AU=张华"表示作者是张华),模糊检索表示检索词包含在其中(如:"张华. AU"表示张华在作者姓名中)。前者只能查到张华的有关文献,而后者既能查到张华的文献,也能查到张华英、张华国、张华珍等人的文献。精确检索只能用于主题词、作者、刊名、年代、分类号等可能完全一致的字段,不能用于题名、文摘、作者单位这一类字段;而模糊检索则可随意使用。两者检索结果有明显差别。

7. 扩展检索

扩展检索表现为一词输入,多词命中。其基本原理是通过主题词表的树状结构或分类,自动或半自动地将所输入的检索词扩展到多个检索词(下位概念)进行逻辑"或(or)"运算,如主题词树状结构扩展、中图分类号扩展等。

8. 跨库检索

跨库检索是指通过一次性的检索操作,在同一检索平台上同时对多个数据库进行检索。前提是在同一检索平台上有多个数据库,并选择多库检索。Ovid 和中国生物医学文献服务系统都有跨库检索功能。

第五节　信息检索方法与检索途径、步骤

一、信息检索方法

信息检索方法有多种,检索者应根据不同的检索目的和要求,选择不同的检索方法。常用的检索方法有 3 种。

(一) 常用法

该法是信息检索领域经常使用的检索方法,它又可分为顺查法、倒查法和抽查法 3 种。

1. 顺查法

顺查法是指根据确定的起始年代按由远及近的顺序查找,直到获得最新所需信息的一种检索方法。该法适用于研究主题较为复杂、研究范围较大、研究时间跨度较长的科研课题的检索,采用该法查得的文献全面、系统、可靠,一般不会漏检,可以系统地了解某一课题的发展情况。

2. 倒查法

倒查法与顺查法正好相反,是指从当前开始逐年向前,由近及远地逆时间顺序查找,直到获得满意信息的一种检索方法。此法主要用于了解某些课题的最新研究进展或寻找研究工作中所遇特定问题的解决方法。倒查法的检索效率高,且节省时间,但容易造成漏检。

3. 抽查法

抽查法是指针对某一学科的发展特点,选择其特定的研究阶段或学科发展高峰期检索所需信息的一种检索方法。此法是在检索者已知某课题研究发展的历史背景或学科发展高峰期的前提下,用以解决在较短时间内快速查到较多相关文献的一种检索方法。一般抽查几年或十几年,检索时间短,检索效率高。

(二) 追溯法

追溯法又称引文法,是指直接利用某些文献(如综述、述评或专著)后所附的参考文献作为线索,找到所需的相关文献,再根据这些相关文献后的参考文献,逐级追溯检索所需信息的一种检索方法。利用引文索引工具检索信息的方法,又称为引文索引追溯法。应用追溯法检索信息时漏检率高,所获文献不全面,且往前的年代越远,所获得的信息就越陈旧。

(三) 分段法

分段法又称循环法、交替法,是常用法与追溯法的综合,故也有人称之为综合法。它是指在检索信息时,首先利用检索工具查出一批相关文献,然后通过筛选,选择与课题针对性较强的文献,再按其后所附的参考文献进行追溯查找,分期分段地交替使用这两种方法,直到获得满意信息的一种检索方法。分段法兼有常用法和追溯法的优点,查全率和查准率较高。

二、信息检索途径

一般来说,文献信息的特征有两个方面:一是文献信息的内容特征,即文献信息所论述的主题、观点、见解、结论及文献信息内容所属的学科范围等,通常使用主题词、关键词或分类号等形式来表达文献信息的主题概念,揭示文献信息的内容特征;二是文献信息的外表特征,即文献信息的题名、作者姓名、作者单位、期刊名称、出版日期等,可分别建立严格有序的排检序列,为检索者提供相应的检索途径。检索者的检索要求通常也不外乎两种:一是要查找具有已知外表特征的文献信息,如书名、作者姓名等;二是要检索具有内容特征的文献信息,即根据所需文献信息的主题概念进行检索。为此,在设计和建设信息检索系统时,正是按照文献信息的内容特征和外表特征进行标引,形成不同的检索系统,以建立满足检索者这两种需求的各种不同的检索途径。常用的检索途径主要有以下几种。

(一) 分类途径

分类途径是指按照文献信息的主题内容所属学科分类体系的类目、分类号及分类索引进行信息检索的一种检索途径。大多数检索工具或检索系统的正文是按分类编排的,其目录或分类表即是分类索引,提供了从分类角度检索信息的途径。使用分类途径的关键在于正确理解检索工具中的分类体系,明确课题的学科属性,从而获得相应的分类号,然后按照分类号逐级查找。该途径便于从学科体系的角度获得较系统的文献线索,具有族性检索的功能。

（二）主题途径

主题途径是指根据文献信息内容的主题特征,利用主题索引进行信息检索的一种检索途径。主题索引指的是将表达文献内容特征的主题词按字顺(字母顺序、音序或笔画顺序等)组织起来的索引系统。检索时,只要根据课题确定主题词(需要时可用副主题词组配),便可像查字典一样逐一检索,查到所需的文献信息线索。使用主题途径的关键在于分析课题,提炼主题概念,确定主题词。该途径具有直观、专指、方便的特点,能够满足复杂概念的课题或交叉边缘学科信息检索的需要,具有特性检索的功能。

（三）关键词途径

关键词途径是指以关键词作为检索标识,通过关键词索引来检索文献信息的一种检索途径。检索时,只要根据课题要求选择关键词(包括同义词、近义词、形容词和不同拼写法的名词术语等),按字顺在关键词索引中找到该关键词后,再根据其说明语或上下文,即可找到所需的文献信息线索。

以上属于文献信息内容特征的检索途径。

（四）作者途径

作者途径是以作者姓名、学术团体、机构名称作为检索标识,通过作者索引来检索文献信息的一种检索途径。通过作者索引可以查到同一作者的多篇著作或论文,对全面了解某一作者或团体机构的学术观点、研究成果和科研动态极有帮助。作者索引是按照作者姓名的字顺排列的,容易编制,检索直接,查准率高。但由于世界各国的文种繁多,风俗各异,姓名的写法也不一样,故在使用作者途径检索文献时,应遵循作者索引的编制规则。

作者姓名音译规则因语言文字不同,拼音发音各异。为了统一标准,许多国家的检索工具常将各种文字的作者姓名加以翻译,以便统一著录,且各自都制定了音译规则。比较常用的有国际标准化组织编辑出版的《英俄文音译对照表》和日本黑本式《日英字母音译表》。中国人的姓名均按汉语拼音进行著录。

（五）题名途径

题名途径是指以书名、刊名或文献题名作为检索标识,通过书名目录、刊名目录或篇名索引检索文献的一种检索途径。

（六）序号途径

序号途径是指以文献的各种序号[如专利号、标准号、报告号、化学物质登记号、国际标准书号(ISBN)、国际标准连续出版物号(ISSN)等]作为检索标识,检索所需信息的一种检索途径。序号途径具有明确、简短、唯一的特点,是一种较为实用的检索途径。

（七）其他检索途径

其他检索途径包括化学分子式索引、生物体索引、药品名称索引等。

三、信息检索步骤

（一）分析研究课题,制定检索策略

首先要了解课题的目的、意义,明确课题的主题和研究要点及主要特征,然后根据课题研究的特点和检索要求制定检索策略。检索策略是指根据检索要求所采取的检索方针和检索方式,包括检索概念的组配、检索工具的选择及检索范围(专业、时间、地理、语种和文献类型)的限定等,具体表述为检索式(formula)。检索式将各个检索概念之间的逻辑关系、位置关系等用检索系统规定的各种组配符(operator,也称运算符)连接起来,成为人与机器可识别和执行的命令形式。检索词是构成检索式的基本单元,能否准确选择检索词是至关重要的。检索词应满足形式匹配和内容匹配两方面的要求。内容匹配,即由主题概念转化而成的检索词应能准确、完整地表达检索课题的内容,这是由信息需求决定的。形式匹配,即检索时使用的语言和检索系统使用的语言一致,只有这样检索词才能被系统"认识",这是由检索系统来决定的。

（二）确定检索方法,利用检索工具

检索方法要根据课题研究的需要及所能利用的检索工具和检索手段来确定。在拥有大型检索系统或检索工具较为丰富的情况下,多选择顺查、抽查或倒查的常用方法；在已获得针对性很强的文献信息时,可选择追溯法。在已有的检索系统中,应根据检索课题的主题和学科范围选择对口的检索工具或数据库。这就要求检索者对各种检索系统或数据库所覆盖的学科范围有所了解,从文献的类型、文种、出版时间等方面来考虑选择利用哪种检索系统。选择检索系统也可以通过《工具书指南》《书目指南》《数据库目录》等获得帮助。

（三）选择检索途径,查找文献信息线索

根据已经构成的检索式,选择相应的检索途径查找有关索引,如主题索引、分类索引、作者索引等；再根据索引指示的地址(如文摘号、题录号)在正文部分查得相应的文献线索,如题目、摘要、作者姓名、作者单位、文献来源等。

（四）筛选检索结果,索取原始文献信息

在信息检索过程中,检索者需要对每次检索的结果做出评价和判断,并对检索策略做出相应的修改和调整,直至获得比较满意的结果。例如,当文献信息检出量太多时,需要考虑适当缩小检索范围,可通过增加限定性检索词或选用概念专指性较强的检索词等方法来减少文献检出量；反之,如果文献检出太少,则应考虑相反的措施。

由于目前的检索手段所获得的文献信息一般是文献的题录或文摘,题录的信息量很少,根本不能满足检索者的研究需要,即使是文摘,也不能代替原始文献,因此在全文检索系统进入普及应用之前,如何利用检索到的文献线索获取原始文献,成为当今信息检索者必须关

注的一个问题。首先,检索者要根据文献信息线索中已有的信息,判断文献信息的出版类型;同时整理好文献信息出处,将文献出处中的缩略语、音译刊名等还原成全称或原刊名。然后,利用文献收藏机构(如图书馆、情报所)的馆藏目录、联合目录或全文信息检索系统确定所需文献的国内外收藏情况,并联系索取。亦可向作者本人索取,一般都会得到作者的大力帮助。

第六节 信息检索效果评估

检索效果是反映检索系统实施检索的有效程度和检索系统功能的指标。检索效果包括技术效果和经济效果。技术效果是由检索系统功能决定的,主要指系统的性能和服务质量;经济效果是由完成这些检索功能的价值决定的,主要指检索系统服务的成本和所需时间。克兰弗登提出了6项评价系统性能的指标,即收录范围、查全率、查准率、系统响应时间、用户费用和输出形式。其中,查全率和查准率是两个最主要也是最常用的评估指标。

一、查全率与查准率

1. 查全率

查全率又称检全率、命中率,是指检出的相关文献信息数与检索系统中相关文献信息总数之比。其计算公式为:

$$查全率 = \frac{检出的相关文献信息数}{检索系统中相关文献信息总数} \times 100\%$$

2. 查准率

查准率又称检准率、相关率,是指检出的相关文献信息数与检出的文献信息总数之比。其计算公式为:

$$查准率 = \frac{检出的相关文献信息数}{检出的文献信息总数} \times 100\%$$

由此可见,查全率和查准率之间表现为逆相关关系。如在检索时所用的检索词泛指性强,检出的文献多,查全率就会提高,但同时误检率也增大,因而查准率降低。如果检索词专指性强,查准的文献多,查准率就会提高,但同时漏检率也增大,因而查全率降低。所以,要达到较好的检索效果必须两者兼顾,不能单纯追求某一个指标,同时要根据检索的目的和要求,选择恰当的检索词。

二、影响查全率与查准率的因素

1. 影响查全率的因素

从文献存储方面来看,影响查全率的因素主要有:文献数据库收录文献不全;检索语言词汇缺乏控制和专指性;检索语言词表结构不完整;词间关系模糊或不正确;标引不详;标引前后不一致;标引人员遗漏了原文的重要概念或用词不当等。从信息检索方面来看,主要影响因素有:检索策略过于简单;选词和逻辑组配不当;检索途径和方法太少;检索人员业务不熟练和缺乏耐心;检索系统不具备截词功能和反馈功能,检索时不能全面地描述检索要求等。

2. 影响查准率的因素

影响查准率的因素主要有:检索词不能准确描述文献主题概念和检索要求;组配规则不严密;选词及词间关系不正确,标引过深;组配错误;检索时所用检索词(或检索式)专指性不够,检索面宽于检索要求;检索系统不具备逻辑"非"功能和反馈功能;截词部位不当,检索式中使用逻辑"或"不当等。

三、提高查全率与查准率的方法

1. 提高查全率的方法
(1) 主题词和关键词检索相结合;
(2) 多用同义词进行 or 逻辑运算;
(3) 多用通配符或截词符检索;
(4) 主题词检索时要选择扩展检索,并使用全部副主题词组配;
(5) 分类检索时要选择扩展分类号和全部复分检索。

2. 提高查准率的方法
(1) 用主题词和副主题词进行组配检索;
(2) 采用字段限定检索;
(3) 用 and 或 not 进行逻辑运算检索;
(4) 用出版年、期刊名称、文献信息类型等限定检索;
(5) 选择加权检索(限定在主要概念主题词字段检索)。

思考题

1. 什么是信息检索?
2. 请简述主题词与关键词的区别与联系。
3. 利用计算机检索系统查找文献信息时,检索式中可以使用哪些常用的检索运算符?
4. 检索语言有哪几种?信息检索有哪些检索途径?
5. 如何提高计算机信息检索的查准率和查全率?
6. 信息检索工具有哪些?各有何特点?

第三章 常用医学文献检索工具

第一节 美国《医学索引》与《医学主题词表》

一、美国《医学索引》

(一) 概况

美国《医学索引》(Index Medicus, IM) 是由 NLM 编辑出版的印刷型、题录型医学文献检索工具。它创刊于 1879 年，1960 年之前刊名有过多次变更，至 1960 年又恢复为 Index Medicus，出版了新辑第 1 卷。IM 收录了世界上 70 多个国家和地区、以 40 多种文字出版的近 4 000 种医学及医学相关学科的期刊、专著和会议录等，其中包括我国的 60 多种期刊，每年报道的文献量达 30 多万条。IM 具有历史悠久、收集文献种类多、内容全面、报道迅速、编排科学、连续性好、检索方法简便等优点。

由于 MEDLINE 数据库的普及，IM 的使用逐年减少，于 2005 年停止出版。但是 IM 在世界医学史上的影响还是比较大的。IM 与 MeSH、MEDLINE 统称为医学文献分析与检索系统 (Medical Literature Analysis and Retrieval System, MEDLARS)。本节以 IM 为特例，简单介绍印刷型检索工具的大体结构和检索方法。

(二) 编排结构

IM 为期刊式（月刊）检索工具，各期内容由以下两个部分组成。

1. 使用说明

该部分主要介绍 IM 的发展情况及序言、医学索引著录格式、导言、获取引文途径、其他来源等信息。

2. 题录正文

题录正文分为三部分。

(1) 主题 (subject) 部分：IM 的主体部分，按主题词字顺编排文献，如有副主题词也同样按字顺排在主题词下，分别在主题词和副主题词下列出所收文献的题录。同一主题词和副主题词下,先排英文文献,再按刊名顺序编排。非英文文献则按文种代号字顺编排,如 CHI、GER、JPN 等。

(2) 作者(author)部分:排在主题部分之后,按照作者姓名字顺编排。一律采用姓在前、名在后、名用缩写的原则。文献题录只在第一作者名下著录,其他作者均参见第一作者。用"see"指引到第一作者。

(3) 医学述评题录(bibliography of medical reviews)部分:专门报道综述性和评论性文献的题录,是作者在参考大量文献的基础上综合分析编写而成的,质量高,参考价值大。除了在主题部分报道外,医学述评题录又被抽出来单独报道是为了突出其重要性。20 世纪 90 年代后,该部分排在每期的作者部分之后,编排方式同主题部分。

(三) 著录格式

1. 期刊论文的著录格式(英文)

(主题词/副主题词)

Varicella-zoster virus infection of human dendritic cells and transmission to T cells: implications for virus dissemination in the host. Abendroth, A, et al. J Virol. 2001;75(13):6183–92.

2. 非英文文献的著录

[Establishment and application of transplantable models of human esophageal carcinoma in nude mice] Cai HY. Chung Hua Chung Liu Tsa Chih 1993 Jul;15(4):248–51 (Eng. Abstr.) (Chi).

3. 西文作者部分的著录格式

Drepper H, Kohler CO, Bastian B, Breuninger H, Brocker EB, Gohl J, Groth W, Hermanek P, Hohenberger W, Lippold A, et al. Benefit of elective lymphnode dissection in subgroups of melanoma patients. Results of a multicenter study of 3616 patients. Cancer, 1993 Aug 1, 72(3):741–749.

本例的作者参见:Bastian B see Drepper H

Breuninger H see Drepper H

Brocker EB see Drepper H

Gohl J see Drepper H

Groth W see Drepper H

Hermanek P see Drepper H

Kohler CO see Drepper H

……

4. 非西文作者姓名进行字母对译后著录

例如,"李时珍"用汉语拼音"Li SZ"进行著录;"山本"(やまもと,日文的姓)用拉丁字母对译成"Yamamoto"后进行著录;等等。

说明:

(1) 1996年前的文献著录前10名作者,1996年后的文献著录前24名作者,其余作者用"et al"表示。

(2) 英文期刊的名称采用国际标准缩写。

(3) 用字母对译的非英文期刊的刊名一律不缩写。

(4) 只有一个单词的期刊名称原则上不缩写。

(5) 非英文文献的题名置于方括号中,右下角注明文种(3个字母表示)。

(四) 检索途径与方法

1. 主题索引(subject index)

主题索引是IM的主要检索途径,其结构简单,易于掌握。用主题途径进行检索时,必须注意主题词的选择,要依照MeSH查得规范化的主题词和副主题词,并进行正确组配,然后按照主题词字顺查找,就会得到有关该主题的所有文献。如果与副主题词组配使用,可按副主题词字顺进一步查得同一主题概念在不同研究方面的所有特性文献,专指性强,使用灵活方便,查准率高。主题索引的检索词必须是主题词。

例如,查肝炎诊断方面的文献时,可选用"肝炎(Hepatitis)/诊断(Diagnosis)"作为检索词,其中前者为主题词,后者为副主题词;查过敏性疾病的病因学文献时,可选用"过敏(Hypersensitivity)/病因学(Etiology)"作为检索词,其中前者为主题词,后者为副主题词。

2. 作者索引(author index)

作者索引是从作者姓名入手检索文献的一种途径,作者是已知条件。作者姓名的著录原则是姓在前、名在后、名用缩写。检索时只需按作者姓名字顺在作者索引中查找即可,非第一作者不提供文献,用"见(see)"指引到第一作者。作者索引的检索词是作者姓名。

3. 医学述评题录(bibliography of medical reviews)

医学述评题录的查找方法与每期的主题索引相同。所查文献均为综述和评论性文献。对了解国内外医学科研动态和开题立项有较大的参考价值。

4. 累积医学索引(cumulated index medicus, CIM)

当IM全年期刊出齐后,将各期内容按主题和作者字顺分别重新编排,形成年度索引——《累积医学索引》,它包含了IM全年期刊的内容,一次即可查得全年文献。累积索引分为20多个分册出版,前半部分为主题,后半部分为作者,最后是医学述评题录部分。查找方法与每期索引的查找方法相同。

二、《医学主题词表》

(一) 概况

《医学主题词表》(*Medical Subject Headings*, *MeSH*)是为了适应文献标引人员、编目人员及使用医学文献分析与检索系统用户的需要,由 NLM 于 1960 年开始编制的,1963 年正式投入使用。它是对 IM 和 MEDLINE 所收录的生物医学文献进行主题分析的权威性词表。我国医学科学院信息研究所依据该表不定期地编译《英汉对照·医学主题词注释字顺表》,作为我国许多生物医学检索工具的主题标引工具,如 CBM 数据库、《中国医学文摘》等。2004 年 12 月 IM 停刊后,MeSH 也于 2008 年 9 月停止出印刷版,改为在线版,该词表可通过网址 https://www.nlm.nih.gov/mesh 访问当前最新 MeSH 的在线版(图 3-1)。

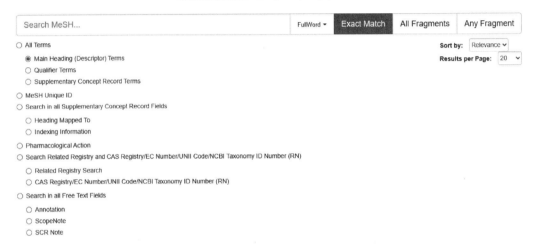

图 3-1 MeSH 在线版主题词浏览器检索主页

MeSH 目前汇集了著名的医学编辑及图书馆专家等推荐的在生物医学领域内使用频繁而又被使用者认可的主题词约 3 万个,副主题词 76 个,并配有相关的使用说明。

(二) MeSH 的作用及特点

(1) 保证文献的作者、标引者和检索者在用词上的一致性。

(2) 对医学文献中的自然语言进行规范化处理,使概念和主题词单一对应。

(3) 对主题词和副主题词进行组配,可提高主题标引和检索的专指性。

(4) 可选择对主题词进行扩展检索或不扩展检索。

(5) 可对主题词进行加权标引,以便实施加权检索。

(6) 具有动态性。MeSH 每年都有增删改变,可及时反映生物医学领域的发展情况。

(7) 具有编排组织检索工具的作用,如 Pubmed 的文献标引。

(8) 树状结构表列表详细,有助于从分类角度对主题词进行查找和使用。

(9) 设计多种参照,全面建立了词间的语义关系,可从多个角度入手进行查找,提高了查准率和查全率。

(三) 在线版 MeSH 的检索

MeSH 提供了多种不同的检索方式,主题词检索、副主题词检索、增补记录检索、药理反应、文献记录号等(图3-1)。

1. 主题词

主题词(main heading terms)也称叙词(descriptor),是指用来描述文献主题内容的专业名词术语,每年修订。其特点是:以美式拼法为主,一般情况下按自然语言采用顺置形式,但为了便于族性检索,使医学概念相近的族性主题词集中在一起,有些复合主题词采用倒置的形式编排,被修饰的词作为标目,并用","隔开。举例如下:

SHOCK(休克)

SHOCK,CARDIOGENIC(休克,心源性)

SHOCK,HEMORRHAGIC(休克,出血性)

SHOCK,SEPTIC(休克,败血症性)

SHOCK,TRAUMATIC(休克,创伤性)

主题词倒置编排的目的是把同类的族性主题词集中在同一个字顺下,以便于检索。

2. 限定词

限定词(qualifier terms),即用于与主题词组配使用的副主题词。

限定词用于论述主题某一方面的内容,对某一主题词的概念进行限定和细分。一篇医学论文常常涉及研究对象的某一方面或某些方面,如器官的畸形、解剖学、组织学、生理学、病理学等,疾病的病因、病理生理、诊断、治疗等,以及药物的治疗应用、副作用、药理学等,通过主题词/副主题词组配后可形成一个更专指的检索概念,利于检索特性文献,提高所检文献的专指性。但是,并非每个副主题词都能同任何主题词进行组配,每个副主题词都有特定的含义和适用范围,两者之间要有必然的逻辑关系,并按副主题词后所标明的组配限定及范围使用。检索时,一个主题词可组配一个或多个副主题词,需要时可选用全部副主题词,以防漏检。目前共有副主题词76个(见本章第三节附录二)。

3. 增补概念记录

增补概念记录(supplementary concept record terms,SCR)每周更新,用于MEDLINE的化学、药物等概念的标引,SCR没有树状结构,但可以与一个或多个主题词相连接。其内容将在下一年的修订中增补进入主题词表中。

(四)MeSH 的结构

MeSH分主题词表和树状结构表两个部分。

1. 主题词表

主题词表显示的是主题词的横向关系,适合于特性检索。其内容包括主题词、树状结构号、词义和范围注释、入口词、主题词参照、可组配的副主题词、历史注释等(图3-2)。

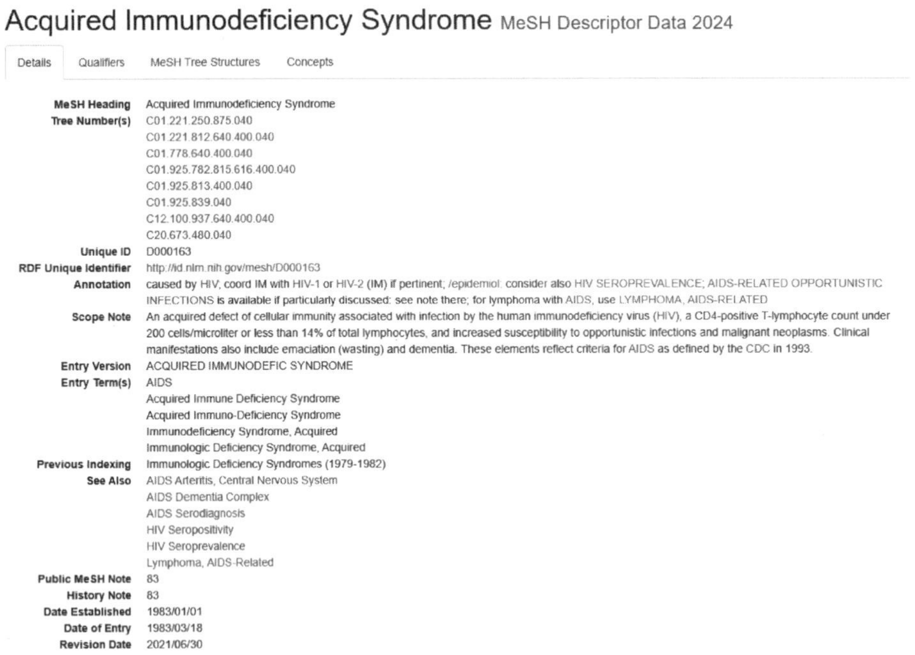

Acquired Immunodeficiency Syndrome MeSH Descriptor Data 2024

Details　Qualifiers　MeSH Tree Structures　Concepts

MeSH Heading	Acquired Immunodeficiency Syndrome
Tree Number(s)	C01.221.250.875.040 C01.221.812.640.400.040 C01.778.640.400.040 C01.925.782.815.616.400.040 C01.925.813.400.040 C01.925.839.040 C12.100.937.640.400.040 C20.673.480.040
Unique ID	D000163
RDF Unique Identifier	http://id.nlm.nih.gov/mesh/D000163
Annotation	caused by HIV; coord IM with HIV-1 or HIV-2 (IM) if pertinent; /epidemiol: consider also HIV SEROPREVALENCE; AIDS-RELATED OPPORTUNISTIC INFECTIONS is available if particularly discussed: see note there; for lymphoma with AIDS, use LYMPHOMA, AIDS-RELATED
Scope Note	An acquired defect of cellular immunity associated with infection by the human immunodeficiency virus (HIV), a CD4-positive T-lymphocyte count under 200 cells/microliter or less than 14% of total lymphocytes, and increased susceptibility to opportunistic infections and malignant neoplasms. Clinical manifestations also include emaciation (wasting) and dementia. These elements reflect criteria for AIDS as defined by the CDC in 1993.
Entry Version	ACQUIRED IMMUNODEFIC SYNDROME
Entry Term(s)	AIDS Acquired Immune Deficiency Syndrome Acquired Immuno-Deficiency Syndrome Immunodeficiency Syndrome, Acquired Immunologic Deficiency Syndrome, Acquired
Previous Indexing	Immunologic Deficiency Syndromes (1979-1982)
See Also	AIDS Arteritis, Central Nervous System AIDS Dementia Complex AIDS Serodiagnosis HIV Seropositivity HIV Seroprevalence Lymphoma, AIDS-Related
Public MeSH Note	83
History Note	83
Date Established	1983/01/01
Date of Entry	1983/03/18
Revision Date	2021/06/30

图 3-2　主题词表

(1) 主题词参照(cross-references):许多事物概念之间存在着联系,如同义词、近义词、多义词、简称、俗称、学名、拼写变异词及其他变化形式等。为了解决这些问题,*MeSH* 设置了各种参照,在为用户准确地选择规范化主题词、扩大检索范围、提高查准率和查全率方面起到了十分重要的作用。参照就是把检索者可能更熟悉或经常用的一些非规范化的词指引到更确切的、规范化的主题词表中。

主题词参照通常用"see also/consider also"表示,用于处理两个以上在概念上有某些联系或依赖关系的词,起到相互参考、扩大检索范围、提高查全率的作用。

(2) 主题词注释(scope note):主题词下所附的注释,用来说明该主题词的起用年份及演变情况,是指引检索者准确选用主题词的主要依据和回溯检索的指南。*MeSH* 是从 1963 年开始编制的,如果某主题词从 1963 年起一直作为主题词沿用至今,则不作任何注释;如有改变,则必须加以说明。

2. 主题词树状结构表

树状结构表反映的是主题词的纵向关系,显示该主题词在树状结构中的位置及其上下位概念关系,适合于族性检索。树状结构表(tree structure)也称范畴表,是指将主题词表中的所有主题词按照每个词的词义范畴和学科属性分别归入 16 个大类,依次用 A(解剖学)、B(有机体)、C(疾病)、D(化学品和药品)……Z(地理学)等区分(图 3-3),每个大类又从广义词(泛指词、上位词)向狭义词(专指词、下位词)展开,分为若干级小类,分类深度多达 11 级,每级类目用一组号码(树状结构号)标明,级与级之间用"."隔开,以示区别。同级类目下再按字顺编排,用分类号表示它们的上、下级关系。树状结构表实际上就是 *MeSH* 的分类表(图 3-4)。

Anatomy [A]
Organisms [B]
Diseases [C]
Chemicals and Drugs [D]
Analytical, Diagnostic and Therapeutic Techniques, and Equipment [E]
Psychiatry and Psychology [F]
Phenomena and Processes [G]
Disciplines and Occupations [H]
Anthropology, Education, Sociology, and Social Phenomena [I]
Technology, Industry, and Agriculture [J]
Humanities [K]
Information Science [L]
Named Groups [M]
Health Care [N]
Publication Characteristics [V]
Geographicals [Z]

图 3-3 主题词树状结构表 16 个大类

Influenza in Birds MeSH Descriptor Data 2024

Details | Qualifiers | MeSH Tree Structures | Concepts

Infections [C01]
- Virus Diseases [C01.925]
  - RNA Virus Infections [C01.925.782]
    - Orthomyxoviridae Infections [C01.925.782.620]
      - **Influenza in Birds [C01.925.782.620.300]**
      - Influenza, Human [C01.925.782.620.365]

Animal Diseases [C22]
- Bird Diseases [C22.131]
  - Avian Leukosis [C22.131.094]
  - Fowlpox [C22.131.321]
  - **Influenza in Birds [C22.131.450]**
  - Malaria, Avian [C22.131.498]
  - Marek Disease [C22.131.546]
  - Newcastle Disease [C22.131.630]
  - Poultry Diseases [C22.131.728]
  - Reticuloendotheliosis, Avian [C22.131.780]
  - Sarcoma, Avian [C22.131.800]
  - Tuberculosis, Avian [C22.131.921]

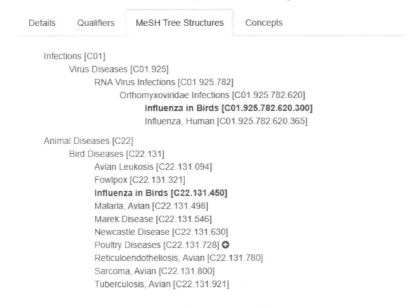

图 3-4 主题词树状结构表

三、《中国中医药学主题词表》

关于《中国中医药学主题词表》的研究起步于 20 世纪 70 年代,该词表于 1987 年编制完成第 1 版,目前使用的词表是由中国中医科学院中医药信息研究所于 2015 年起发布的网络版。网络版每年更新发布一次(http://tcmkos.cintcm.com)。

2023 年版《中国中医药学主题词表》的主题词总数为 8 488 条,入口词为 13 000 余条。

该词表类似于 MeSH，是一部规范化的、动态的检索语言专用词表。它是为适应中医、中药学文献的特点，在借鉴 MeSH 的基础上编制的中医药学方面的主题词表。同时，MeSH 也参照本词表内容为新版 MeSH 增加了有关中医药及针灸方面的主题词。该词表具有体系结构完整、收词完备、一表多用等特点，与 MeSH 有很强的兼容性，用于中国生物医学文献数据库（CBM）中的中医药学文献的标引，同时也逐渐成为全球范围内医学界进行中医药文献标引的依据。该词表尽量收全中医药词汇，而对西医药名词一般不予收录。内容包括主题词树状结构表、副主题词表等。

树状结构表共分15个大类、72个子类，大类内容如下：

TA 中医形态

TB 药用动植物

TC 中医病症

TD 中药和方剂

TE 中医诊断治疗技术和设备

TF 中医精神疾病和心理学

TG 中医药学及其相关学科

TH 自然科学

TI 教育

TJ 工艺学与中药技术

TK 人文科学

TL 信息科学

TM 各种人和各种职业名称

TN 保健

TZ 地理名称

《中国中医药学主题词表》还设置了下列10个专门用于中医药学的副主题词，并规定了其定义及使用范围。

中国中医药学副主题词表

中医药疗法/TCM therapy　　与疾病、症状及证候等主题词组配，指以中医基础理论为指导，投予中药或正骨、刮搓、割治等治疗疾病。如系投予口服药物，可不加组配用法主题词，否则应组配投药途径，如外治法、熏洗疗法、投药、直肠（保留灌肠法）等。中西药合并治疗时，不用此副主题词，而用"中西医结合疗法"。以气功、推拿、按摩等非药物疗法治疗疾病时，用相应的副主题词。

中西医结合疗法/TCM-WM therapy　　与疾病、症状及证候主题词组配，指同时采用中西医两法或综合应用中西药物疗法治疗疾病。

按摩疗法/massage therapy　　与疾病、症状及证候主题词组配，指用按摩、推拿、捏脊等手法治疗疾病。但穴位按压用"穴位疗法"。

针灸疗法/acup-mox therapy　与疾病、症状及证候主题词组配,指按中医理论及经络学说,用针刺、灸法(包括电针、耳针、头针、艾卷灸、艾炷灸等)治疗疾病,但不包括穴位埋藏、激光、微波、穴位按压等非针的穴位疗法及药物穴位贴敷、穴位注射等(此时用"穴位疗法")。除体针疗法外,其他须组配专指的针灸疗法主题词。

气功疗法/qigong therapy　与疾病、症状及证候主题词组配,指使用气功(如外气)或指导病人练功,以达到治疗疾病的目的(2022年停用)。

穴位疗法/acupoint therapy　与疾病、症状及证候主题词组配,指在穴位上施用各种刺激,如激光、微波、红外线、指压或药物穴位贴敷、穴位注射、穴位埋线、穴位埋药、穴位磁疗等物理、化学刺激方法以治疗疾病。针刺及灸法用"针灸疗法"。

气功效应/qigong effects　与器官、组织、内源性物质、生理或心理过程主题词组配,指气功对其产生的效应(2022年停用)。

生产和制备/production & preparation　与中草药、中成药及剂型等主题词组配,指其生产、加工、炮制和制备。如为中草药的炮制,应再组配主题词"炮制"。

针灸效应/acup-mox effects　与器官、组织、内源性物质、生理或心理过程主题词组配,指针灸对其产生的效应。

中医病机/pathogenesis(TCM)　与脏腑、器官、疾病、症状及证候主题词组配,指按中医基础理论对疾病、脏腑、器官、组织、气血等病理生理过程及其机理的认识。

第二节　中国生物医学文献服务系统(SinoMed)

一、系统资源概述

中国生物医学文献服务系统(SinoMed,http://www.sinomed.ac.cn/)是由中国医学科学院医学信息研究所开发研制的生物医学文献网络数据库系统(图3-5)。它所涵盖的资源丰富,中西文兼有。该系统在全面涵盖中国生物医学文献数据库的基础上,整合了中国医学科普文献数据库(CPM)、北京协和医学院博硕学位论文库(PUMCD)、西文生物医学文献数据库(WBM)、中国生物医学引文数据库(CBMCI)等多种资源,是集文献检索、引文检索、开放获取、原文传递及个性化服务于一体的生物医学中外文整合文献服务系统。

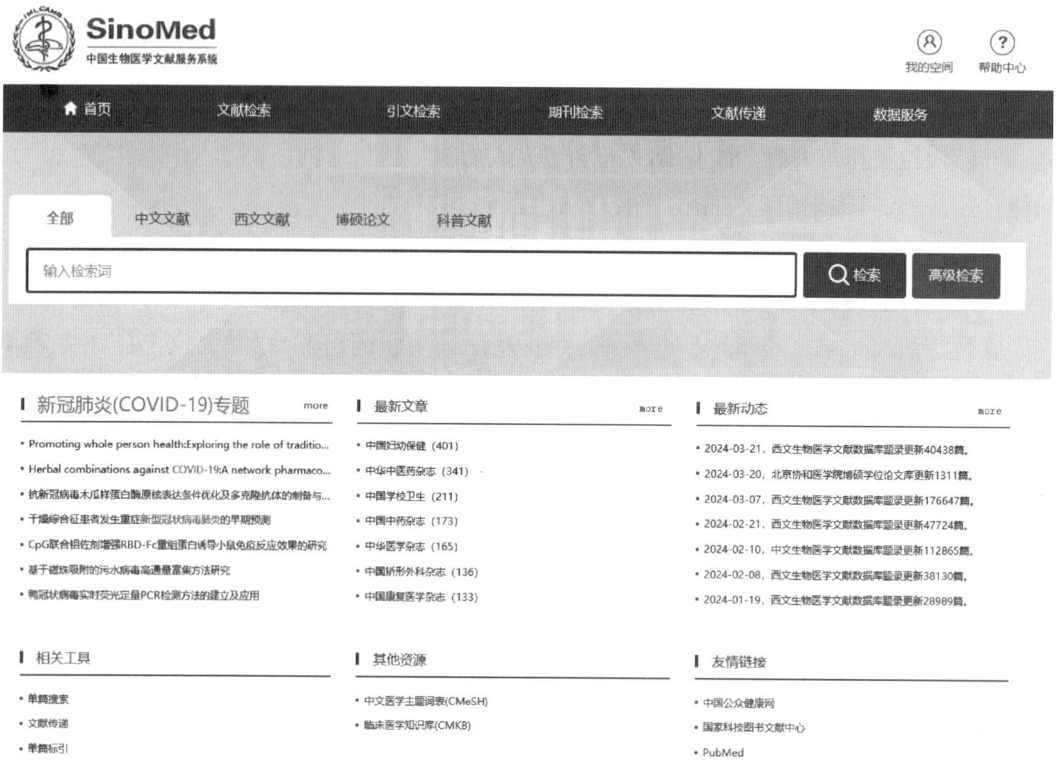

图 3-5 SinoMed 主页

（一）中国生物医学文献数据库(CBM)

CBM 收录自 1978 年至今国内出版的生物医学学术期刊 3 120 余种(截至 2023 年)。其中,在版期刊 1 550 余种,文献题录总量 1 290 余万篇。全部题录均进行了主题标引、分类标引,同时对作者、作者机构、发表期刊、所涉基金等进行了规范化加工处理;自 2019 年起,新增标识 2015 年以来发表文献的通讯作者,全面整合中文数字对象唯一标识符(DOI)链接信息,以更好地支持文献发现与全文在线获取。

（二）中国医学科普文献数据库(CPM)

CPM 收录自 1989 年以来近百种国内出版的医学科普期刊,文献总量达 60 万余篇,重点突显养生保健、心理健康、生殖健康、运动健身、医学美容、婚姻家庭、食品营养等与医学健康有关的内容。

（三）北京协和医学院博硕学位论文库(PUMCD)

PUMCD 收录自 1981 年以来北京协和医学院培养的博士、硕士学位论文,学科范围涉及医学、药学各专业领域及其他相关专业,内容前沿、丰富。

（四）西文生物医学文献数据库(WBM)

WBM 收录世界各国出版的重要生物医学期刊文献题录 3 630 余万篇,其中协和馆藏期刊 9 000 余种,免费期刊全文 640 余万篇;年代跨度大,部分期刊可回溯至创刊年,全面体现北京协和医学院图书馆悠久、丰厚的历史馆藏。

（五）中国生物医学引文数据库（CBMCI）

CBMCI 收录自 1989 年以来中国生物医学学术期刊文献的原始引文 3 350 余万篇，经归一化处理后，引文总量达 1 050 余万篇。所有期刊文献引文与其原始文献题录关联，以更好地支持多维度引文检索与引证分析。

二、系统功能特点

（一）数据深度加工，准确规范

SinoMed 注重数据的深度加工和规范化处理，根据 NLM 编制出版的 *MeSH* 中译本、中国中医科学院中医药信息研究所编制出版的《中国中医药学主题词表》以及《中国图书馆分类法·医学专业分类表》对收录的文献进行主题标引和分类标引，更加全面、准确地揭示文献内容。同时，CBM 还对作者、作者机构、发表期刊、所涉基金等进行规范化处理，标识第一作者、通讯作者，持续提升作者、机构、期刊、基金检索的准确性与全面性。

（二）检索功能强大，方便易用

SinoMed 可实现跨库检索、快速检索、高级检索、智能检索、主题词表辅助检索、主题与副主题扩展检索、分类表辅助检索、多维限定检索、多维筛选过滤、多知识点链接等文献检索功能，丰富并拓展被引文献主题、作者、出处、机构、基金等引文检索功能，以及检索词智能提示、通信作者/通信作者单位检索、检索表达式实时显示编辑等功能，使检索过程更快、更便捷、更高效，检索结果更细化、更精确。

（三）原文服务方式多样，快捷高效

SinoMed 提供免费原文直接获取、学位论文在线阅读、非免费原文多渠道链接及在线索取等服务，为用户提供经济、便捷的全文获取途径，让用户在有效利用自己电子馆藏的同时，充分享受北京协和医学院图书馆的丰富馆藏资源。

（四）个性化服务

个性化服务是 SinoMed 为用户提供的一项非常重要的功能。用户注册个人账号后便能拥有"我的空间"，享有检索策略定制、检索结果保存和订阅、检索内容主动推送及邮件提醒、学术分析定制等个性化服务。通过"我的空间"，用户还能向 SinoMed 反馈意见和建议。

三、检索途径、方法与技巧

（一）跨库检索

进入 SinoMed 主页，首先呈现的即是跨库检索。跨库检索能同时在 SinoMed 平台集成的所有资源库进行检索。首页的检索输入框即是跨库快速检索框，其右侧是跨库检索的高级检索选项，点击后可进入跨库高级检索（图 3-5）。

跨库检索可以实现快速检索、高级检索、主题检索、分类检索功能，在检索结果中可以限定浏览某个数据库的数据。

例如,要在 CBM 和 CPM 中跨库查找北京大学发表的标题中含有"流感"和"疫苗"的文献,可以进行如下操作。

(1) 进入跨库检索页面,点击"高级检索"按钮(图3-6)。

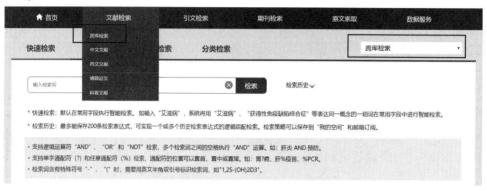

图 3-6 跨库检索

(2) 选择"标题""作者单位"检索字段并输入相应检索词,指定逻辑组配符"AND",最后点击"检索"按钮进行检索。如果需要改变逻辑顺序,如优先运算"OR",则需要勾选检索框前面的"优先"(3-7)。检索框中允许输入逻辑运算符,但一个检索框中只能输入 AND、OR、NOT 或空格中的一种,不能混用。

图 3-7 多字段检索式构建

(3) 根据需要,选择浏览检索结果(图3-8)。在"来源"中可以指定 CBM 和 CPM 的文献来源。

第三章 常用医学文献检索工具

图 3-8 检索结果显示

(二) 单库检索

相对于跨库检索,单库检索提供了更多的检索途径和工具,本节主要以 CBM 为例介绍 SinoMed 中单库检索的技巧。

1. 检索字段

字段是数据库最基本的检索单元。指定字段是指输入的检索词只在某一特定字段内检索,如中文标题、文摘、作者等,上述选择的"标题""作者单位"就属于指定字段检索。全部字段是指输入的检索词同时在所有可检索的字符型字段中查找。为了便于同时在多个字段中进行检索,SinoMed 根据各个数据库的特点,对常用检索字段进行组合后设置了常用字段、核心字段检索入口,已包含了最常用的字段(只查这些字段)。例如,CBM 中的常用字段包括中文标题、中文摘要、关键词、主题词。核心字段由最能体现文献内容的中文标题、关键词、主题词三部分组成(与常用字段相比,剔除了"摘要"项,以进一步提高检索准确度)。常用字段在其他数据库中各有不同(表 3-1)。

表 3-1 SinoMed 各数据库常用字段比较

数据库	常用字段内涵
中国生物医学文献数据库(CBM)	中文标题、中文摘要、关键词、主题词
中国医学科普文献数据库(CPM)	中文标题、中文摘要、关键词、主题词
北京协和医学院硕博学位论文库(PUMCD)	中文标题、中文摘要、关键词、主题词
西文生物医学文献数据库(WBM)	英文标题、英文摘要、关键词、主题词[中/英]
中国生物医学引文数据库(CBMCI)	被引文献题名、关键词、主题词、出处、出版社

2. 快速检索与智能检索

（1）快速检索：默认在常用字段内执行检索，且集成了智能检索功能，检索过程更简单，检索结果更全面。输入多个检索词时，词间用空格分隔，默认为"AND"逻辑组配关系。

（2）智能检索：基于SinoMed的词表系统，将输入的检索词转换成表达同一概念的一组词的检索方式，即自动实现检索词及其同义词（含主题词、下位主题词）的同步检索，是基于自然语言的主题概念检索。例如，输入"艾滋病"，系统将用"艾滋病""获得性免疫缺陷综合征"等表达同一概念的一组词在全部字段中进行智能检索。在快速检索中，智能检索是直接集成的；在高级检索中，智能检索为可选项。是否选择"智能检索"，其结果有明显差别。图3-9中检索序号1、2为快速检索结果，序号3、4为高级检索结果。

	序号	检索表达式	结果
☐	4	"aids"[常用字段:智能]	49876
☐	3	"aids"[常用字段]	13831
☐	2	获得性免疫缺陷综合征	48989
☐	1	艾滋病	48989

图3-9 快速检索与高级检索结果比较

3. 高级检索

高级检索支持多个检索入口和多个检索词之间的逻辑组配检索，方便用户构建复杂检索表达式（图3-10）。用户可以在检索框中自行构建检索表达式，也可通过系统辅助的方式构建：① 选择所需的字段，输入检索词；② 选择是否"智能检索"和逻辑运算方式；③ 检索式自动发送至检索框；④ 输入下一个检索词，重复上述步骤；⑤ 选择限定条件；⑥ 点击"检索"按钮。

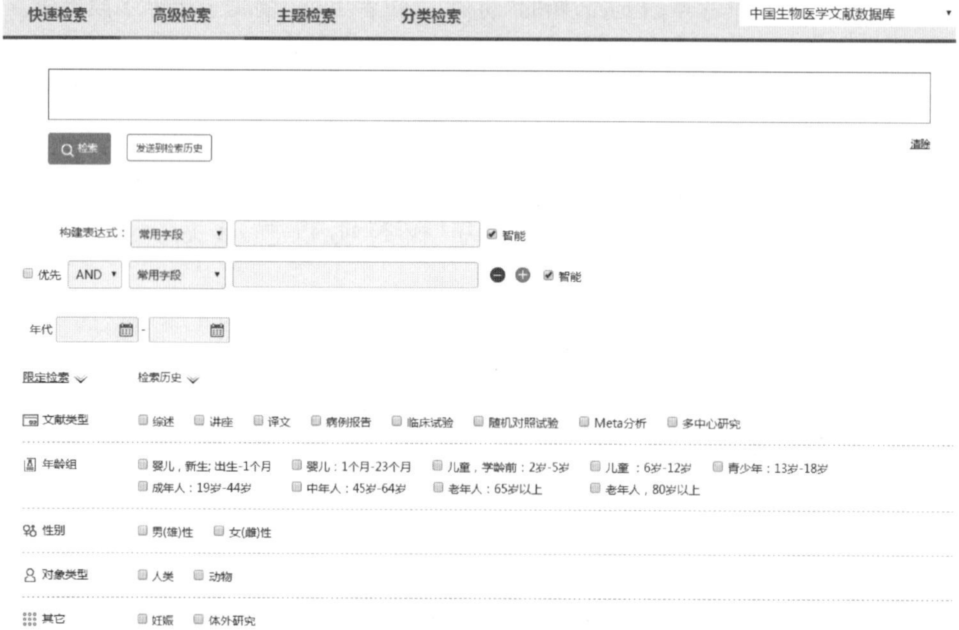

图3-10 高级检索界面

4. 逻辑运算检索

所谓逻辑运算检索,是指利用逻辑运算符进行检索词或代码间的逻辑运算检索。常用的逻辑运算符有三种,分别为"AND"(逻辑与)、"OR"(逻辑或)和"NOT"(逻辑非),三者间的优先级顺序为:( ) > NOT > AND > OR。如有"OR"运算时,须置于"( )"内先行运算。具体含义如下:

"A AND B":检出的记录中同时含有检索词 A 和检索词 B。

"A OR B":检出的记录中含有检索词 A 或检索词 B。

"A NOT B":在含检索词 A 的记录中,去除含检索词 B 的记录。

在 SinoMed 中,可以通过两种方法进行逻辑运算检索。

(1)利用"检索历史"界面。

① 关于"AND"和"OR":用鼠标依次选中欲运算的检索式,然后根据需要选择点击"AND"或"OR"按钮。

② 关于"NOT":如欲从检索式"#2"中去除检索式"#1"的内容,步骤如下。

ⅰ. 勾选检索式"#2",点击"AND"或"OR"按钮。

ⅱ. 勾选拟去除的检索式"#1",点击"NOT"按钮(图3-10)。

(2)直接输入法。

在检索词或检索式之间直接使用"AND"、"OR"或"NOT"。

①"AND":心脏瓣膜疾病 AND 手术后并发症 → 系统检出记录中必须同时含有"心脏瓣膜疾病"和"手术后并发症"。

②"OR":扁桃体炎 OR 扁桃腺炎 → 系统检出记录中,可能同时含有"扁桃体炎"和"扁桃腺炎",也可能只含有"扁桃体炎"或"扁桃腺炎"。

③"NOT":心脏病 NOT 肺心病 → 系统检出记录中应为除肺心病以外的其他心脏病。

5. 通配符检索

通配符检索指在检索词中使用一个符号来代替任意一个或多个未知字符的检索方法。运用通配符检索可提高检索效率。SinoMed 支持两种通配符检索,分别为单字通配符"?"和任意通配符"%",二者都必须是半角字符。

(1)单字通配符"?":可替代任何一个字符。

例如,输入"血?动力",可检索出含有"血液动力""血流动力"等字符串的文献(图3-11)。

图 3-11 单字通配符检索结果比较

（2）任意通配符"%"：可替代任意个（0～n）字符。

例如，输入"肝炎%疫苗"，可检索出含有"肝炎疫苗""肝炎病毒基因疫苗""肝炎减毒活疫苗""肝炎灭活疫苗"等字符串的文献（图3-12）。

图3-12 任意通配符检索结果比较

6. 限定检索

限定检索是在高级检索时把年代、文献类型、研究对象、性别等在基本检索窗口可实现的常用限定条件整合到一个表单中供用户选择的一种检索方法，目的是减少二次检索操作、提高检索效率。

限定检索在跨库检索时不可用，图3-13、图3-14分别是 CBM 和 WBM 限定条件的详细说明。

图3-13 CBM 限定条件的详细说明

第三章　常用医学文献检索工具

图 3-14　WBM 限定条件的详细说明

进行限定检索时，一旦设置了限定条件，除非用户取消，否则在该用户的检索过程中，限定条件一直有效(图 3-15)。

图 3-15　限定检索

7. 二次检索

在前一个检索式的检索结果中重新输入检索词进行检索，意为在结果中查找。相当于前后两个检索词的"AND"关系，检索时只要勾选"二次检索"即可。

8. 模糊检索与精确检索

模糊检索亦称包含检索,即输入的检索词包含在命中文献的字符串中。精确检索意为完全相等,即输入的检索词与命中的结果完全一致,适用于关键词、主题词、作者、分类号、刊名等字段。

例如,检索作者"张明"的文献,在不勾选"精确检索"的情况下(默认为精确检索)可检出作者为"张明""张明光""张明果"等人的文献(图3-16)。如选择精确检索,只能检出作者为"张明"的文献。

图3-16 第一作者字段模糊检索

与精确检索相比,模糊检索能够扩大检索范围,提高查全率(准确率相对较低)。如无特殊说明,SinoMed中默认的是精确检索。使用不支持精确检索的字段检索时,"精确检索"选项不激活。

9. 特殊符号检索

检索词中常会含有"-""(""," 等特殊符号,此时可以使用半角双引号来标识检索词,以表明这些特殊符号也是检索词的一部分。

例如,查找中文标题中含有"$1,25-(OH)_2D_3$"的文献的方法是:进入高级检索界面,选择"中文标题"检索入口,然后输入"$1,25-(OH)_2D_3$",并点击"检索"按钮。结果会显示所有中文标题中含有"$1,25-(OH)_2D_3$"的文献(图3-17)。

第三章 常用医学文献检索工具

图 3-17 特殊符号检索

10. 链接检索

链接检索是指在检索结果中,自动实现作者、出处、关键词、主题词、主题词/副主题词、主题相关等知识点的快速链接(图 3-18)。运用链接检索可全方位满足检索过程中的新发现、新需求。

SinoMed 不同数据库的链接功能情况见表 3-2。

图 3-18 链接检索

表 3-2　SinoMed 不同数据库链接功能细览表

数据库 链接功能	中国生物医学文献 数据库(CBM)	北京协和医学院 硕博学位论文库	西文生物医学文献 数据库(WBM)
☆ 关键词链接	√	√	
☆ 主题词链接	√		√
☆ 特征词链接	√		√
☆ 作者链接	√		√
☆ 导师链接		√	
☆ 期刊出处链接	√		√
☆ 主题相关链接	√		√
☆ 参考文献链接	√		√
☆ 原文链接	√		√
☆ 原文在线阅读		√	

（三）主题检索

所谓主题检索，是指采用规范化的主题词基于主题概念进行检索。与基本检索状态下的关键词检索相比，主题检索能有效提高查准率和查全率。用主题词/副主题词组配检索，可提高所检文献的专指性和查准率。

1. 主题词表

SinoMed 依据其主题词表进行主题检索。该表包括两部分：NLM 编制的 *MeSH* 中译本（由中国医学科学院医学信息研究所翻译出版）和中国中医科学院中医药信息研究所编制的《中国中医药学主题词表》（参见本章第一节）。

2. 主题词和副主题词组配检索

主题词是指能表达文献中心内容的自然语言（专业名词术语）经过分析转换而形成的规范化语言（人工语言）。例如，主题词"获得性免疫缺陷综合征"包含了"艾滋病""AIDS""爱滋病"等不同的自然语言。在检索时，应尽可能采用规范化的主题词进行检索，以提高查准率和查全率。

副主题词也称限定词，它的主要作用是对主题词范围进行说明和限定。例如，"肝/药物作用"表明文章并非讨论肝脏的所有方面，而是只讨论药物对肝脏的影响。

3. 加权检索与不加权检索

加权是反映主题词对文献重要内容表征作用的一种手段。一般来说，加权主题词与文献核心内容的关联性比非加权主题词更为紧密。因此，加权检索是一种缩小检索范围、提高查准率的有效方法，仅适用于主题词。

系统默认状态为不加权检索，若进行加权检索，请勾选"加权检索"选框。

4. 扩展检索与不扩展检索

（1）主题词扩展检索与不扩展检索。

主题词扩展检索是指对当前主题词及其下位所有主题词进行检索；主题词不扩展检索则是指仅对当前主题词进行检索。系统默认状态为扩展检索。若不进行扩展检索，请选择"不扩展"选项。

例如，对主题词"HIV 感染"而言，扩展检索是指对该主题词及其 10 个下位主题词进行检索，不扩展检索则指仅对"HIV 感染"进行查找。

（2）副主题词扩展检索与不扩展检索。

部分副主题词之间也存在上下位关系，如副主题词"副作用"的下位词有"毒性"和"中毒"。副主题词扩展检索是指对当前副主题词及其下位副主题词进行检索；副主题词不扩展检索则是指仅对当前副主题词进行检索。系统默认状态为扩展检索。带有"（＋）"的副主题词勾选时是默认状态，表示同时选择其下位副主题词。

在 SinoMed 中，各数据库均支持主题检索。从主题途径查找文献时，可以通过如下操作来实现：① 在主题检索界面键入完整检索词或片段，查找浏览相关主题词注释信息和树状结构，选择恰当主题词；② 在选定主题词的注释信息显示界面，选择是否加权、是否扩展，添加相应副主题词后，点击"主题检索"即可。

例如，查找关于"骨结核治疗"方面的文献可按以下步骤操作：

第一步，在 CBM 主题检索界面的检索词输入框中键入"结核 骨"进行查找，系统会显示含"结核"和"骨"的主题词列表供用户选择（图 3-19）。

图 3-19 主题词检索

注意 词条中带有"见"字时，左边的词为主题词的款目词（同义词），右边的词为正式主题词；词条中无"见"字时，两边均为主题词。

第二步，选择恰当的主题词"结核，骨关节"后，点击进入该主题词的注释信息显示界面，全面了解该主题词的各种注释信息和树状结构，以确认是否和检索主题一致（图 3-20）。

图 3-20 副主题词、主题词注释及树状结构

第三步,根据需要选择是否加权检索、扩展检索,添加组配相应的副主题词"治疗"后,选择"AND",点击"发送到检索框"按钮进行文献检索(图3-21)。

图 3-21 主题词加权、扩展全部树及扩展副主题词

5. 如何寻找恰当的主题词

(1)通过已知的中英文关键词及其同义词整词或片段直接进行查找,仔细阅读主题词的注释信息,特别注意相关词、上位词及专指词。

（2）可以在快速检索界面找出标题包含某个检索词的文献,浏览检索结果,看其对应标引的主题词是什么,这个词可能就是要找的主题词。

（3）为了提高检索的准确性,建议尽量使用专指性最强的主题词进行检索,在未找到专指性最强的主题词时,建议选择其最邻近的上位词(图3-22)。

图 3-22　主题词树状结构

6. 如何选择恰当的副主题词

（1）系统会自动列出可与当前主题词组配的所有副主题词,根据需要选择一个或多个副主题词进行检索。

（2）如果副主题词后面含有"（＋）",则表明该副主题词含有下位副主题词（副主题词扩展）(图3-23)。

（3）浏览系统提示的副主题词注释信息。

图 3-23　副主题词扩展（下位概念词）

（四）分类检索

分类检索是指从文献所属的学科范围角度进行检索。分类检索适合族性检索,有利于提高查全率。SinoMed 依据《中国图书馆分类法·医学专业分类表》进行分类检索。CBM、WBM、CPM 和 PUMCD 均支持分类检索。输入分类名或分类号后,系统将在《中国图书馆分类法·医学专业分类表》中查找对应的类号或类名。

在 SinoMed 中,欲查找某学科主题文献时,可以通过两种方式实现:① 在分类名输入框中输入学科类名来实现;② 通过分类导航逐级展开来实现。

1. 分类名检索

进入分类检索界面,输入相应的检索词,从系统返回的命中列表中选择准确的分类名后进行检索。根据需要,选择是否扩展(分类树中扩展分类号)检索;对于可复分的类号,选择复分组配检索(可选择多个复分号);最后点击"发送到检索框"按钮完成操作(图 3-24、图 3-25)。

图 3-24　分类名检索

图 3-25　扩展检索及复分组配检索

2. 分类导航

通过分类检索首页的分类导航,点击分类树词条逐级展开(图 3-26),直至浏览到所需要的类目后点击进入。后面的步骤同上。

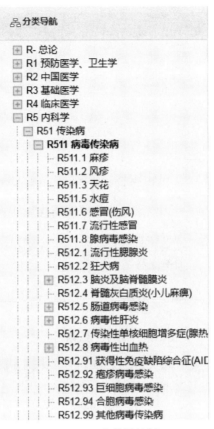

图 3-26　分类导航树

注意　① 扩展分类号是指对同类概念的下位分类进行检索,相当于主题词的扩展全部树检索。② 选择复分号的作用是对主类号的范围进行限定,相当于副主题词的作用。

（五）期刊检索

生物、医学期刊论文大多是科研或临床工作者在科学实验或临床观察中撰写的比较新的研究论文。在科研工作中,用户所关注的焦点常常是某种或某几种期刊,那么如何通过SinoMed 来查找期刊上发表的关于某课题或领域方面的文献呢?

一般通过下列两个步骤便可实现:

（1）目标期刊定位:既可通过检索入口选择刊名、出版地、出版单位、期刊主题词或者 ISSN 直接查找期刊;也可通过"期刊导航"逐级查找浏览期刊。

（2）期刊文献查找:既可直接指定年、卷、期进行浏览,也可以输入拟检索的内容后在指定的年、卷、期中查找浏览具体文献。同时,还可通过期刊主题词检索或期刊分类导航来获取涵盖或涉及该学科领域的所有期刊信息（图 3-27 至图 3-29）。

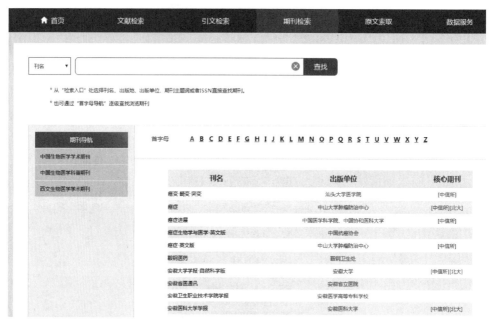

图3-27 期刊检索、期刊导航

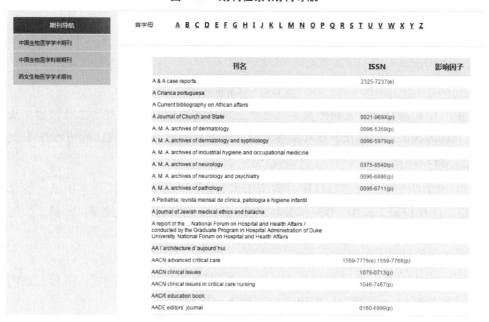

图3-28 WBM 收录的期刊

第三章 常用医学文献检索工具

图 3-29 检索《安徽医科大学学报》2022 年发表的宫颈癌方面的文献

(六) 引文检索

引文检索支持用户从被引文献题名、主题、作者/第一作者、出处、机构/第一机构、资助基金等途径查找引文,用以了解科研成果在生物医学领域的引用情况。支持对检索结果从发表时间、期刊、作者、机构、期刊类型维度进行聚类筛选(图 3-30)。

图 3-30 引文检索

1. 被引文献检索

检索时首先选择检索字段,针对被引文献作者、机构、出处、资助基金检索项,系统提供智能提示功能,同时支持发表年代、施引年代的限定检索。下面以检索"苏州大学附属第一医院于2010—2017年间发表文献的被引用情况"为例,介绍被引文献检索的具体方法。

(1)进入引文检索页面,检索入口选择"被引文献机构",输入"苏州大学",在弹出的提示框中选择"苏州大学附属第一医院〔江苏〕",在发表年代处选择"2010"和"2017"(图3-31)。

图 3-31　机构被引文献检索

(2)点击"检索",即可查看到所需结果。在检索结果中可对发表时间、期刊、作者、机构、期刊类型等进行聚类筛选(图3-32)。

图 3-32　引文检索结果的聚类筛选

2. 创建引文报告

CBMCI支持引文报告功能,可以提供引文分析报告及查引报告。

在引文检索结果页面,点击"创建引文报告"(图3-32),即可对检索结果的所有引文进行分析,生成引文分析报告及查引报告。需要注意的是,当引文检索结果超过 10 000 条时,引文分析报告只分析被引频次排序在前 10 000 的记录。

(1) 引文分析报告:由检索结果集的发文和被引时间分布、引证综合指标统计及论文近 5 年被引情况统计三部分组成(图 3-33)。

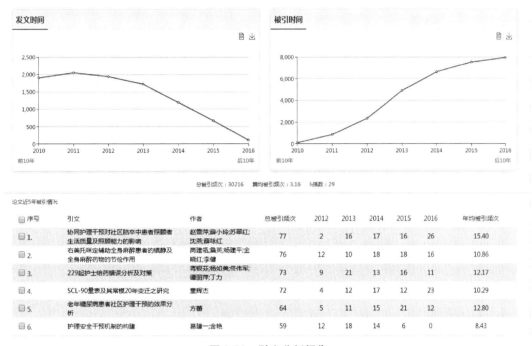

图 3-33　引文分析报告

h 指数:基于"论文历年被引情况"表中"总被引频次"降序排序的文献列表。其含义为检索结果集中有 N 篇文章至少被引用了 N 次,N 即为 h 指数。此度量标准减少了为高度引用或尚未被引用论文分配的不当权重。h 指数值的计算仅包括 CBM 中的项目,不包括未收录期刊中的论文和图书专著等。

论文近 5 年被引情况:按照引文近 5 年总被引频次大小降序排列。表中的"年均被引频次"表示引文自发表后的年均被引频次(计算公式 = 总被引频次/已发表的年份数)。选择记录前面的复选框时,可以只保存标记记录的引文分析结果。

(2) 查引报告:包括查引检索条件、被引概览、被引明细及附件 4 部分,通过点击引文报告页面右上角的"查引报告"按钮生成。其中,他引频次表示去除单篇论文全部作者以外其他人发表文献引用次数之和(图 3-34)。

查引报告

1. 检索条件

检索策略：苏州大学[被引文献机构] A N D 2010-2017[发表年代]
检索数据库：中文文献-引文
文献数量：（详情见附件）

2. 被引概览

施引文献所在期刊类型	被引频次	他引频次	近5年被引频次	近5年他引频次
全部期刊	980	955	685	671
核心期刊	524	474	331	319
北大中文核心期刊	193	190	132	129
中国科技论文统计源期刊	485	465	322	310
中华医学会期刊	81	81	54	54

3. 被引明细

序号	被引作者	被引文献题录（题名,期刊,年,卷,期,页）	被引频次	他引频次
1	赵雪萍,薛小玲,苏翠红,沈燕,薛咏红	赵雪萍,薛小玲,苏翠红,沈燕,薛咏红.协同护理干预对社区脑卒中患者照顾者生活质量及照顾能力的影响.中华护理杂志,2012,47(3) 206-208	77	76
2	高建瓴,詹英,杨建平,金晓红,李健	高建瓴,詹英,杨建平,金晓红,李健.右美托咪定辅助全身麻醉患者的镇静及全身麻醉药物的节俭作用.上海医学,2010,(6) 525-527	76	76
3	蒋银芬,杨如美,佟伟军,谭丽萍,丁力	蒋银芬,杨如美,佟伟军,谭丽萍,丁力.229起护士给药错误分析及对策.中华护理杂志,2011,46(1) 62-64	73	73
4	童辉杰	童辉杰.SCL-90量表及其常模20年变迁之研究.心理科学,2010,(4) 928-930,921	72	71
5	方蕾	方蕾.老年糖尿病患者社区护理干预的效果分析.护士进修杂志,2012,27(3) 276-278	64	64

图 3-34　查引报告

（七）检索历史

"检索历史"用于保存前面检索过的检索表达式,最多允许保存200条。在任意界面点击"检索历史"即可进入检索历史界面（图3-35）,可从中选择一个或多个检索表达式并用逻辑运算符"AND""OR""NOT"组成更恰当的检索策略。例如,可输入"#1 OR #2"或选择相应的逻辑运算符按钮进行逻辑检索。根据需求选择一个或多个有意义的检索表达式保存为特定的检索策略,也可通过邮件或简易信息聚合（really simple syndication,RSS）功能对单个检索结果进行信息推送。在"我的空间"中可定期调用该检索策略进行检索,以便及时获取最新信息。对无意义的检索表达式,选中后点击"清除"可进行删除。系统退出后,检索历史自动清除。不同数据库间检索历史不共享。

	序号	检索表达式	结果	时间	推送
☐	5	"疫苗"[常用字段:智能]	95850	01:28:51	✉
☐	4	"肝炎%疫苗"[中文标题]	3120	01:18:39	✉
☐	3	"肝炎%疫苗"[中文标题:智能]	3120	01:17:54	✉

图 3-35　检索历史

（八）我的空间

SinoMed 为用户提供独立的个人空间,用于保存有价值的检索策略,以便跟踪领域最新发展、贮存感兴趣的检索结果等。用户可根据个人习惯组织和再利用"我的空间"功能,自由随意,方便灵活。

SinoMed 有两种用户类型:集团用户和个人用户。集团用户是指以单位名义或 IP 地址进行系统注册的用户(如"苏州大学"就属于集团用户),某一集团用户下可以包含多个子用户;个人用户则是指以个人名义进行系统注册的用户,个人用户下面不再设子用户。

SinoMed 的个人用户无须二次注册,直接使用系统注册时所用的用户名和密码即可登录"我的空间";但集团用户下的子用户则需要单独注册"我的空间"后才可登录使用。

1. 注册"我的空间"

(1) 登录 SinoMed,点击界面右下方"我的空间"按钮,进入"我的空间"登录界面(图3-36)。

(2) 点击"立即注册"按钮,进入注册界面,设置个人用户名和登录密码并提交注册信息即可。

(3) 登录后,系统右上方会同时显示用户所在的集团用户名和个人用户名。

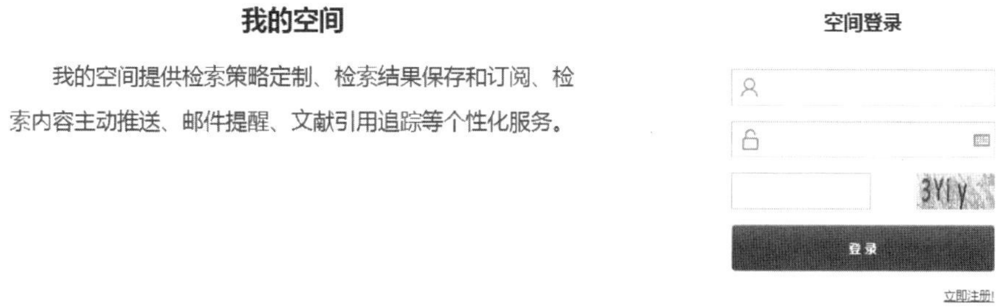

图 3-36　注册"我的空间"

2. 保存检索策略

在"检索历史"界面保存检索策略的详细步骤为:① 进入检索历史界面;② 点击"保存策略"按钮;③ 勾选需要保存的检索策略序号;④ 在策略名称输入框内输入此次保存的策略名称;⑤ 点击策略名称右侧的"保存"按钮(图3-37)。保存成功后,可以在"我的空间"里对检索策略进行重新检索、导出和删除操作。

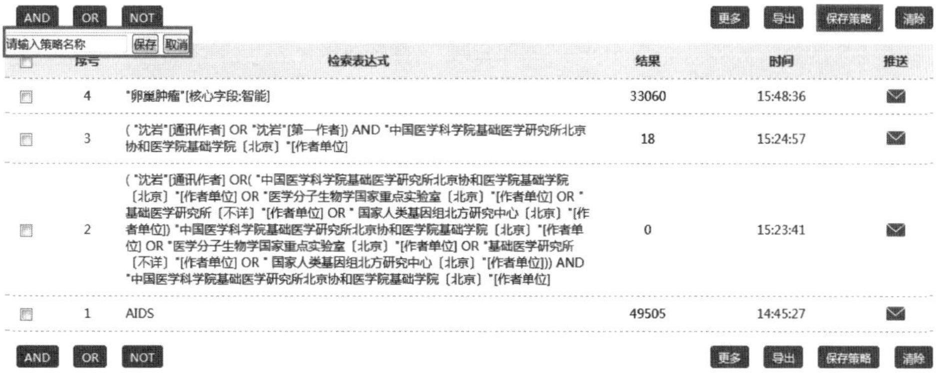

图 3-37　保存检索策略

3. 检索策略的激活

进入"我的检索策略",勾选定制的检索策略,并选择需要的检索操作:"重新检索"或"推送到邮箱"。

"重新检索"是指对数据库中的全部检索式进行数据更新。点击相应检索式即可查看检索结果(图3-38)。

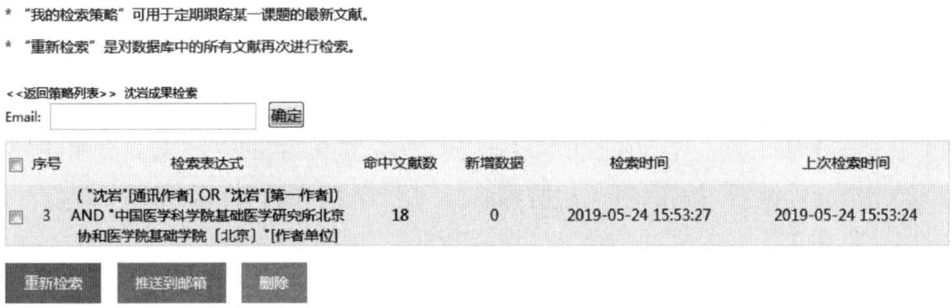

图 3-38　检索策略的激活

(九) 我的数据库

通过 SinoMed 的"我的数据库"可以对感兴趣的文献进行保存、管理与再利用。创建与使用"我的数据库"需要先注册并登录"我的空间"。

1. 文献在线保存

在检索结果界面点击"我的数据库",便可将当前勾选文献题录添加到在线数据库中(图3-39)。

图 3-39　"我的空间"文献在线保存

如添加成功,系统会提示"此记录已成功加入我的数据库,可以继续添加或者查看我的数据库"。

2. 文献在线管理

通过标签和备注,用户可以从课题、项目、学科、主题等角度,对所收藏的文献进行分类组织和标注(图3-40)。

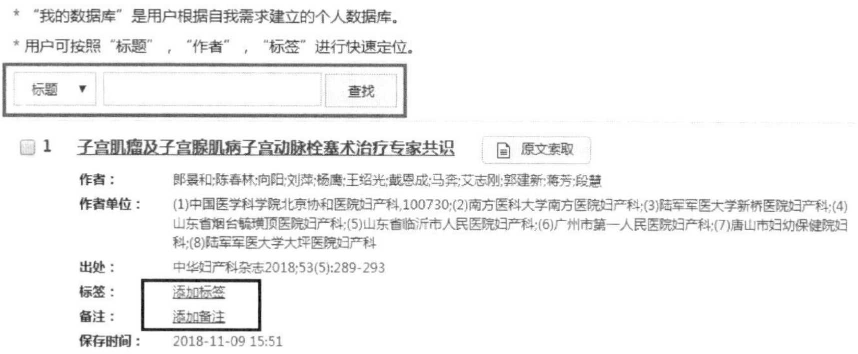

第三章 常用医学文献检索工具

图 3-40 文献在线管理

3. 收藏文献的查找与利用

为方便对存储文献进行查找和利用,"我的数据库"设置了标题、作者和标签三个检索字段。

四、检索结果处理

(一)检索结果显示、打印和保存

(1)单页记录显示条数:可自主设置每页显示的命中记录数,系统默认每页显示20条。

(2)排序方式:支持"入库""年代""作者""期刊""相关度""被引频次"6种排序方式。

(3)检索结果聚类筛选:支持用户对检索结果进行多角度聚类筛选,不同资源库的聚类维度可能会略有不同。通过点击每个聚类右侧"+",展示其下具体的聚类结果,可勾选一个或多个聚类项进行过滤操作,根据需要对检索结果进行筛选精炼(图3-41)。

图 3-41 聚类筛选

(4)检索结果输出方式:支持文本格式及多种文献管理软件(图3-42)。

(5)既可对全部检索结果(记录)进行显示浏览或输出,也可选择部分结果(记录)进行显示浏览或输出。

(二)全文获取

SinoMed的全文有三类:中文期刊文献全文、北京协和医学院博硕学位论文全文和西文生物医学期刊文献全文。

(1)中文期刊文献全文:中国医学科学院医学信息研究所与重庆维普公司合作,可以利用SinoMed提供的维普中文全文链接功能获取中文期刊文献全文(图3-43)。此外,对于部分中文期刊文献,也可通过DOI链接至万方医学网、万方知识服务平台或编辑部网站进行全文获取。

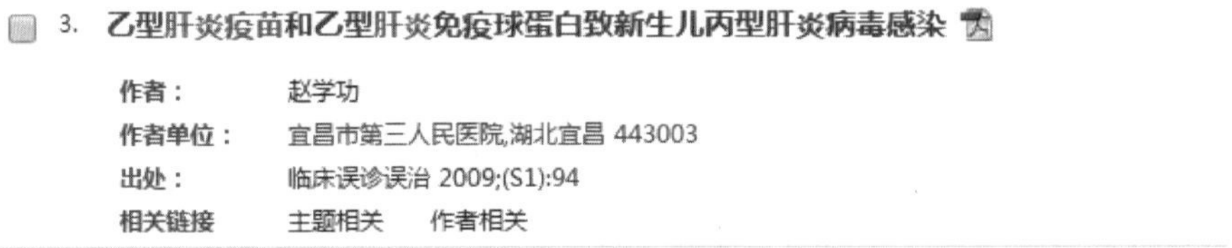

图3-42 检索结果处理

图3-43 全文获取

(2)北京协和医学院博硕学位论文全文:如用户所在单位订购了此类资源,用户可以在检索结果页面点击标题右侧的 图标,即可获取全文。

(3)西文生物医学期刊文献全文:SinoMed对网络生物医学免费期刊及其文献进行了全面系统的整理。进入WBM检索结果页面,点击"免费全文"分类导卡,用户可以快速、准确地查找免费期刊文献线索并获取全文。如所在单位拥有外文资源,则WBM可以直接调用全文。

(三)原文索取

原文索取是SinoMed提供的一项特色服务。用户既可以对感兴趣的检索结果直接进行原文索取,也可以通过填写全文申请表、文件导入等方式申请所需要的文献。SinoMed将在用户发出原文请求24小时内,以电子邮件、传真或特快专递等方式,为用户提供所需原文(图3-44)。

图 3-44 原文索取

五、检索实例

实例:用 CBM 检索"慢性乙型肝炎导致肝肿瘤"的相关文献。

检索步骤:

(1) 分析课题,根据课题内容要求确定主题概念和相应的副主题词。本课题涉及两个主题概念,即"慢性乙型肝炎"和"肝肿瘤",并说明了相互的因果关系,所以检索表达式应为"慢性乙型肝炎/并发症"及"肝肿瘤/病因学"。

(2) 在 CBM 高级检索的主题检索界面选择主题检索入口,输入"慢性乙型肝炎"进行查找,系统显示的主题词为"肝炎,乙型,慢性"(主题词倒置形),点击主题词"肝炎,乙型,慢性"进入选择副主题词状态。根据题意,选择副主题词"并发症"进行组配检索,点击"发送到检索框"按钮即完成第一个主题概念的检索。

(3) 继续在主题检索界面完成"肝肿瘤/病因学"的检索,通过"AND"发送到检索框中,点击"主题检索"按钮完成检索。

 检索实习题

一、主题检索

1. 检索"肿瘤抗体的生物合成"方面的文献。
2. 检索"肝移植术后并发症"方面的文献。
3. 扩展检索"白血病的各种治疗"方面的文献。
4. 加权检索"AIDS 的药物治疗"方面的文献。

5. 检索"儿童 CMV 感染的诊断"方面的文献,要求是 2012 年之后发表的文献。

二、分类检索

1. 检索"病毒性肝炎的中药治疗"方面的所有文献。

2. 检索"胆汁反流性胃炎的病因学"方面的文献。

3. 检索"膀胱结石"的分类号。

三、作者检索

1. 检索以"张华"作为第一作者的文献以及作者中含有"张华"的所有文献。

2. 检索你的导师所发表的全部文献。

四、综合检索

1. 检索苏州大学附属第一医院在 2010—2018 年间发表的关于白血病药物治疗方面的综述文献。

2. 检索苏州市出版的刊物中所发表的有关胃肿瘤的手术治疗方面的文献。

3. 检索《苏州大学学报·医学版》(含更名期刊)被收录的文献总数。

4. 检索 SinoMed 中收录了哪些有关护理学方面的期刊。

5. 检索苏州大学作者在《江苏医药》上发表的文献总数。

第三节　MEDLINE 数据库

一、MEDLINE 数据库概况

MEDLINE 数据库是由 NLM 建立的主要书目数据库,始建于 1966 年(追溯收录至 1946 年),由 NLM 下属的国家生物技术信息中心(NCBI)开发和维护。MEDLINE 数据库收录的出版物大多数都是学术期刊,数据实行每日更新。目前,MEDLINE 已收录 5 200 余种世界期刊,使用语言约 40 种,包含超过 3 100 万篇期刊文献,主要集中在生物医学方面。MEDLINE 数据库的学科范围是生物医学和健康,包括卫生专业人员和其他从事基础研究和临床护理、公共卫生、卫生政策制定或相关教育活动人员所需的生命科学、行为科学、化学科学和生物工程领域。

二、数据库检索系统

MEDLINE 数据库可在多种检索平台使用,如 Web of Science 检索平台、EBSCOhost 检索平台和 Ovid 检索平台等,数据库内容相同,但检索系统的操作界面均不相同。本节主要介绍网络版 MEDLINE 数据库的 Ovid 版本(Ovid-MEDLINE 数据库)(图 3-45)。

Ovid-MEDLINE 数据库的特点包括以下几方面:

(1) 提供全文期刊。

（2）部分记录提供全文下载。

（3）记录和全文中有作者、主题词、参考文献等链接,可直接点击检索。

（4）提供图书信息。该版本的Books@Ovid收录了电子版教科书,学科主要涉及生物医药。

（5）可进行跨库检索。所有数据库使用同一检索系统,可相互链接。

（6）能以电子邮件的方式直接输出检出记录。

图 3-45　Ovid-MEDLINE 数据库

三、数据库记录字段

Ovid-MEDLINE 数据库的记录字段如图 3-46 所示。该数据库的记录字段分为两大类：限制字段和非限制字段。此分类是依据检索时能否对检索内容进行限制而定的。

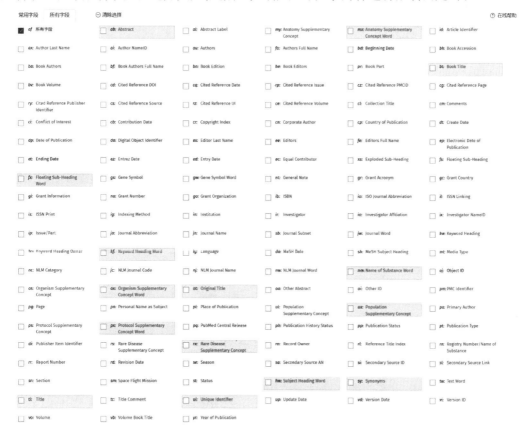

图 3-46　Ovid-MEDLINE 数据库的记录字段

Ovid-MEDLINE 数据库中部分常用字段名及中文含意如下。

ab:Abstract　文摘

af:All Fields　全部字段

au:Authors　作者姓名

ba:Book Authors　书籍作者

be:Book Editors　书籍编辑

bt:Book Title　书名

do:Digital Object Identifier(DOI)　数字对象标识符

dp:Date of Publication　出版日期

fa:Authors Full Name　作者全名

in:Institution　学、协会或机构名

ip:Issue/Part　期/部分

jn:Journal Name　期刊名称

lg:Language　文献语种

pb:Publisher　出版社

pg:Page　页码

rn:Registry Number/Name of Substance　登记号/物质名称

sh:MeSH　医学主题词

ti:Title　题名

vo:Volume　卷

yr:Year of Publication　出版年

四、数据库检索运算符

(一) 逻辑运算符

MEDLINE 数据库的逻辑运算符有 3 种,即逻辑"与"(and)、逻辑"或"(or)、逻辑"非"(not)。它们可用于检索词之间的连接,组成逻辑检索式。"combine selections with"(组合检索)状态只提供"and"和"or"运算,"not"须在关键词状态下的检索表达式内完成(检索词1 not 检索词2)。注意:基本检索中使用自然语言,因此逻辑运算符在基本检索中无意义。

(二) 字段限制

在 Ovid-MEDLINE 数据库中"in"是作者机构或单位名称的字段名,不能作为字段限制符使用,只能用英文状态下的句号(.),后面跟字段标识符,表示检索词在相应的字段中出现。"."在检索历史中用于描述检索式中所用的检索字段。例如:

"Endocrinology.ti"表示检索标题字段中出现"Endocrinology"的记录。

"Greenberg C.au"表示检索作者字段中出现"Greenberg C"的记录。

"Aspirin.ab"表示检索摘要字段中出现"Aspirin"的记录。

"Blood. jn"表示检索期刊名中含有"Blood"的文献记录。

"Review. pt"表示检索综述文献。

(三)通配符和截词符

通配符"?"代表 0~1 个字符,如检索词"colo? r"可检索出含有"color"和"colour"的文献。通配符"?"多用于英文单词的英式拼法和美式拼法有差别的情况。

通配符"#"代表 1 个任意字符,如检索词"wom#n"可同时查出"woman"和"women"。通配符"#"可用于词中或词尾,用于词尾时多表示单词的复数形式。

截词符"$""*"代表任何字符串或空格,为无限截词符,如用"immun$"或"immune*"可查到含有"immune""immunity""immunization""immunize"等的记录。"$1"和"$2"分别表示 0~1 个和 0~2 个字符,为有限截词符。例如,用"dog$1"可检索到含有"dog"和"dogs"的记录,但无法检索到"dogma","dogma"必须用"dog$2"才能检索到。使用通配符或截词符检索可扩大检索范围,提高查全率。

五、MEDLINE 数据库 OvidSP 3.0 检索途径及方法

OvidSP 3.0 的检索平台检索界面简洁明了,可以选择不同的语言界面(包括中文界面)。系统默认的检索界面如图 3-47、图 3-48 所示。主界面上提供六种功能选择,即基本检索(Basic Search)、常用字段检索(Find Citation)、检索工具(Search Tools)、字段检索(Search Fields)、高级检索(Advanced Search)、多个字段检索(Multi-Field Search)。其中,基本检索可用于初步查找某个科研课题或问题,最快速获取最新的文献信息;常用字段检索通过常用引文字段快速定位某篇或某几篇文献;检索工具主要应用于数据库的主题词表辅助用户构建检索策略;字段检索允许用户浏览或检索单个、多个或所有字段,可更加精准地限定检索部位;高级检索可以更加全面和精准地查找所有符合条件的结果;多个字段检索可以组合多个字段检索和主题检索。

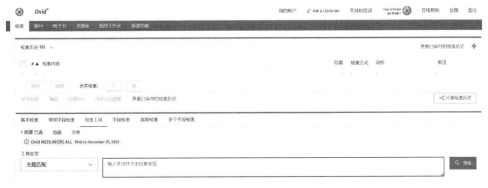

图 3-47　OvidSP 3.0 的默认检索界面

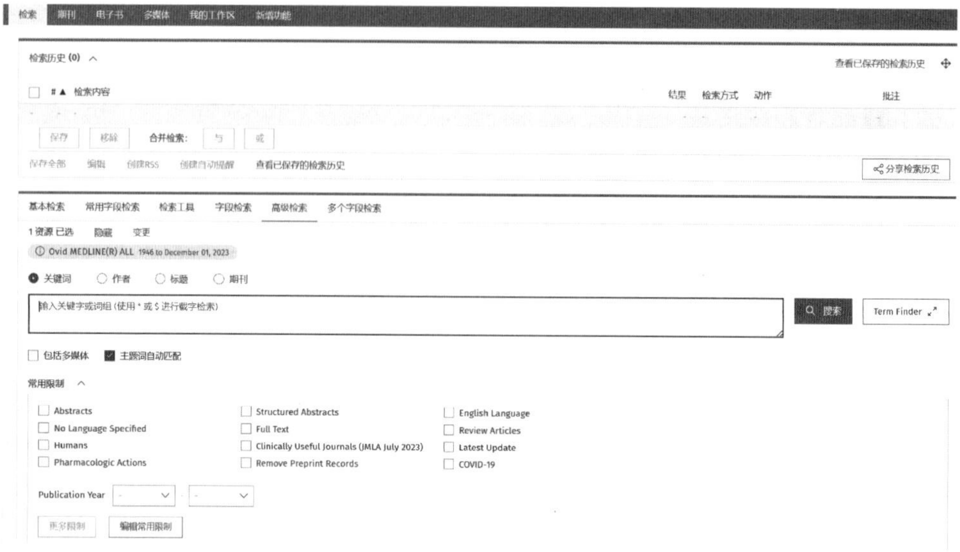

图 3-48　OvidSP 3.0 的中文高级检索界面

（一）基本检索（Basic Search）

基本检索是一个简单的检索页面，可用任意词检索，并支持短语检索。基本检索使用比较简便，如果候选"包含相关词"，则允许扩大原始检索条件中的单词变化、同义词及缩写。此功能极大地满足了相似或类似词的搜索需求。例如，输入搜索词"child"并选定"包含相关词汇"，Ovid 将同时搜索有关"children""childhood""kid""kids"等词的信息（图 3-49）。

图 3-49　基本检索界面

（二）常用字段检索（Find Citation）

"Find Citation"意为引文（或题录）检索。通过常用字段检索可查找 Ovid 中除图书以外的所有文献，提供的检索项有文献题名、期刊名称、作者姓名、出版年、出版社和 DOI 等，相互间的运算为"and"（图 3-50）。

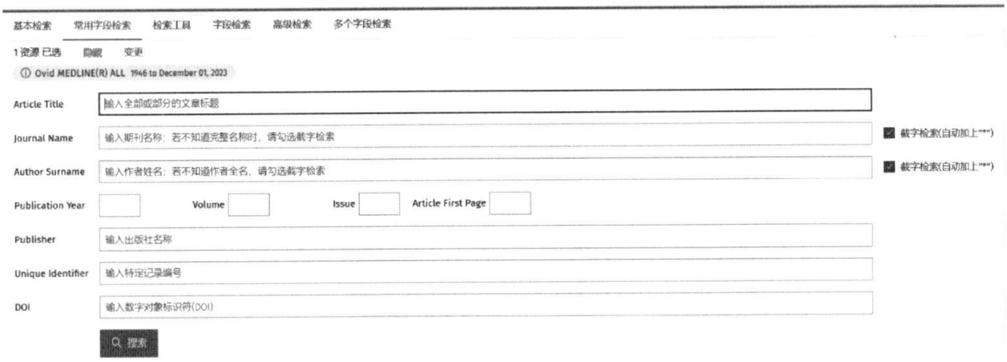

图 3-50　常用字段检索界面

（三）检索工具（Search Tools）

检索工具提供下列六个选项（图 3-51）。

（1）主题匹配（Map Term）：输入检索词后，系统会自动在词库中查寻对应的主题词。

（2）树型图（树状图，Tree）：显示主题词的上位词、下位词和记录数。点击某一词条或点击前面的"＋"号，可打开它的下位词，可进行下位词的扩展检索。MEDLINE 主题词树状结构 16 个大类见本节附录一。

（3）轮排索引（Permuted Index）：不进行主题词匹配，仅检索主题词表中包含所输入检索词的主题词，输入的必须是单词而不能是词组。

（4）主题词说明（Scope Note）：对主题词的定义、注释、历史变更、适用范围等的说明。

（5）扩展检索（Explode）：对输入的主题词直接进行下位词扩展检索，并自动选择全部副主题词。

（6）副标题（Subheadings）：显示可以组配的所有副主题词。76 个副主题词及使用说明见本节附录二。

图 3-51　检索工具的六个选项

（四）字段检索（Search Fields）

字段检索可以把检索词直接定位到某一字段或一定字段范围进行检索。具体方法是：在框内输入检索词后，选定表格中相应的字段，点击"搜索"，系统将在所选字段中对输入的词进行检索；选择字段后，如点击"显示索引数据"，则显示输入词所在的索引片段，供选词检索（图 3-52）。如熟悉字段名及意义，可在关键词状态下直接用指定字段检索。

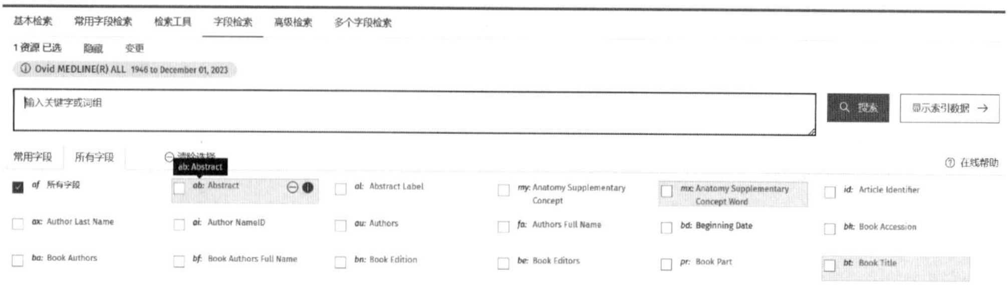

图 3-52　字段检索界面

（五）高级检索（Advanced Search）

高级检索界面提供主题词检索（选中"主题词自动匹配"）、关键词（Keyword）检索、作者（Author）检索、标题（Title）检索、期刊（Journal）检索五个检索途径（图3-53）。

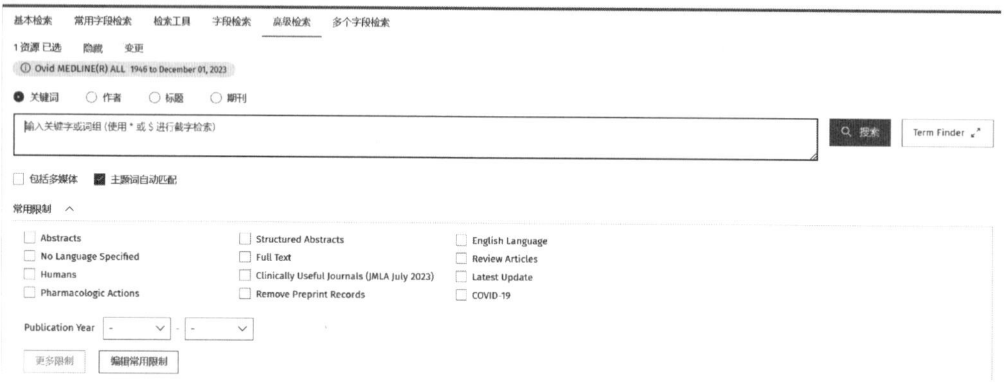

图 3-53　高级检索界面

1. 主题词（Subject Heading）检索

MEDLINE 数据库使用的是经过严格规范化的主题词，*MeSH* 是主题词检索的重要工具。对于同一主题，不论作者用何种名称，也不论作者用何种形式，都会被标引在同一规范的主题词下，以便查找。例如，以"tumor"作为关键词，会检索主题词"Neoplasms"（图 3-54）。*MeSH* 中的 76 个副主题词（见本节附录二）对主题词的范围进行进一步的限定，表明主题词的不同研究方面，从而使查出的文献具有专指性。在 Ovid-MEDLINE 数据库默认的高级检索页面中，如在"主题词自动匹配"（Map Terms to Subject Heading）前的选择框内打钩，则系统默认为执行主题词检索，并可进一步选择下位扩展检索。该功能让用户在对主题词表并不熟悉的情况下就可以根据系统的建议，选择更加准确、合理的检索词（主题词），标准主题词可自动选中，也可人工打钩选择；如无合适的词，则只能用输入的词作为关键词检索（search as keyword）。点击"继续"，可选择全部副主题词（Include All Subheadings），也可选择单个或多个副主题词（图 3-55）。使用"与（AND）"运行合并检索两个或更多副主题的交集结果，使用"或（or）"运行合并检索两个或更多副主题的联集结果。

图 3-54 主题词选择

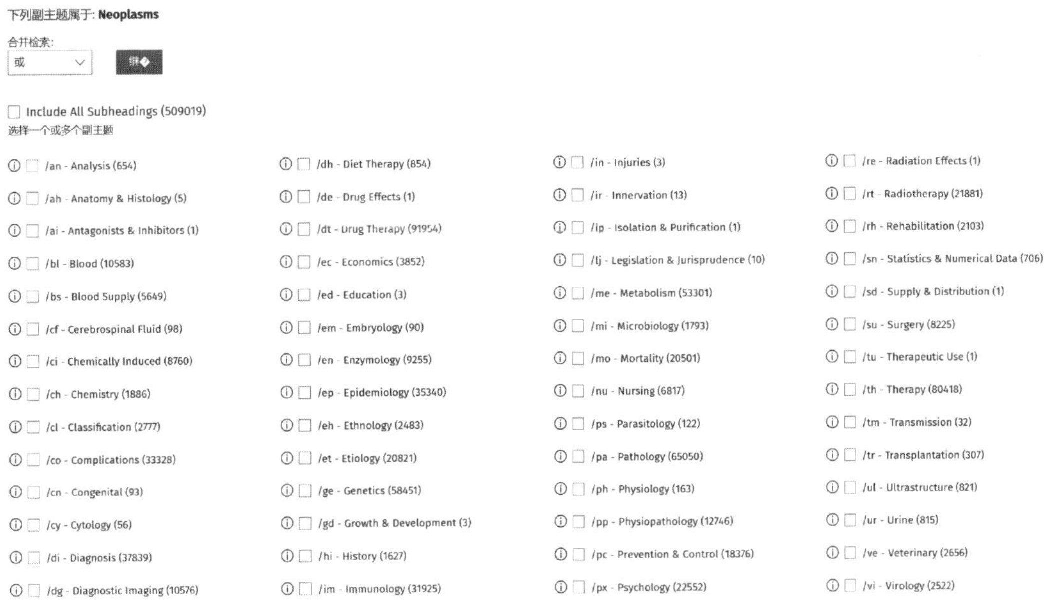

图 3-55 副主题词选择

注意 ① 主题词和副主题词之间的逻辑运算由系统默认为"and",不需要人工输入。② 图 3-54 和图 3-55 中的逻辑运算("and""or")是指两个以上主题词或两个以上副主题词之间的关系。

2. 关键词(Keyword)检索

关键词检索是 Ovid 高级检索页面的默认检索途径(不选择"主题词自动匹配"),该途径的默认字段为标题、文摘及主题词等关键字段。可用指定字段检索,例如用"Aspirin. ti."或"Aspirin. ab."分别表示"Aspirin"出现在题名中或文摘中。在关键词检索框内输入关键词,需要时可直接使用逻辑运算符"and""or",以及通配符"?""#"、无限截词符"*""$"或有限截词符"$1""$2"等进行检索。关键词检索状态下检索功能最强。

在下列情况下可采用关键词检索:① 在不熟悉主题词的时候;② 在使用主题词检出的结果不满意时(这样可以扩大检索结果,使所得到的文献更多,使检索者挑选的余地更大);③ 某些概念和物质没有相应的主题词时,如新出现的药品及疾病词汇等;④ 查找中医及中草药方面的文献时。

3. 作者(Author)检索

作者检索是通过已知作者姓名来查找文献的一个途径。按姓在前、名在后(如已知缩写,可用缩写)输入作者姓名后,点击"开始检索"进行检索,列表显示作者的轮排索引及检索结果,在关键词状态下用指定字段(xu zc.au.)检索不显示轮排索引。选中作者后再次点击"检索挑选的索引项"进行检索,可显示该作者的全部文献(图3-56)。也可在关键词状态下用指定字段(作者姓名.au.)进行检索。

图 3-56 作者检索

4. 标题(Title)检索

标题检索是指检索题名中含有检索词的文献的一种检索方法。检索词可以是单词,也可以是词组,输入检索词后,点击"Search"进行检索。可在关键词状态下用指定字段检索(aids.ti.)。

5. 期刊(Journal)检索

期刊检索是指以期刊名称作为检索词的一种检索途径。刊名既可以用全称,也可以用前半部分,但不宜用缩写(除非已知缩写)。输入刊名后点击"Search"进行检索,列表显示刊名的轮排索引及检索结果,选中刊名后再次点击"检索挑选的索引项"进行检索,显示该刊所收录的全部文献。可在关键词状态下用指定字段检索(Cancer.jn.),但结果不显示轮排索引。

(六)多个字段检索(Multi-Field Search)

可用多个不同的检索词选择在不同的字段中检索,同时可选择相关的逻辑运算(图3-57)。

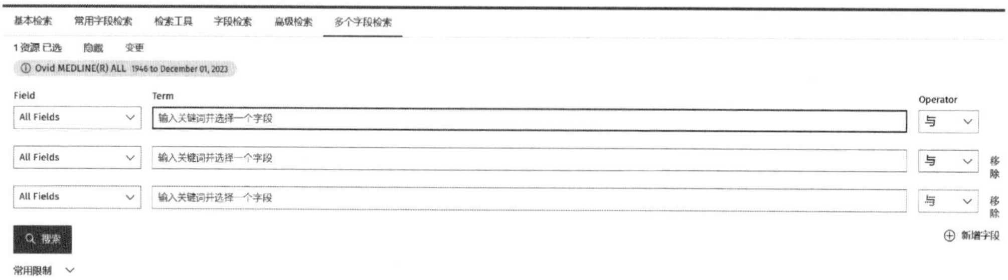

图 3-57 多个字段检索

（七）组合（Combine selections with）检索

组合检索功能位于检索历史区下方，是指用逻辑运算符组配检索。使用该功能时，检索历史框中至少要有两个（选中）检索式，然后用户可根据需要点击相应的逻辑运算符"and"或"or"，系统进行逻辑运算后显示检索结果。将检索课题拆分为多个步骤，逐个检索后再组合，有助于更全面、更准确地查找文献（图3-58）。

图3-58　检索历史组合检索

（八）限制（Limits）检索

在默认的检索界面下方的"常用限制"是常用的限制检索；"更多限制"是附加（更多的）限制，可对检索历史框内选定（默认的是最新检索结果）的检索式进行各种限制检索，限制项有文献语种、出版物类型、年龄组、动物类型等（图3-59、图3-60），可通过"编辑常用限制"（Edit Limits）来编辑常用限制的范围。

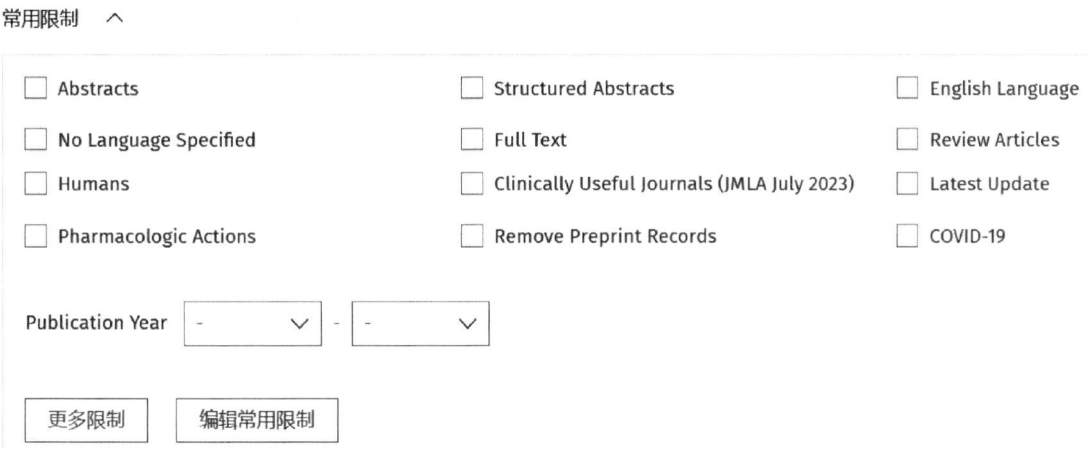

图3-59　常用的限制检索选项

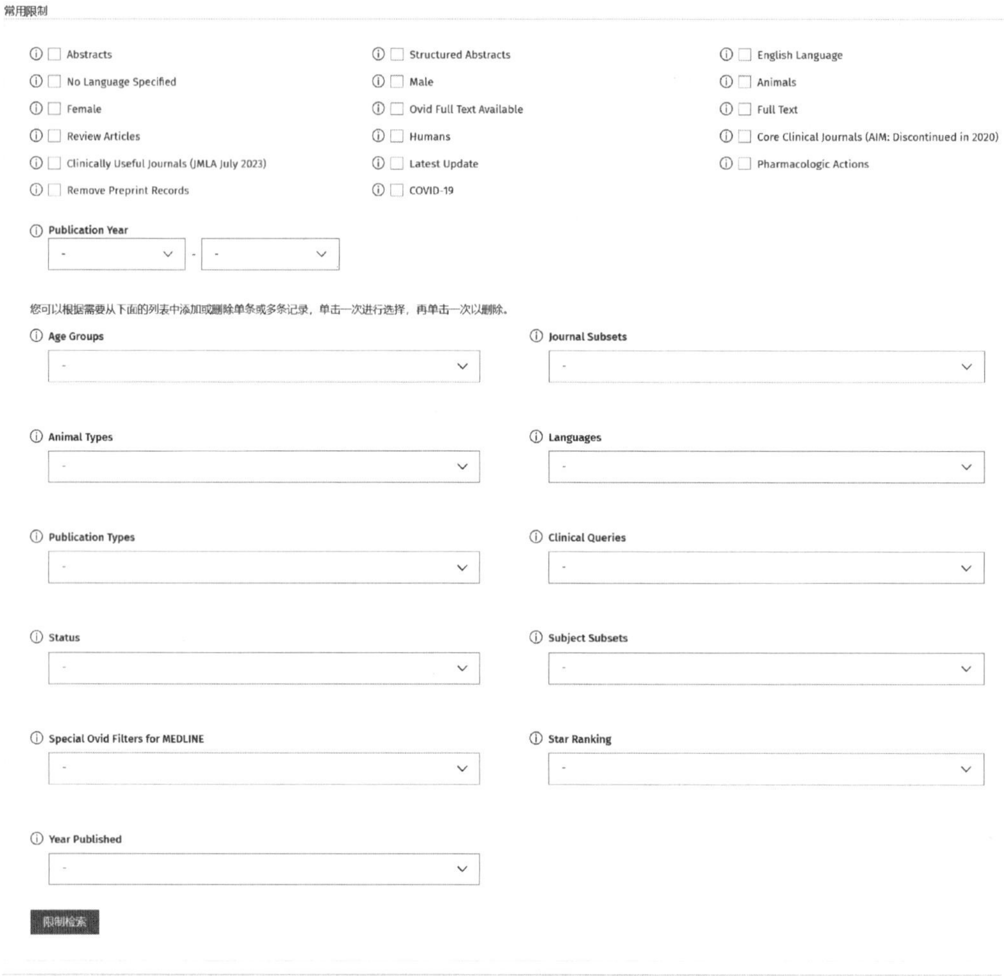

图 3-60 附加限制检索选择项

六、检索结果输出及全文链接

1. 显示（Display）

直接显示或点击检索历史中的"结果显示"可显示检索结果（图 3-61），每页 5、10、25、50、100 条，可选择性输出。默认显示格式为题录，内容包括文献题名、作者、文献出处、文献类型和数据库记录号（UI）、作者全名等。有全文提示，如"Full Text"或"Ovid Full Text"（Ovid 系统全文），点击后可直接链接全文进行打印或下载。"Library Holdings"为馆藏目录链接。点击"查询相似文献"（Find Similar）和"查询引用文献"（Find Citing Articles）两个链接可查寻类似文献和引用文献。点击"我的课题"（My Projects）可把结果保存到已有的个人空间中。

2. 打印（Print）

先按打印格式要求显示记录，然后通过浏览器中的打印功能完成打印。

3. 电子邮件(E-mail)

检索结果可通过电子邮件发送。

4. 输出(Export)

默认模式下可以选择输出格式(如 Microsoft Word 或 PDF 等)、字段(如题录)及题录格式(如 MLA、APA)后输出(图 3-62)。此外,用户也可以个性化设置自定义输出模板并将其保存在个人账户。

图 3-61 检索结果显示

图 3-62 结果输出选项

七、有关说明

(1) 点击带有下划线的作者或主题词,系统直接用所选词进行检索。

(2) 多数作者提供 E-mail 地址。

(3) 有"Ovid Full Text"(Ovid 系统全文)或"Full Text"(其他数据系统全文)链接时,可直接链向全文,全文的满足程度取决于订购外文全文库的数量。

(4) 选择中文界面检索时,只提供检索界面的中英对译,不处理检索结果,检索词也只能用英文。

附录一　2024 年 *MeSH* 树状结构表(16 个大类)

1　Anatomy［A］　　解剖学
　　Body Regions［A01］　　(身体各部位)
　　Musculoskeletal System［A02］　　(肌肉骨骼系统)
　　Digestive System［A03］　　(消化系统)
　　Respiratory System［A04］　　(呼吸系统)
　　Urogenital System［A05］　　(泌尿系统)
　　Endocrine System［A06］　　(内分泌系统)
　　Cardiovascular System［A07］　　(心血管系统)
　　Nervous System［A08］　　(神经系统)
　　Sense Organs［A09］　　(感觉器官)
　　Tissues［A10］　　(组织)
　　Cells［A11］　　(细胞)
　　Fluids and Secretions［A12］　　(体液和分泌物)
　　Animal Structures［A13］　　(动物结构)
　　Stomatognathic System［A14］　　(口颌系统)
　　Hemic and Immune Systems［A15］　　(血液和免疫系统)
　　Embryonic Structures［A16］　　(胚胎结构)
　　Integumentary System［A17］　　(表皮系统)
　　Plant Structures［A18］　　(植物结构)
　　Fungal Structures［A19］　　(真菌结构)
　　Bacterial Structures［A20］　　(细菌结构)
　　Viral Structures［A21］　　(病毒结构)

2　Organisms［B］　　生物
　　Eukaryota［B01］　　(真核生物)
　　Archaea［B02］　　[古(原)生物]
　　Bacteria［B03］　　(细菌)
　　Viruses［B04］　　(病毒)
　　Organism Forms［B05］　　(生物形态)

3　Diseases［C］　　疾病
　　Infections［C01］　　(感染性疾病)
　　Neoplasms［C04］　　(肿瘤)
　　Musculoskeletal Diseases［C05］　　(肌肉骨骼系统疾病)
　　Digestive System Diseases［C06］　　(消化系统疾病)
　　Stomatognathic Diseases［C07］　　(口颌疾病)
　　Respiratory Tract Diseases［C08］　　(呼吸道疾病)
　　Otorhinolaryngologic Diseases［C09］　　(耳鼻咽喉疾病)

第三章 常用医学文献检索工具

Nervous System Diseases ［C10］ （神经系统疾病）

Eye Diseases ［C11］ （眼部疾病）

Urogenital Diseases ［C12］ （泌尿生殖系统疾病）

Cardiovascular Diseases ［C14］ （心血管系统疾病）

Hemic and Lymphatic Diseases ［C15］ （血液与淋巴系统疾病）

Congenital, Hereditary, and Neonatal Diseases and Abnormalities ［C16］ （先天性、遗传性和新生儿疾病与畸形）

Skin and Connective Tissue Diseases ［C17］ （皮肤与结缔组织疾病）

Nutritional and Metabolic Diseases ［C18］ （营养与代谢性疾病）

Endocrine System Diseases ［C19］ （内分泌疾病）

Immune System Diseases ［C20］ （免疫系统疾病）

Disorders of Environmental Origin ［C21］ （环境源性疾病）

Animal Diseases ［C22］ （动物疾病）

Pathological Conditions, Signs and Symptoms ［C23］ （病例状况、体征和症状）

Occupational Diseases ［C24］ （职业病）

Chemically-Induced Disorders ［C25］ （化学诱发疾病）

Wounds and Injuries ［C26］ （创伤和损伤）

4 Chemicals and Drugs ［D］ 化学品和药品

Inorganic Chemicals ［D01］ （无机化合物）

Organic Chemicals ［D02］ （有机化合物）

Heterocyclic Compounds ［D03］ （杂环化合物）

Polycyclic Compounds ［D04］ （多环化合物）

Macromolecular Substances ［D05］ （大分子物质）

Hormones, Hormone Substitutes, and Hormone Antagonists ［D06］ （激素、激素代用品和激素拮抗剂）

Enzymes and Coenzymes ［D08］ （酶和辅酶）

Carbohydrates ［D09］ （碳水化合物）

Lipids ［D10］ （脂类）

Amino Acids, Peptides, and Proteins ［D12］ （氨基酸、肽和蛋白质）

Nucleic Acids, Nucleotides, and Nucleosides ［D13］ （核酸、核苷和核苷酸）

Complex Mixtures ［D20］ （复合物）

Biological Factors ［D23］ （生物因子）

Biomedical and Dental Materials ［D25］ （生物医学和牙科材料）

Pharmaceutical Preparations ［D26］ （药物制剂）

Chemical Actions and Uses ［D27］ （化学作用与用途）

5 Analytical, Diagnostic and Therapeutic Techniques, and Equipment ［E］ 分析、诊断、治疗技术与设备

Diagnosis ［E01］ （诊断）

Therapeutics ［E02］ （治疗）

Anesthesia and Analgesia ［E03］ （麻醉与镇痛）

Surgical Procedures, Operative ［E04］ （外科操作、手术）

　　　　Investigative Techniques［E05］　　（调查技术）

　　　　Dentistry［E06］　　（牙科）

　　　　Equipment and Supplies［E07］　　（设备与供应）

6　　Psychiatry and Psychology［F］　　精神病学和心理学

　　　　Behavior and Behavior Mechanisms［F01］　　（行为和行为机制）

　　　　Psychological Phenomena［F02］　　（心理现象）

　　　　Mental Disorders［F03］　　（精神疾病）

　　　　Behavioral Disciplines and Activities［F04］　　（行为学科和活动）

7　　Phenomena and Processes［G］　　现象和过程

　　　　Physical Phenomena［G01］　　（物理现象）

　　　　Chemical Phenomena［G02］　　（化学现象）

　　　　Metabolism［G03］　　（代谢）

　　　　Cell Physiological Phenomena［G04］　　（细胞生理现象）

　　　　Genetic Phenomena［G05］　　（遗传现象）

　　　　Microbiological Phenomena［G06］　　（微生物现象）

　　　　Physiological Phenomena［G07］　　（生理现象）

　　　　Reproductive and Urinary Physiological Phenomena［G08］　　（生殖和泌尿生理现象）

　　　　Circulatory and Respiratory Physiological Phenomena［G09］　　（循环和呼吸生理现象）

　　　　Digestive System and Oral Physiological Phenomena［G10］　　（消化系统与口腔生理现象）

　　　　Musculoskeletal and Neural Physiological Phenomena［G11］　　（肌肉骨骼和神经生理现象）

　　　　Immune System Phenomena［G12］　　（免疫系统现象）

　　　　Integumentary System Physiological Phenomena［G13］　　（表皮系统生理现象）

　　　　Ocular Physiological Phenomena［G14］　　（视生理现象）

　　　　Plant Physiological Phenomena［G15］　　（植物生理现象）

　　　　Biological Phenomena［G16］　　（生物学现象）

　　　　Mathematical Concepts［G17］　　（数学概念）

8　　Disciplines and Occupations［H］　　学科与职业

　　　　Natural Science Disciplines［H01］　　（自然科学学科）

　　　　Health Occupations［H02］　　（卫生职业）

9　　Anthropology, Education, Sociology, and Social Phenomena［I］　　人类学、教育、社会学和社会现象

　　　　Social Sciences［I01］　　（社会科学）

　　　　Education［I02］　　（教育）

　　　　Human Activities［I03］　　（人类活动）

10　　Technology, Industry, and Agriculture［J］　　技术学、工业和农业

　　　　Technology, Industry, and Agriculture［J01］　　（技术学、工业和农业）

　　　　Food and Beverages［J02］　　（食品与饮料）

　　　　Non-Medical Public and Private Facilities［J03］　　（非医疗性公共和私人设施）

11　　Humanities［K］　　人文科学

　　　　Humanities［K01］　　（人文科学）

12　Information Science［L］　信息科学
　　Information Science［L01］　（信息科学）
13　Named Groups［M］　指定群体
　　Persons［M01］　（人群）
14　Health Care［N］　卫生保健
　　Population Characteristics［N01］　（人口特征）
　　Health Care Facilities, Manpower, and Services［N02］　（卫生保健设施、人力和服务）
　　Health Care Economics and Organizations［N03］　（卫生保健经济与组织）
　　Health Services Administration［N04］　（卫生服务行政管理）
　　Health Care Quality, Access, and Evaluation［N05］　（卫生保健质量、实施和评估）
　　Environment and Public Health［N06］　（环境与公共卫生）
15　Publication Characteristics［V］　出版物特征
　　Publication Components［V01］　（出版物组成）
　　Publication Formats［V02］　（出版物格式）
　　Study Characteristics［V03］　（研究特征）
　　Support of Research［V04］　（研究支持）
16　Geographicals［Z］　地理学
　　Geographic Locations［Z01］　（地理位置）

附录二　76个副主题词及其组配范围和使用说明

MeSH 有76个副主题词，按英文字顺排列。每个副主题词均有定义或范围注释，作为组配的一般性指导。在列出的子类目中，大多数主题词都可以组配，但也有例外。还有一些主题词可与某个副主题词组配，但所属的子类目却未列出。副主题词范围注释后面还列出了该副主题词启用的年份。

abnormalities

畸形　与器官主题词组配，表明因先天性缺陷引起器官形态学的改变。也用于动物的畸形。（1966）

administration and dosage

投药和剂量　与药品主题词组配，表明剂型、投药途径、用药次数、持续时间和剂量，以及这些因素的作用。（1966）

adverse effects

副作用　与药品、化学物质、生物制品、物理因素及各种制品主题词组配，表明以正常可接受的剂量或用法，用于诊断、治疗、预防疾病以及麻醉时出现的不良反应；也可与各种诊断、治疗、预防、麻醉、外科手术或其他技术操作主题词组配，表明因操作引起的副作用或并发症。（1966）

agonists

激动剂　与化学物质、药品和内源性物质组配，表明这些物质或药物与某一受体有亲和力，并对该受体具有内在活性。（1995）

analogs and derivatives

类似物和衍生物　与药品及化学物质主题词组配，表明这些物质具有共同的母体分子（官能团）或相似的电子结构，但其他原子、分子不同，即增加了原子、分子或被其他原子、分子所取代，主题词表中又无专指的化学物质主题词或合适的作用基团、同类化学品主题词。（1975）

analysis

分析　用于某种物质或其成分、代谢产物的鉴定或定量测定,包括对空气、水或其他环境载体进行的化学分析,但不包括组织、肿瘤、体液、有机体及植物的化学分析(此时用"化学"标引);既可用于分析的方法学,也可用于分析的结果。血液、脑脊髓液和尿中物质的分析则分别用"血液"、"脑脊髓液"和"尿"标引。(1967)

anatomy and histology

解剖学和组织学　与器官、部位、组织主题词组配,说明其正常的解剖及组织学;与动植物主题词组配,说明其正常解剖学及结构。(1966)

antagonists and inhibitors

拮抗剂和抑制剂　与化学物质、药品、内源性物质主题词组配,表明与这些物质在生物效应上有相反作用机制的物质和制剂。(1968)

biosynthesis

生物合成　与化学物质主题词组配,表明这些物质在有机体内、活细胞内或亚细胞成分中的合成。(1966)

blood

血液　用以表明血中物质的存在或分析血中的物质,也用于发生疾病时血液中物质的变化及血液检查。不包括血清诊断及血清学,前者用"诊断"标引,后者用"免疫学"标引。(1967)

blood supply

血液供给　如器官或部位无专指的血管主题词时,用以表明该器官、部位的动脉、毛细血管及静脉系统,包括器官内通过的血流。(1966)

cerebrospinal fluid

脑脊髓液　用以表明脑脊髓液中物质的存在或分析脑脊髓液中的物质,也用于发生疾病时脑脊髓液中物质的变化或脑脊髓液检查。(1967)

chemical synthesis

化学合成　用以表明体外分子的化学制备。在有机体内、活细胞内或亚细胞成分中化学物质的形成则用"生物合成"。(1968)

chemically induced

化学诱导　用以表明由于化学物质引起人或动物的疾病、综合征、先天性畸形或症状。(1967)

chemistry

化学　与化学品、生物或非生物物质组配,表明其组成、结构、特征和性质;也与器官、组织、肿瘤和体液、有机体和植物组配,表明其化学成分或化学物质含量。不包括物质的化学分析和测定(须用"分析"标引)、化学合成(须用"化学合成"标引)、物质的分离和提纯(须用"分离和提纯"标引)。(1990)

classification

分类　用于分类学或其他系统、层次的分类系统。(1966)

complications

并发症　与疾病主题词组配,表明两种或多种疾病同时发生或相继发生,如并存病、并发症或后遗症。(1966)

congenital

先天性　与疾病主题词组配,表明出生时或通常在出生前即存在的疾病,但不包括形态学上的异常及产伤(前者用"畸形"标引,后者用"损伤"标引)。(1966)

cytology

细胞学　用以表明单细胞或多细胞有机体的正常细胞形态学。(1967)

deficiency

缺乏　与内源性或外源性物质主题词组配,表明某种有机体或生物系统缺乏这种物质或其含量低于正常需要量。(1975)

diagnosis

诊断　与疾病主题词组配,表明诊断的各个方面,包括检查、鉴别诊断及预后,但不包括放射照相、断层扫描诊断和超声诊断(应使用"诊断成像"标引)。(1966)

diagnostic imaging

诊断成像　用于显示解剖结构或诊断疾病。常用的成像技术包括放射照相、放射性核素成像、热成像、断层扫描和超声成像。(2017)

diet therapy

膳食疗法　与疾病主题词组配,表明疾病膳食和营养的调理,维生素和矿物质的补充则用"药物疗法"标引。(1975)

drug effects

药物作用　与器官部位、组织或有机体,以及生理和心理过程主题词组配,表明药品及化学物质对其发生的作用。(1966)

drug therapy

药物疗法　与疾病主题词组配,用于药物、化学品和抗生素的治疗。对于膳食疗法和放射疗法则分别用"膳食疗法"和"放射疗法"标引,而免疫疗法及生物制品治疗则用"治疗"标引。(1966)

economics

经济学　用于任何主题的经济方面,也用于财务管理的各个方面,包括筹集及提供资金。(1978)

education

教育　用以表明各个领域和学科的教育、培训计划或课程,也用于培训的人群。(1967)

embryology

胚胎学　与器官、部位和动物主题词组配,说明其在胚胎期或胎儿期的发育;也可与疾病主题词组配,表明胚胎因素引起的出生后的疾病。(1966)

enzymology

酶学　与生物体(脊椎动物除外)、器官、组织,以及疾病主题词组配,指有机体、器官、组织中的酶或疾病过程中的酶,但不包括用于诊断的酶试验(此时须用"诊断"标引)。(1966)

epidemiology

流行病学　与人类或兽医学疾病主题词组配,表明疾病的分布、致病因素以及在特定人群中疾病的特征;既包括发病率、发病频率、患病率、地方性和流行性疾病的暴发流行,也包括某一地区和某一特定人群中的发病率的调查和估计。也可与地理主题词组配,表明人群流行病学方面的地点,但不包括死亡率(须用"死亡率"标引)。(1989)

ethics

伦理学　与技术和活动有关的主题词组配,指关于人类和社会价值的讨论和分析。(2003)

ethnology

人种学　与疾病主题词组配,说明疾病的人种、文化、人类学或种族方面;与地理主题词组配,表明人群

的起源地。(1975)

etiology

病因学　与疾病主题词组配,表明致病原因,如微生物等病原体,以及起致病作用的环境、社会因素和个人习惯;也包括发病机制。(1966)

genetics

遗传学　用于遗传机制和有机体的遗传学,也用于正常以及病理状态时的遗传基础,还用于内源性化学物质的遗传学方面,包括对遗传物质的生物化学和分子的影响。(1978)

growth and development

生长和发育　与微生物、植物及出生后动物主题词组配,表明其生长和发育;与器官及解剖部位主题词组配,说明出生后的生长和发育。(1966)

history

历史　用于任何主题的历史方面,包括简单的历史札记,但不包括病史。(1966)

immunology

免疫学　用以表明对组织、器官、微生物、真菌、病毒和动物的免疫学研究,包括疾病的免疫学方面,但不包括用于诊断、预防或治疗的免疫学操作(这些分别用"诊断""预防和控制""治疗"标引);与化学物质主题词组配时,指作为抗原、半抗原的化学物质。(1966)

injuries

损伤　与解剖学、动物和运动主题词组配,表明受到创伤或损伤,但不包括细胞损伤(此时须用"病理学"标引)。(1966)

innervation

神经支配　与器官、部位或组织主题词组配,表明其神经支配。(1966)

instrumentation

仪器和设备　与诊断或治疗操作、分析技术以及专业或学科主题词组配,表明器械、仪器或设备的研制或改进。(1966)

isolation and purification

分离和提纯　与细菌、病毒、真菌、原生动物和蠕虫组配,表明对其纯株的获取或通过DNA分析、免疫学或其他方法(包括培养技术)以验证或鉴定有机体;与生物学及化学物质组配,表明对其成分的分离和提纯。(1966)

legislation and jurisprudence

立法和法学　用于法律、法令、条例或政府法规以及涉及法律的争议和法庭判法。(1978)

metabolism

代谢　与器官、细胞和亚细胞成分、有机体以及疾病主题词组配,表明其生物化学变化和代谢方面;与药品、化学物质主题词组配,表明其分解代谢的变化(复杂分子分解为简单分子)。合成代谢的过程(小分子转变为大分子)用"生物合成"标引。酶学、药代动力学和分泌则另用相应的副主题词标引。(1966)

methods

方法　与技术操作及规划等主题词组配,说明其方法。(1975)

microbiology

微生物学　与器官、动物和高等植物以及疾病主题词组配,说明与其有关的微生物学方面的研究。有关寄生虫方面的研究则用"寄生虫学"标引,有关病毒方面的研究用"病毒学"标引。(1967)

mortality

死亡率　与人类和兽医学疾病主题词组配,表明对其死亡率的统计;也用于因不同的技术操作引起死亡的统计学方面。但对于个案的死亡,则应选用主题词"致命后果"标引。(1967)

nursing

护理　与疾病主题词组配,表明疾病的护理及护理技术,包括在诊断、治疗和预防操作中护理的作用。(1966)

organization and administration

组织和管理　与机构或卫生保健组织主题词组配,表明行政机构和管理。(1978)

parasitology

寄生虫学　与动物、高等植物、器官及疾病主题词组配,表明寄生虫因素。但如诊断病名未明确指出涉及寄生虫,则勿用。(1975)

pathogenicity

致病力　与微生物、病毒及寄生虫主题词组配,表明对其引起人和动物疾病能力的研究。(1966)

pathology

病理学　与组织、器官及疾病主题词组配,表明在疾病状态时器官、组织及细胞的结构。(1966)

pharmacokinetics

药代动力学　与外源性化学物质或药品组配,表明其吸收、生物转化、分布释放、转运、摄取和排泄的机制和动力学,而这些变化取决于剂量和代谢过程的范围和速率。(1988)

pharmacology

药理学　与药品和外源性投给的化学物质主题词组配,表明它们对活组织或有机体的作用,对生理学与生物化学过程的加速或抑制及其他药理作用机制。(1988)

physiology

生理学　与器官、组织、单细胞或多细胞有机体的细胞等主题词组配,表明其正常功能;与内源性生化物质主题词组配,表明其生理作用。(1966)

physiopathology

病理生理学　与器官和疾病主题词组配,表明疾病状态的功能障碍。(1966)

poisoning

中毒　与药品、化学物质、工业原料等主题词组配,指这些物质引起人和动物急、慢性中毒,包括意外的、职业性的、自杀的、误用的以及环境暴露所致中毒。(1966)

prevention and control

预防和控制　与疾病主题词组配,表明增强人和动物的抗病力,如预防接种,控制传播媒介,预防和控制环境危害因素,以及预防和控制引起疾病的社会因素,包括对个例的预防措施。(1966)

psychology

心理学　与非精神性疾病、技术操作及人群主题词组配,表明其心理的、精神的、身心的、社会心理学的、行为的和感情的方面;与精神性疾病主题词组配,则表明其心理的方面;与动物主题词组配,则表明动物的行为和心理学方面。(1978)

radiation effects

辐射效应　与有机体、器官、组织及其组成部分、生理过程等主题词组配,表明电离或非电离辐射对其发生的作用;与药品、化学物质主题词组配,表明辐射对其发生的效应。(1966)

radiotherapy

放射疗法　与疾病主题词组配,表明用电离或非电离辐射治疗疾病,包括放射性同位素疗法。(1966)

rehabilitation

康复　与疾病及外科操作主题词组配,表明个体功能的康复。(1967)

secondary

继发性　与肿瘤主题词组配,表明肿瘤转移的继发部位。(1980)

standards

标准　与设备、人员、规划主题词组配,表明对必要性和可行性标准的制定、测试和应用;与化学物质及药品主题词组配,指其鉴定标准以及质量和效力的标准,包括工业和职业中的卫生或安全标准。(1968)

statistics and numerical data

统计学和数值数据　与非疾病主题词组配,用以表达描述特定组群数据的数值,包括设备、用品、设施、服务以及程序和技术的使用水平,但不包括供应与需求(此时须用"供应和分配"标引)。(1989)

supply and distribution

供应和分配　与物资、仪器、设备、药品、卫生服务设施主题词组配,表明可能获得上述物资或拥有上述设施的数量及其分配情况,但不包括企事业单位中食品和水的供应。(1968)

surgery

外科学　用于表明对器官、部位或组织进行外科手术以治疗疾病,包括激光切除组织,但不包括移植术(此时须用"移植"标引)。(1966)

therapeutic use

治疗应用　与药品、生物制品及物理因素主题词组配,表明将其用于预防或治疗疾病,包括在兽医学中的应用。(1966)

therapy

治疗　与疾病主题词组配,表明对疾病的治疗,不包括药物疗法、膳食疗法、放射疗法及外科学,因这些已有相应的副主题词。但可用于涉及综合疗法的文献和书籍。(1966)

toxicity

毒性　与药物及化学物质主题词组配,表明其对人体和动物有害作用的实验研究,如安全剂量的测定,以及按不同剂量给药产生的不同反应;也用于暴露于环境污染物的实验研究。(1966)

transmission

传播　与疾病主题词组配,表明对疾病传播方式的研究。(1975)

transplantation

移植　与器官、组织或细胞主题词组配,表明器官、组织、细胞在同一个体由一个部位移植于另一部位或者在同种或异种不同个体间的移植。(1966)

trends

发展趋势　用于表明事物随时间推移而发生质和量的变化的方式,包括过去、现在和将来,但不包括对具体病人疾病过程的讨论。(1978)

ultrastructure

超微结构　与组织、细胞(包括肿瘤)以及微生物主题词组配,表明通常用光学显微镜观察不到的细微解剖结构。(1975)

urine

尿 用于指尿中物质的存在或分析尿中的物质,也用于表明发生疾病时尿内物质的变化及尿的化验检查。(1967)

veterinary

兽医学 与疾病或技术操作主题词组配,指动物自然发生的疾病或者兽医学中使用的诊断、预防或治疗操作。(1966)

virology

病毒学 与器官、动物和高等植物以及疾病主题词组配,表明有关病毒学的研究。关于细菌、立克次体或真菌的研究用"微生物学"标引,关于对寄生虫的研究则用"寄生虫学"标引。(1995)

<h3 style="text-align:center">附录三 副主题词扩展表</h3>

analysis 分析
  blood 血液
  cerebrospinal fluid 脑脊髓液
  isolation and purification 分离和提纯
  urine 尿
anatomy and histology 解剖学和组织学
  blood supply 血液供给
  cytology 细胞学
    ultrastructure 超微结构
  embryology 胚胎学
    abnormalities 畸形
  innervation 神经支配
  pathology 病理学
chemistry 化学
  agonists 激动剂
  analogs and derivatives 类似物和衍生物
  antagonists and inhibitors 拮抗剂和抑制剂
  chemical synthesis 化学合成
classification 分类
diagnosis 诊断
  diagnostic imaging 诊断成像
drug effects 药物作用
education 教育
ethics 伦理
etiology 病因学
  chemically induced 化学诱导
  complications 并发症
    secondary 继发性
  congenital 先天性
  embryology 胚胎学

  genetics 遗传学

  immunology 免疫学

  microbiology 微生物学

    virology 病毒学

  parasitology 寄生虫学

  transmission 传播

history 历史

injuries 损伤

instrumentation 仪器设备

methods 方法

organization and administration 组织和管理

  economics 经济学

  legislation and jurisprudence 立法和法学

  standards 标准

  supply and distribution 供应和分配

  trends 发展趋势

pathogenicity 致病力

pharmacology 药理学

  administration and dosage 投药和剂量

  adverse effects 副作用

    poisoning 中毒

    toxicity 毒性

  agonists 激动剂

  antagonists and inhibitors 拮抗剂和抑制剂

  pharmacokinetics 药代动力学

physiology 生理学

  genetics 遗传学

  growth and development 生长和发育

  immunology 免疫学

  metabolism 代谢

    biosynthesis 生物合成

    blood 血液

    cerebrospinal fluid 脑脊髓液

    deficiency 缺乏

    enzymology 酶学

    pharmacokinetics 药代动力学

    urine 尿

  physiopathology 病理生理学

psychology 心理学

radiation effects 辐射效应
statistics and numerical data 统计与数值数据
    epidemiology 流行病学
        ethnology 人种学
        mortality 死亡率
    supply and distribution 供应和分配
therapeutic use 治疗应用
    administration and dosage 投药和剂量
    adverse effects 副作用
    poisoning 中毒
therapy 治疗
    diet therapy 膳食疗法
    drug therapy 药物疗法
    nursing 护理
    prevention and control 预防和控制
    radiotherapy 放射疗法
    rehabilitation 康复
    surgery 外科手术
        transplantation 移植
veterinary 兽医学

检索实习题

1. 检索"脑死亡(brain death)诊断"的相关文献。
2. 检索"酒精性肝炎(alcoholic hepatitis)病因学"的相关文献(限英文综述文献)。
3. 检索"肺癌(lung neoplasms)CT 诊断"方面的文献(限男性)。
4. 检索"血透(renal dialysis, hemodialysis)引起丙型肝炎传播"的相关文献。
5. 检索 MEDLINE 收录的苏州大学作者发表的全部文献。
6. 检索 MEDLINE 收录的中国出版的中文文献总量。
7. 检索 MEDLINE 收录的中文和日文文献总量并进行比较。
8. 检索"女性胃癌(stomach cancer)药物治疗(drug therapy)"的相关文献。
9. 检索"被动吸烟(smoking, passive)与肺癌(lung cancer)"的相关文献。
10. 检索"胆结石(cholelithiasis)诊断(diagnosis)"的综述文献。
11. 检索"阿司匹林(aspirin)副作用(adverse effects)"的综述文献。

第四节 BIOSIS Previews 数据库

一、概况

BIOSIS Previews(简称 BP)数据库是由美国生物科学信息服务社(BIOSIS)开发的世界上最大的有关生命科学的文摘和索引数据库。该数据库对应的出版物是《生物学文摘》(*Biological Abstracts*,1969 年至今)、《生物学文摘/综述、报告、会议》(*Biological Abstracts/RRM*,1980 年至今)和《生物研究索引》(*BioResearch Index*,1969—1979 年)。

BP 数据库收录了世界上 90 多个国家和地区的 5 500 多种期刊和其他非期刊来源的文献信息,包括报告、评论、会议论文集、专利等,每年大约增加 83 万条记录。BP 数据库的收录范围除了传统的生物学领域,如植物学、动物学、微生物学以外,还包括生物学相关领域,如生物医学、农业、药理学、生态学、遗传学、兽医学、营养学和公共卫生学,以及跨学科领域,如内科学、生物化学、生物学、物理学、生物工程学和生物工艺学等。BP 数据库的内容偏重于基础和理论方法的研究。

本节以 Ovid 平台的 BIOSIS Previews(Ovid-BP)数据库为例进行介绍。

二、Ovid-BP 数据库的使用方法

(一)数据库字段

BP 数据库字段分为两大类:限制字段和非限制字段。其分类依据是检索时能否对其进行限制。用限制字段检索时,检索词后必须加字段限定,如"Chinese. lg"或"lg = Chinese"表示可以在选定的数据库内查到所有原文语种为汉语的记录。常用的字段见图 3-63。

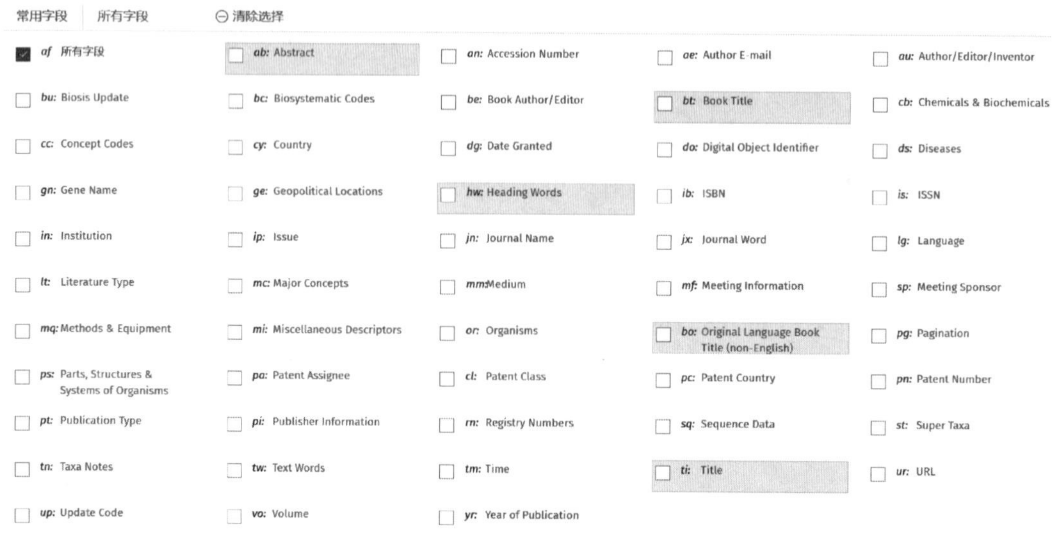

图 3-63 Ovid-BP 数据库字段

Ovid-BP 数据库字段名及其中文含义如下。

af：All Fields   全部字段

ab：Abstract   文摘

an：Accession Number   记录顺序号

ae：Author E-mail   作者电子邮件

au：Author/Editor/Inventor   作者/编者/发明者

bu：Biosis Update   生物学文摘数据库更新时间

bc：Biosystematic Codes   生物系统分类代码

be：Book Author/Editor   图书作者/编者

bt：Book Title   图书书名

cb：Chemicals & Biochemicals   化学物质和生化物质

cc：Concept Codes   主题概念代码

cy：Country   国家

dg：Date Granted   准许日期（专利）

do：Digital Object Identifier   数字对象标识符

ds：Diseases   疾病

gn：Gene Name   基因名称

ge：Geopolitical Locations   地理位置

hw：Heading Words   标题词

ib：ISBN   国际标准书号

is：ISSN   国际标准连续出版物号

in：Institution   学、协会或机构名

ip：Issue   期号

jn：Journal Name   期刊名称

jx：Journal Word   期刊关键词

lg：Language   文献语种

lt：Literature Type   文献类型

mc：Major Concepts   主要概念

mm：Medium   媒介

mf：Meeting Information   会议信息

sp：Meeting Sponsor   会议主办单位

mq：Methods & Equipment   方法和设备

mi：Miscellaneous Descriptors   其他描述

or：Organisms   生物体

bo：Original Language Book Title（non-English）   原语种书名（非英文）

pg：Pagination   页码

ps：Parts，Structures & Systems of Organisms   生物体结构和系统

pa:Patent Assignee　专利代理人
cl:Patent Class　专利分类
pc:Patent Country　专利国家
pn:Patent Number　专利号
pt:Publication Type　出版物类型
pi:Publisher Information　出版者信息
rn:Registry Numbers　化学物质登记号
sq:Sequence Data　基因和蛋白质序列信息
st:Super Taxa　上位生物分类
tn:Taxa Notes　生物分类注释
tw:Text Words　文本词
tm:Time　时代（地质学）
ti:Title　题名
ur:URL　网络地址
up:Update Code　更新代码
vo:Volume　卷
yr:Year of Publication　出版年

（二）数据库运算符

BP 数据库的逻辑运算符、指定字段、位置运算符、通配符和截词符的使用方法同 MEDLINE-Ovid（参见本章第三节）。

（三）Ovid-BP 的检索途径及方法

Ovid-BP 的检索途径及方法类似于 MEDLINE，下面只介绍 Ovid-BP 的特有功能。Ovid-BP 数据库界面如图 3-64、图 3-65 所示。

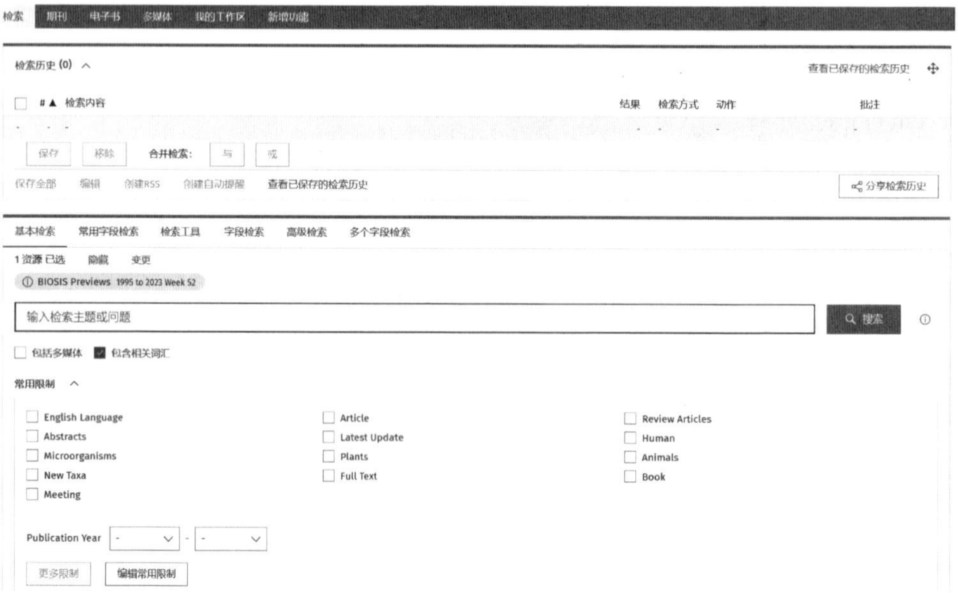

图 3-64　Ovid-BP 数据库默认检索界面

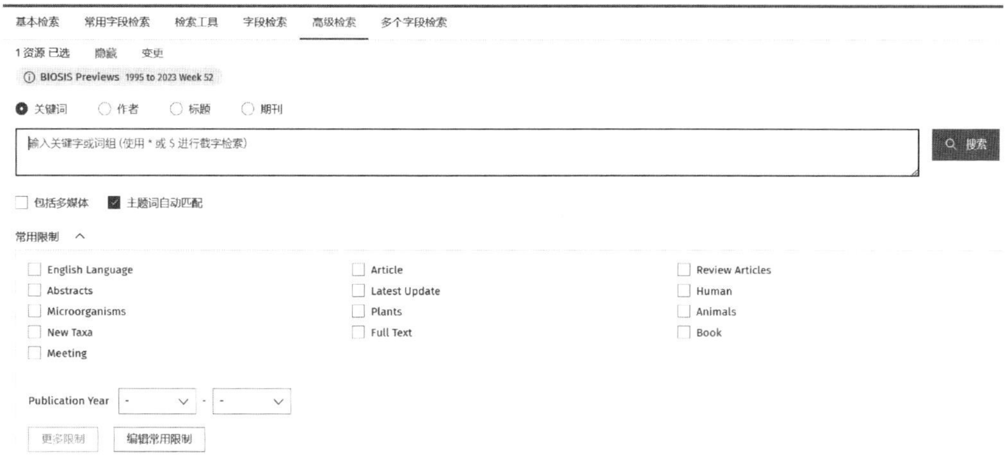

第三章 常用医学文献检索工具

[图示：Ovid-BP 数据库高级检索界面截图]

图 3-65 Ovid-BP 数据库高级检索界面

1. 主题词（Subject Heading）检索

在系统默认高级检索页面中，如在"主题词自动匹配"（Map Terms to Subject Heading）前的选择框内打钩（√），则系统默认为主题词检索，并可进一步选择下位扩展检索，和"检索工具"（Search Tools）共同实现主题词检索。前者的功能是让使用者在对数据库词表并不熟悉的情况下就可以根据系统的建议，选择更加准确、合理的检索词（受控词或主题词），准确的词可自动选中，也可人工打钩（√）选择（图 3-66）。如无合适的词，则只能用输入的词作为关键词检索（search as keyword）。后者的功能是通过树状结构的上下层关系帮助用户选准主题词（12 类受控词）。两者的一个重要区别是"检索工具"在检索状态下输入的检索词必须是 12 类受控词表中的词汇，不能是随意的自由词。注意，在 Ovid-BP 数据库是以 12 类受控词表下的词作为主题词检索，无副主题词。

[图示：自动匹配的主题词及相关词列表截图]

图 3-66 自动匹配的主题词及相关词

（1）关于主题词及 12 类受控词。

在 MEDLINE 数据库中，主题词以 NLM 创建的 *MeSH* 为依据。而 BP 数据库则采用其特有的生物分类词表，按内容分为 12 类受控词（图 3-67）。

```
树型图 于                                              数据库: BIOSIS Previews
合并检索: 或 ▼      继●      相关词列表
往下移动到高亮显示的主题词。

选择主题词 | 主题词                                    | 收录数目 | 扩展检索 | 主题词说明
[+]       | Major Concepts (1969- )                   |         |         | ⓘ
[+]       | Super Taxa (1969- )                       |         |         | ⓘ
[+]       | Organisms[Group Heading]                  |         |         | ⓘ
[+]       | Taxa Notes (1969- )                       |         |         | ⓘ
[+]       | Parts, Structures, and Systems (1998- )   |         |         | ⓘ
[+]       | Diseases (1998- )                         |         |         | ⓘ
[+]       | Chemicals and Biochemicals[Group Heading] |         |         | ⓘ
[+]       | Sequence Data (1989- )                    |         |         | ⓘ
[+]       | Geopolitical Locations (1993- )           |         |         | ⓘ
[+]       | Geologic Time (2003- )                    |         |         | ⓘ
[+]       | Methods and Equipment (2003- )            |         |         | ⓘ
[+]       | Concept Codes (1969- )                    |         |         | ⓘ
```

图 3-67　12 类受控词

① Major Concepts（1969—）：主要概念词。BP 数据库提供 168 个主要概念词,其中一级概念词 77 个,二级以下概念词 91 个,统一按一级概念词的字顺排列。每个概念词下集中了与该概念相关的全部文献(见本节附录)。

② Super Taxa（1969—）：上位生物类目。BP 数据库把全部生物体按界、门、纲、目、科的顺序排列,用于指代生物体的种以上的高层次分类术语。用户使用任一生物体的科以上的类目,都可以查出与该生物有关的文献。

③ Organisms[Group Heading]：生物体。该类受控词包括所有生物、上位生物分类或细胞序列的正式名称或俗称(包括补充性词汇,用以说明生物体的进化状态、年代、性别等)。该类受控词分为新发现的生物(New Taxon)、古生物(Fossil)、命名类型(Type of Name)、发育阶段(Developmental Stage)、生物角色(Organism Role)及性别(Gender)等几大类。

④ Taxa Notes（1969—）：生物类群。该类受控词是以文献中提及的主要生物类群名称为主题词,包括人类(Humans)、啮齿类(Rodents)、灵长类(Primates)、鸟类(Birds)等类群的 72 个主题词,通过这些生物名称可直接检索相关文献。

⑤ Parts, Structures, and Systems（1998—）：生物各部分、结构和系统。该类受控词均为生物各系统名称,如消化系统(Digestive System)、呼吸系统(Respiratory System)、神经系统(Nervous System)等,共有 15 个主题词。

⑥ Diseases（1998—）：疾病。这一类受控词是关于文献中涉及的人类、动物和植物疾病类的主题词,包括先天性疾病(Congenital Disease)、骨疾病(Bone Disease)、消化系统疾病(Digestive System Disease)等,共有 44 个主题词。

⑦ Chemicals and Biochemicals[Group Heading]：化学(药物)与生物化学。这类受控词分为药剂(Drug Modifiers)及化学制剂(Chemical Role)两类,前者包括解毒剂(Antidote Drug)、抗抑郁药(Antideprssant Drug)、抗菌药(Antibacterial Drug)等 185 个主题词,后者包括杀虫剂(Pesticide)、除草剂(Herbicide)、污染物(Pollutant)等 48 个主题词。

⑧ Sequence Data（1989—）：序列数据。该类受控词主要指氨基酸序列(Amino Acid Sequence)和核苷酸序列(Nucleotide Sequence)。

⑨ Geopolitical Locations(1993—):地理位置。该类受控词主要指大洲、洋、国家、地区等地理名称,包括所有的地域或行政划分区域,共有各级主题词317个。

⑩ Geologic Time(2003—):地质时期。该类受控词包括各地质时期的名称,共有25个主题词。

⑪ Methods and Equipment(2003—):方法与设备。该类受控词用于描述文献中涉及的方法、仪器和技术手段,主要指应用领域技术(Applied and Field Techniques)、临床技术(Clinical Techniques)、实验室技术(Laboratory Techniques)及数学与计算机技术(Mathematical and Computer Techniques)等,此类受控词共有22个主题词。

⑫ Concept Codes(1969—):概念编码。概念编码采用五位数字编码用来代表文献中涉及的比较宽的生物学概念,表示上位生物分类。目前数据库中此类编码数量超过500个。

(2)检索工具选项。

在检索主界面中点击"检索工具"(Search Tools)进入检索工具选项,其功能与MEDLINE不完全相同,BP数据库只提供下列5个选项(图3-68),无副主题词选择。

图3-68 检索工具选项

① 主题匹配(Map Term):输入检索词后,系统会自动在词库中(12类受控词)(图3-67)查寻对应的主题词并显示相关主题词供用户选择(图3-69)。

图3-69 相关主题词选择

② 树状结构(树型图,Tree):显示主题词的上位词、下位词、记录数,可进行下位词的扩展检索,点击某一词条或点击前面的"＋"号,可打开它的下位词(图3-70、图3-71)。

图 3-70 第 1 类受控词"Major Concepts"的树状结构

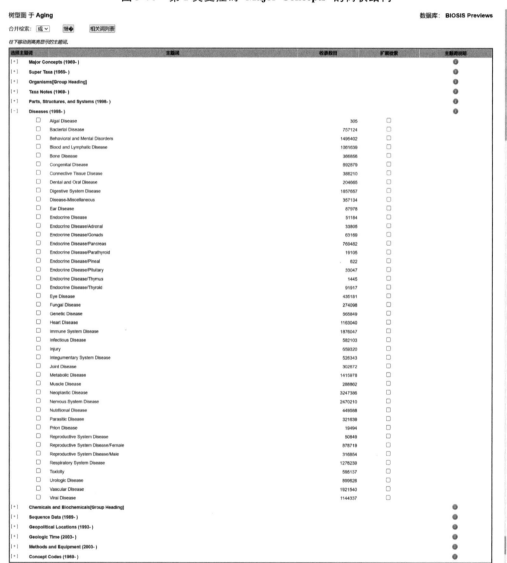

图 3-71 第 6 类受控词"Diseases"的树状结构

③ 轮排索引(Permuted Index):显示轮排索引中与输入检索词有关的主题词。输入的必须是单词而不是词组。

④ 范畴注释(主题词说明,Scope Note):查询主题词的定义、注释、历史变更、适用范

围等。

⑤ 扩展检索(Explode):对输入的主题词直接进行下位词扩展检索(图3-70、图3-71)。

2. 限制(Limits)检索

由于BP和MEDLINE两个数据库收录的文献内容不同,限制检索的内容选择也不完全一样,BP数据库限制内容以生物学大类为主(图3-72)。

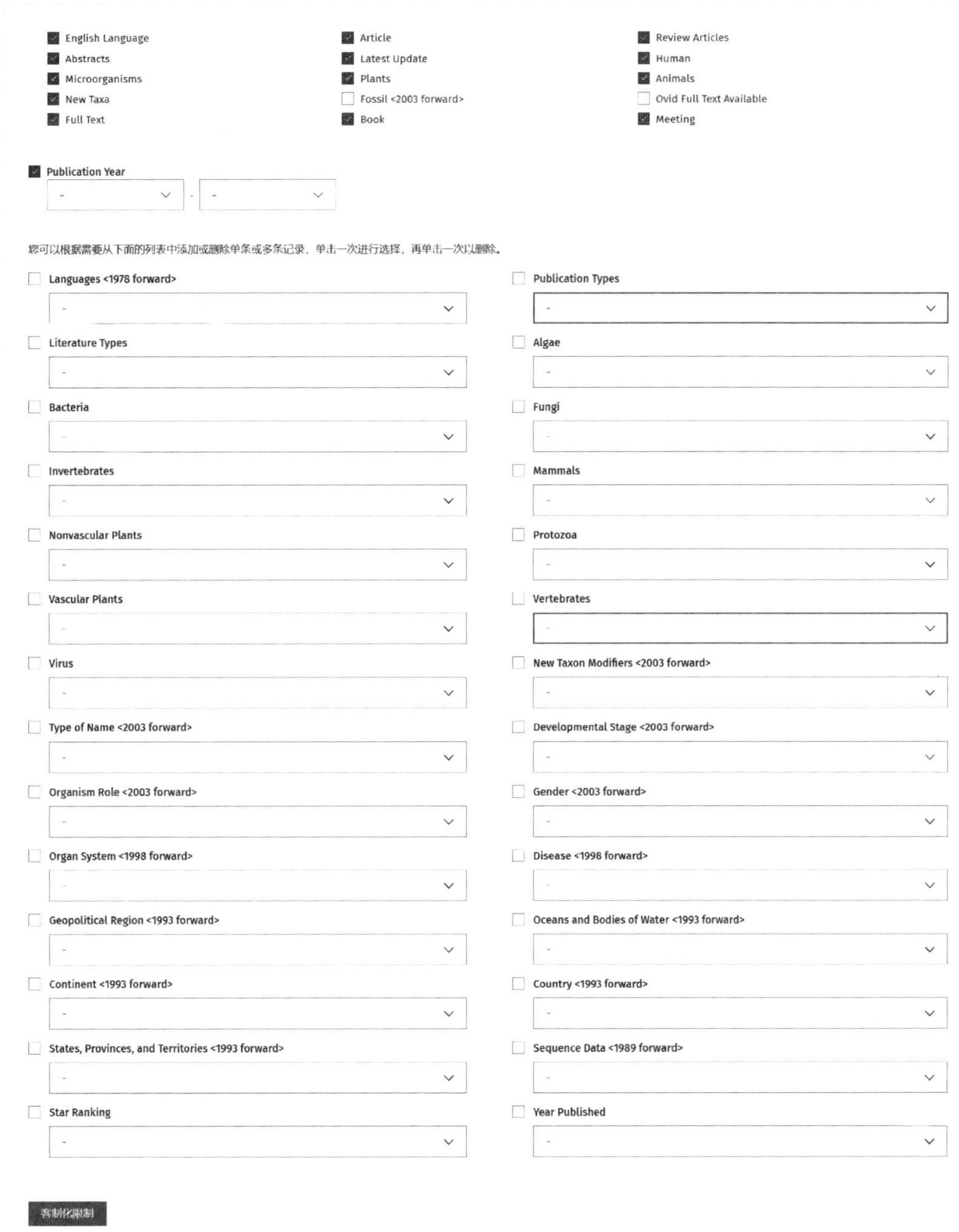

图3-72 BP数据库中常用生物学限制和附加限制检索

3. 其他

关键词(Keyword)检索、作者(Author)检索、标题(Title)检索、期刊(Journal)检索、多个字段(Multi-Fields)检索、组合(Combine selections with)检索、常用字段(Find Citation)检索、基本检索、检索结果处理、全文链接等与 MEDLINE 数据库基本相同。

附录　BP 数据库主要概念标题字顺表(Hierarchical List of Major Concept Headings)

Aerospace Medicine 宇航医学
Aging 衰老
Agrichemicals 农业化学
Agriculture 农学
Agronomy 农艺学
Ailled Medical Sciences 相关医学科学
Allergy 变态反应
Anesthesiology 麻醉学
Animal Care 动物保健
Animal Husbandry 畜牧学
Anthropology 人类学
Aquaculture 水产养殖
Audiology 听力学
Bacteriology 细菌学
Behavior 行为学
Biochemistry & Biophysics 生物化学和生物物理学
Biodiversity 生物多样性
Bioenergetics 生物能量学
Biogeography 生物地理学
Biography 传记
Biomaterials 生物材料
Biomedical Engineering 生物医学工程
Bioprocess Engineering 生物加工工程
Biosynchronization 生物同步
Blood and Lymphatics 血液和淋巴
Botany 植物学
Business and Industry 商业和工业
Cardiovascular Medicine 心血管医学
Cardiovascular System 心血管系统
Cell Biology 细胞生物学
Chemical Coordination 化学协调
Chemistry 化学
Chiropractic Medicine 按摩医学

Climatology 气候学
Clinical Chemistry 临床化学
Clinical Endocrinology 临床内分泌学
Clinical Immunology 临床免疫学
Communication 交流
Computational Biology 计算生物学
Computer Applications 计算机应用
Conservation 保护
Cosmetics 化妆品
Dental Medicine 口腔医学
Dental Technology 牙科技术
Dermatology 皮肤病学
Development 发育
Digestive System 消化系统
Ecology 生态学
Economic Entomology 经济昆虫学
Economics 经济学
Education 教育学
Endocrine System 内分泌系统
Environmental Sciences 环境科学
Enzymology 酶学
Epidemiology 流行病学
Equipment & Instrumentation 仪器和设备
Esturarine Ecology 河口生态学
Evolution 进化
Exobiology 外空生物学
Foods 食品
Forensics 法学
Forestry 林学
Freshwater Ecology 淡水生态学
Gastroenterology 胃肠病学
General Biology 普通生物学
Genetics 遗传学

Geology 地质学
Geriatrics 老年医学
Government and Law 政府和法律
Groundwater Ecology 地下水生态学
Gynecology 妇科学
Hematology 血液学
History 历史
Horticulture 园艺学
Hospital Administration 医院管理
Human Ecology 人类生态学
Human Geography 人类地理学
Human Medicine 人类医学
Immune System 免疫系统
Infection 感染
Information Studies 信息研究
Ingestion & Assimilation 摄食和吸收
Integumentary System 皮肤系统
Linguistics 语言学
Marine Ecology 海洋生态学
Mathematical Biology 数学生物学
Mathematics 数学
Medical Genetics 医学遗传学
Medical Sciences 医学科学
Membranes 细胞膜学
Metabolism 代谢
Methods 一般方法
Microbiology 微生物学
Miscellaneous Substances 其他物质
Models & Simulations 模型和模拟
Molecular Genetics 分子遗传学
Morphology 形态学
Movement & Support 运动与支持系统
Muscular System 肌肉系统
Mycology 真菌学
Nephrology 肾病学
Nervous System 神经系统
Neural Coordination 神经协调
Neurology 神经病学
Nursing 护理

Nutrition 营养学
Obstetrics 产科学
Occupational Health 职业卫生
Oncology 肿瘤学
Ophthalmology 眼科学
Optometry 验光学
Oral System 口腔系统
Orthopedics 整形外科学
Osteopathic Medicine 骨病学
Otolaryngology 耳鼻喉科学
Paleobiology 古生物学
Parasitology 寄生虫学
Pathology 病理学
Pediatrics 儿科学
Pest Management 虫害处理
Pesticides 杀虫剂
Pharmaceuticals 制药学
Pharmacognosy 生药学
Pharmacology 药理学
Pharmacy 药剂学
Philosophy & Ethics 哲学和伦理
Phychology 藻类学
Physical Rehabilitation 物理康复
Physics 物理学
Physiology 生理学
Podiatry 足病学
Pollution 污染
Population Genetics 人口遗传学
Population Studies 人口研究
Psychiatry 精神病学
Public Health 公共卫生
Pulmonary Medicine 肺医学
Radiation Biology 放射生物学
Radiology 放射医学
Reproduction 生殖
Reproductive System 生殖系统
Respiration 呼吸
Respiratory System 呼吸系统
Rheumatology 风湿病学

Sanitation 环境卫生　　　　　　　　　　Terrestrial Ecology 陆地生态学
Sense Organs 感觉器官　　　　　　　　Toxicology 毒理学
Sensory Reception 感觉反应　　　　　　Transport & Circulation 运输和循环
Serology 血清学　　　　　　　　　　　Tumor Biology 肿瘤生物学
Skeletal System 骨骼系统　　　　　　　Urinary System 泌尿系统
Sociology 社会学　　　　　　　　　　　Urology 泌尿科学
Soil Science 土壤科学　　　　　　　　　Vector Biology 媒介动物生物学
Speech Pathology 语言病理学　　　　　Veterinary Medicine 兽医学
Sports Medicine 运动医学　　　　　　　Virology 病毒学
Subterranean Ecology 地下生态学　　　Waste Management 废物处理
Surgery 外科学　　　　　　　　　　　　Wildlife Management 野生物管理
Systematics & Taxonomy 系统学和分类学　Zoology 动物学

检索实习题

1. 检索三聚氰胺(melamine)与泌尿系统疾病相关的文献。
2. 检索甲醛(formaldehyde)致呼吸系统肿瘤的相关文献(限综述文献)。
3. 检索人乳头瘤病毒(human papillomavirus, HPV)感染与宫颈癌的相关文献(限中文文献)。
4. 检索有关人冠状病毒229E的文献。
5. 检索哺乳动物病毒性肝炎的相关文献。

第五节　荷兰医学文摘数据库(Embase)

一、概况

荷兰医学文摘数据库(Excerpta Medica Database, Embase)由荷兰爱思唯尔(Elsevier)集团出版,它是印刷型检索工具荷兰《医学文摘》(*Excerpta Medica*)的电子版。

Embase 包含 MEDLINE 99% 的期刊,涵盖 8 400 多种期刊以及 2010 年以来 15 000 多个会议超过 480 万条的会议摘要,其中 3 000 种期刊在 MEDLINE 中无法检索到。该数据库覆盖各种疾病和药物信息,尤其涵盖了大量北美洲以外地区(特别是欧洲和亚洲)出版的医学刊物。Embase 纳入了最新综合性循证内容与详细生物医学索引,以确保搜索到的所有生物医学循证都是重要实时相关信息。Cochrane 协作网认为,Embase 为从事循证医学研究的必检数据库。

Embase 的主要特点如下:① 收录来自 95 个国家的 8 000 多种期刊,包括来自中国的

189 种期刊;② 其中 1 200 多万条记录和 MEDLINE 文献记录不重复,80% 的记录附有文摘;③ 具有强大的疾病检索和药物检索功能,可直接使用 PICO 检索;④ EMTREE 生命科学辞典包含 96 000 个首选术语以及近 500 000 个同义词、66 个药物副标题和 14 个疾病副标题(完全集成了 *MeSH* 术语),令使用者在 Embase 和 MEDLINE 中轻松检索;⑤ 平均每日添加8 000 多条记录,2019 年添加 6 000 条中医药词目。

Embase 可在多个检索平台中使用,如 Ovid 平台等,本节以其官网(www. embase. com)为介绍对象。

二、Embase 检索特点

(一) 检索字段

Embase 的字段有 50 多个,在不同的检索系统中,字段不完全相同,常用字段如图 3-73 所示。

Field labels

Abbreviated journal title :ta	Author name :au	Conference location :lc
Abstract :ab	Author's first name :af	Conference name :nc
Author keywords :kw	ORCID :oc	Country of author :ca
Accession number :an	CAS registry number :rn	Country of journal :cy
Article title :ti	Clinical trial number :cn	Device manufacturer :df
Author address :ad	CODEN :cd	Device trade name :dn
Affiliation :ff	Conference date :dc	Digital Object Identifier (DOI) :do
Author email :em	Conference editor :ed	Drug manufacturer :mn
Drug trade name :tn	Original non-English title :tt	Source title :jt
Embase classification :cl	Original non-English abstract :oa	Source type :pt
Index term :de	Original non-English author keywords :ok	Start page :sp
ISSN :is	MEDLINE PMID :ui	Subheading :lnk
Issue :ip	Page range :pg	Volume :vi
Language of article :la	Publication date :pd	
Language of summary :ls	Publication type :it	
Molecular sequence number :ms	Publication year :py	

图 3-73 Embase 检索字段

Embase 部分字段名及其含义如下。

ab:Abstract 文摘

kw:Author Keywords 关键词

an:Accession Number 存取号

ti:Article Title 题名

au:Author Name 作者姓名

rn:CAS Registry Number 化学物质登记号

cd:CODEN 期刊代码

cn:Clinical Trial Number 临床试验数

ca:Country of Author 作者国籍

cy:Country of Journal 出版国家

pd:Publication Date 出版日期

py:Publication Year 出版年

df：Device Manufacturer　仪器制造商
dn：Device Trade Name　仪器商品名
mn：Drug Manufacturer　药品制造商
tn：Drug Trade Name　药品商品名
cl：Embase Classification　EM 分类
is：ISSN　国际标准连续出版物号
de：Index Term　主题词
vl：Volume　卷

（二）生命科学词库（Emtree）

Emtree 是对生物医学文献进行主题分析、标引和检索时使用的权威性词库。该词库便于检索，有超过 96 000 个主题词和 500 000 个同义词，每个术语平均包括 4 个以上的同义词，以确保结果的全面性。使用者可以通过化学名、商品名、实验室/研发代码、药物和化合物首选词、设备和医疗设备专属词以及数千个医疗过程相关词进行检索。

Emtree 每年更新 3 次索引，重点关注药物、医疗设备、手术和疾病信息的更新；包括所有的美国食品药品监督管理局（FDA）以及欧洲药品管理局（EMA）记录的药物名称和世界卫生组织（WHO）从 2000 年起记录的所有国际非专利名称（INNS）。

1. 主题词

Emtree 的主题词具有以下特点：

（1）自然语序：不用 MeSH 中的倒置形式，如"外科性休克"用"surgical shock"，而不用"shock, surgical"。

（2）单数形式：不用复数，如"胃肿瘤"用"stomach tumor"，而不用"gastric tumors"。

（3）美式拼法：如"胎儿"只用"fetus"，而不用英式拼法"foetus"。

（4）少用缩写：专用名词术语宜用全称，而不用缩写。

（5）希腊字母用罗马字拼写：如"α""β"用相应的罗马字"alpha""beta"拼写。

（6）词间一般不用连字符、逗号、撇号等，但专用化学物质名称除外。

（7）放射性同位素使用尾标，如"technetium 99m"。

另外，与 MEDLINE 一样，Embase 也有下位词扩检功能，可提高查全率。由于 Emtree 与 MeSH 分属不同主题词体系，有些词在 MEDLINE 中是主题词，但在 Embase 中不一定是主题词；有些概念在 MEDLINE 中只用一个主题词表达，而在 Embase 中则可能有几个词。这说明 Emtree 中的主题词规范化程度不高。例如，查阅胃肿瘤方面的文献时，在 MEDLINE 中只需查"stomach neoplasms"一个主题词即可，而在 Embase 中则须查"胃"和"肿瘤"组合的多个主题词，如"stomach cancer""stomach carcinoma""stomach sarcoma""stomach tumor"等，这些均为 Embase 的正式主题词；MEDLINE 中"Aspirin"是正式主题词，而在 Embase 中只能用"acetylsalicylic acid"（图 3-74、图 3-75）。

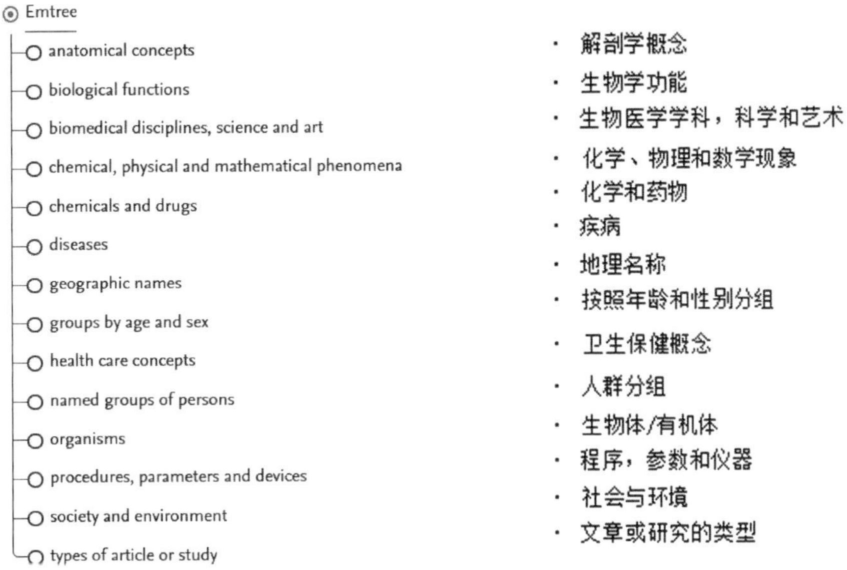

Emtree
anatomical concepts
biological functions
biomedical disciplines, science and art
chemical, physical and mathematical phenomena
chemicals and drugs
diseases
geographic names
groups by age and sex
health care concepts
named groups of persons
organisms
procedures, parameters and devices
society and environment
types of article or study
· 解剖学概念
· 生物学功能
· 生物医学学科，科学和艺术
· 化学、物理和数学现象
· 化学和药物
· 疾病
· 地理名称
· 按照年龄和性别分组
· 卫生保健概念
· 人群分组
· 生物体/有机体
· 程序，参数和仪器
· 社会与环境
· 文章或研究的类型

图 3-74 Emtree 分类

Emtree
anatomical concepts
biological functions
biomedical disciplines, science and art
chemical, physical and mathematical phenomena
chemicals and drugs
diseases
animal disease
experimental disease
general aspects of disease
mental disease
physical disease
physical disease by anatomical structure
abdominal disease
abdominal angina
abdominal aortic aneurysm
abdominal bleeding
abdominal bulge
abdominal cavity inflammation
abdominal compartment syndrome
abdominal cramp

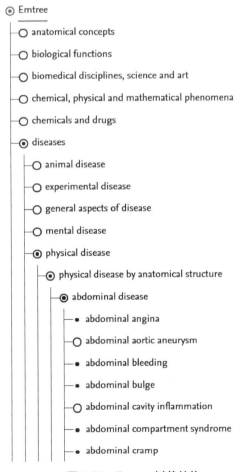

图 3-75 Emtree 树状结构

2. 副主题词

Embase 中的副主题词也称为连接词,其中疾病连接词 14 个(图 3-76)、药物连接词 19 个(图 3-77),"药物治疗"(drug therapy)是两者共有的连接词。两种连接词分别是对疾病、药物主题词的限定,不能混用。

(1) 与疾病组配的 14 个副主题词为:

Complication(并发症)
Congenital disorder(先天性异常)
Diagnosis(诊断)
Disease management(疾病处理)
Drug resistance(抗药性)
Drug therapy(药物治疗)
Epidemiology(流行病学)

Etiology(病因学)
Prevention(预防)
Radiotherapy(放射治疗)
Rehabilitation(康复)
Side effect(不良反应)
Surgery(外科手术)
Therapy(治疗)

(2) 与药物组配的 19 个副主题词为:

Adverse drug reaction(药物副作用)
Clinical trial(临床试验)
Drug administration(投药方式)
Drug analysis(药物分析)
Drug combination(药物联用)
Drug comparison(药物对比)
Drug concentration(药物浓度)
Drug development(药物开发)
Drug dose(药物剂量)

Drug interaction(药物相互作用)
Drug therapy(药物治疗)
Drug toxicity(药物毒性)
Endogenous compound(内源性物质)
Pharmaceutics(制药学)
Pharmacoeconomics(药物经济学)
Pharmacokinetics(药代动力学)
Pharmacology(药理学)

Special situation for pharmacovigilance(药物警戒特殊情况)
Unexpected outcome of drug treatment(药物治疗的意外结果)

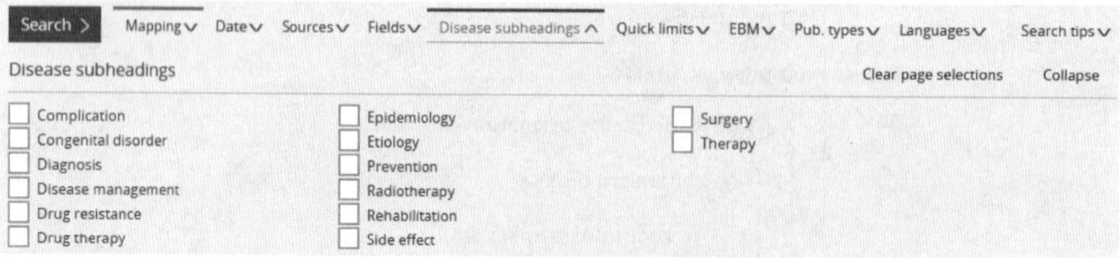

图 3-76 与疾病概念组配的副主题词

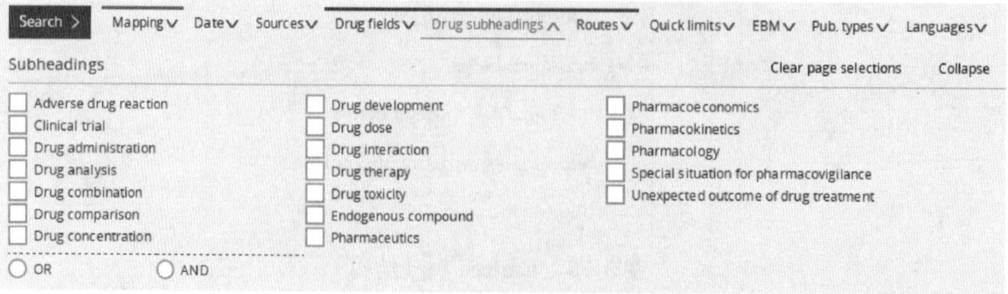

图 3-77 与药物概念组配的副主题词

三、Embase 检索方法

(一)检索规则

1. 逻辑运算符

在检索框中可以直接输入检索词或构建检索式,逻辑运算可以使用"AND""OR""NOT"进行连接。如果未加以任何逻辑运算符,则所有检索词都默认以"AND"连接。

2. 位置运算符

可以使用两种位置运算符"NEAR/n"和"NEXT/n"。"NEAR/n"表示同一个字段中两个检索词之间最多插入 n 个单词;"NEXT/n"表示同一个字段中两个检索词之间最多插入 n 个单词,并且前后字顺不可变。

3. 通配符和截词符

Embase 使用的通配符和截词符包括"?""*""$",均为半角字符。

"?"为通配符,可代表任意一个字符,如"sulf?nyl"可以代表"sulfonyl"和"sulfinyl"。

"*"为无限截词符,可代表 0~n 个字符,可用于词中或词尾。

"$"为有限截词符,可代表 0~1 个字符。

(二)检索文献

1. 快速(Quick)检索

在快速检索中,选定字段后可以直接在检索框中输入检索词或检索式。当输入检索词时,系统会给出建议,提示可选词,并给出各选项相应的检索结果数。选定检索词后,"show results"按钮中的数值也会发生相应的变化,点击该按钮即可得到所需结果(图 3-78)。该功能通用于其他需要输入检索词的检索途径,如"PICO"等。

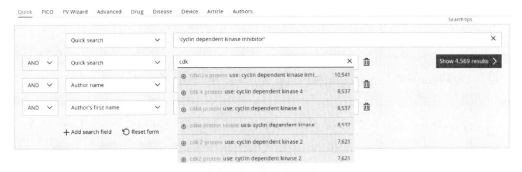

图 3-78　检索词提示

在检索结果页面的上端,检索历史区将所有的检索历史列举在界面,可以随时查看,以便用户对检索策略进行调整,方便结果集之间的逻辑关系组配。左侧的结果精炼区则提供了多种条件用以筛选文献,筛选条件包括药物、疾病、器械以及研究对象的性别、年龄等(图 3-79)。

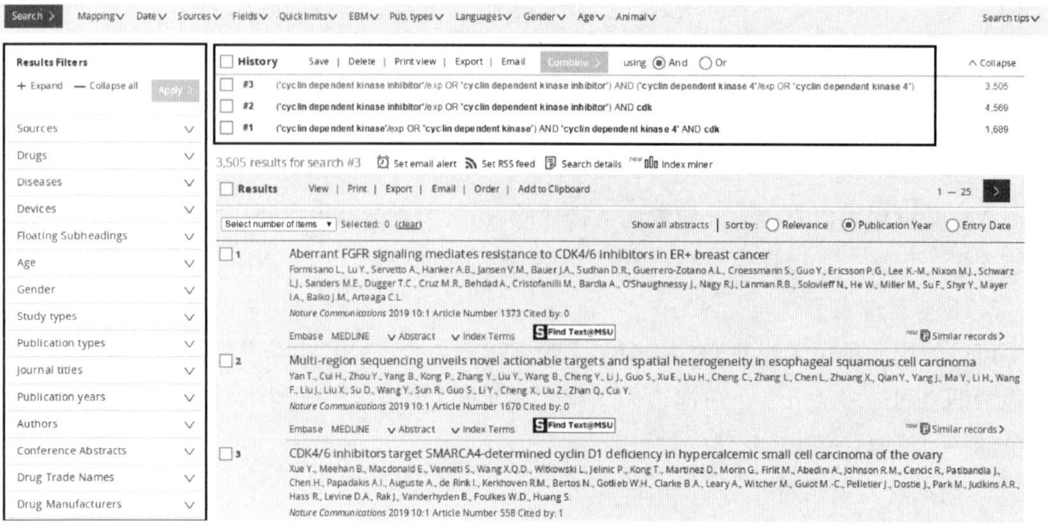

图 3-79 快速检索结果显示

2. 高级(Advanced)检索

高级检索通过各种限定条件提供了一种更精准的文献查找方式。在高级检索的检索框中，除了可以输入检索式外，还可以直接输入字段，并且可以对文献的各种条件进行限定（图 3-80）。

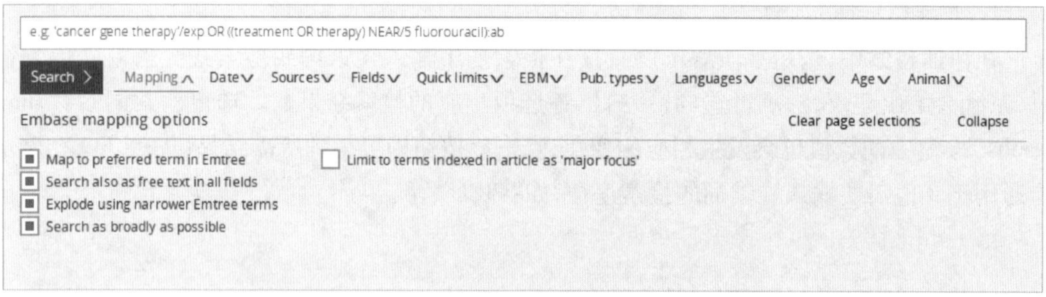

图 3-80 高级检索条件

用户可以通过使用"Mapping"的不同匹配度进行结果的扩展或者精炼（图 3-80、图 3-81）：

Map to preferred term in Emtree：用 Emtree 中匹配的主题词去检索 Index Term 部分。

Search also as free text in all fields：用输入的词即自由词检索所有字段。

Explode using narrower Emtree terms：用 Emtree 中匹配的词以及这些词的下位词检索 Index Term 部分。

Search as broadly as possible：扩展检索，用 Emtree 的词、下位词、同义词、自由词检索所有字段。

Limit to terms indexed in articles as "major focus"：将检索词锁定在"major focus"部分。

第三章 常用医学文献检索工具

#5	'non small cell lung cancer'/exp/mj OR 'non small cell lung cancer'/mj	86,610
#4	'non small cell lung cancer'/exp OR 'non small cell lung cancer'	141,470
#3	'non small cell lung cancer'/exp	135,472
#2	'non small cell lung cancer'/de OR 'non small cell lung cancer'	114,831
#1	'non small cell lung cancer'/de	106,686

图 3-81　不同匹配方式检索结果比较

（三）PICO 检索

循证医学的研究需要应用现有的最佳研究证据，同时结合临床医生的专业技能和多年临床经验，考虑患者的权利、价值和期望，将三者完美地结合，以制定出针对患者的治疗措施（参见本书第七章）。其中第一个步骤即为提出问题（PICO）。

PICO 是一种在开始研究之前，形成临床研究问题的模式。它是一个缩略符号，可用来发展良好的临床试验问题架构，并用来帮助记忆。PICO 主要描述四个临床前景问题。前景问题需要确认想要研究的患者或族群，计划要使用的诊断介入及治疗模式，或有哪些选择方案及预期或希望避免的治疗结果。这就形成了 PICO 模式的四个要素：Patient（患者或群体）/Problem（问题）、Intervention（干预措施）、Comparison（对照）和 Outcome（结果）。Embase 的 PICO 检索还可以对研究设计进行限定，如随机双盲实验。

PICO 过程从设定的临床情境开始，从临床情境建构一个与案例相关的问题，并以便于找到答案的方式表达。只要制定出结构良好的问题，研究人员将能够更好地在文献中搜索能够支持其原始 PICO 问题的证据。Embase 作为循证医学必不可少的一个数据库，其 PICO 检索能帮助用户通过最直观的检索途径进行全面的文献调研。

下面以"使用选择性血清回收抑制剂（SSRI）治疗抑郁症儿童或青少年是否会增加其自杀风险"为例，介绍 PICO 的检索方法。

（1）确认每一个 PICO 元素的关键词（表 3-3）。

表 3-3　PICO 元素关键词

PICO 元素	关键词
P 患者或群体/问题 Patient/Problem	Depression
I 干预措施 Intervention	SSRI
C 对照 Comparison	
O 结果 Outcome	Suicide

（2）制定检索策略。

默认策略的检索范围为 exp（Explosion，用 Emtree 中匹配的主题词以及这些词的下位词检索），每一个元素在输入的时候都可以调整检索字段范围（图 3-82），输入检索词会自动显示可匹配的主题词以供选择，随后根据需要输入所有的条件（图 3-83）。

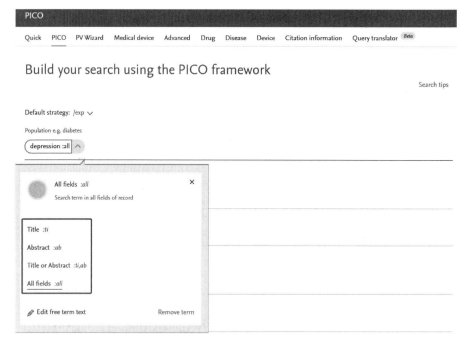

图 3-82　PICO 字段的输入（一）

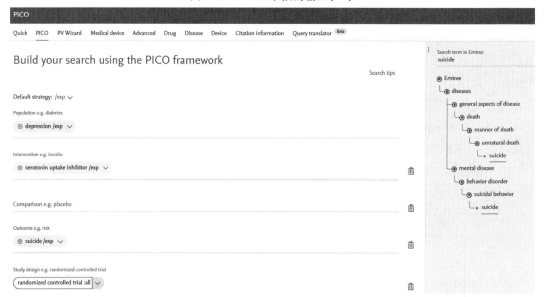

图 3-83　PICO 字段的输入（二）

（3）在检索结果中使用"Filter"进行筛选（图 3-84）。

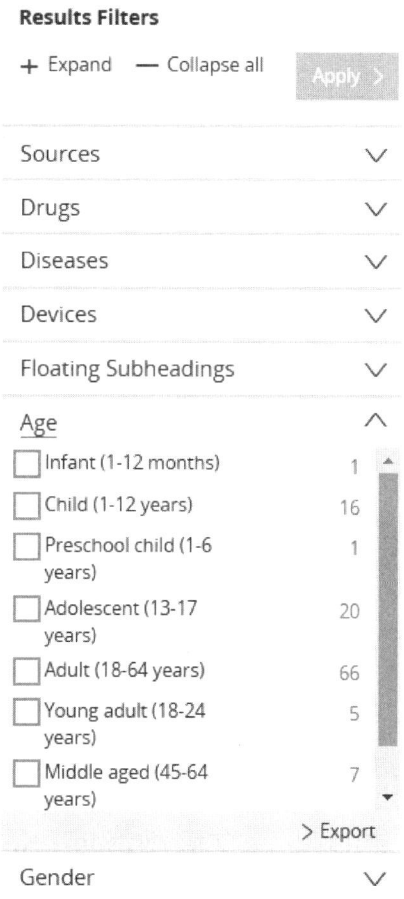

第三章 常用医学文献检索工具

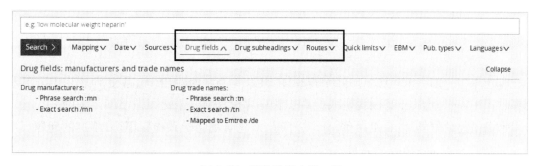

图 3-84 使用"Filter"进行筛选

（四）检索药物、疾病和器械的相关文献

对于寻找药物不良事件、药物疗效研究、医疗器械以及与疾病相关的生物医学研究信息的用户来说，Embase 能够立即提供一系列直观的检索工具，从而帮助用户更快、更轻松地找到其所提出问题的准确答案。

进入药物、疾病、器械的模块检索，Embase 会直接匹配 Emtree 中的字段，并提供相应的副主题词（图 3-85 至图 3-87）。

图 3-85 药物检索专用工具

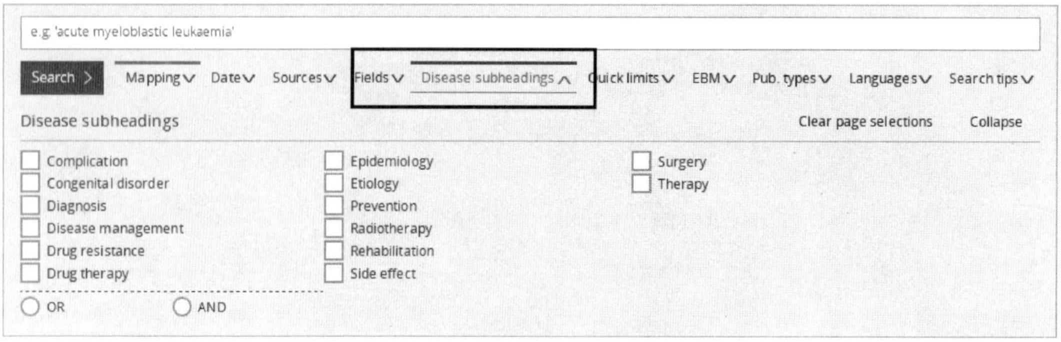

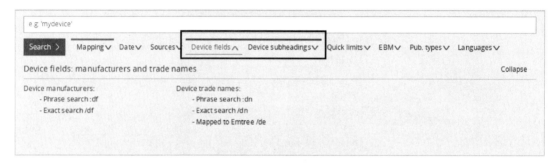

图 3-86 疾病检索专用工具

图 3-87 器械检索专用工具

第六节 美国化学文摘数据库(SciFinder)

一、数据库简介

美国《化学文摘》(*Chemical Abstracts*)创刊于1907年,由美国化学文摘社(Chemical Abstracts Service,CAS)编辑出版,是涉及学科领域最广、收集文献类型最全、提供检索途径最多的世界性检索工具。美国《化学文摘》报道了世界上150多个国家和地区、近60种文字出版的10 000多种科技期刊、科技报告、会议论文、学位论文、汇编资料、技术报告、新书及视听资料等,摘录了世界范围约98%的化学化工文献。学科领域覆盖普通化学、农业科学、医学科学、物理学、地质科学、生物和生命科学、工程科学、材料科学、聚合物科学和食品科学等领域。

CAS致力于构建最高质量的化学数据库,开发了SciFinder平台,其中98%以上的文献都经过人工标引,解决了不同科研人员由于教育背景、语言、表达习惯不同导致的对同一个技术术语描述的差异,以及用名称、分子式等检索化合物会导致检索不全、不准的问题。本节主要介绍SciFinder在线数据库。

通过SciFinder可以获得很多方面的信息:① 文献信息,包括题名、作者(公司)、专利信息、文摘、索引、引文等;② 物质信息,包括化学物质名称、CAS 登记号、分子结构、结构框图、GenBank 序列信息、化学物质供应商信息等;③ 反应信息,包括反应框图、化学反应相关文献及参与反应相关的化学物质信息;④ 序列信息,包括序列名称和 GenBank 号码、CAS 登记号、序列长度和结构信息等;⑤ 通过 ChemPort 链接查阅电子期刊全文;⑥ 重要的化学物品管理资讯;⑦ 化学药品目录资讯;⑧ 互联网链接;⑨ 利用 SciFinder 获取与研究课题相关的其他资讯,如引用文献、核心化合物、链接 eScience 网站等。

CAS 有丰富且相互关联的内容合集,包括以下方面。

1. CAS 登记号合集(CAS Registry)

CAS 登记号合集是查找结构图示、CAS 化学物质登记号和特定化学物质名称的工具。数据库中包含 2.79 亿个独特物质,包括合金、络合物、矿物、混合物、聚合物、盐,以及约 7 000 万个基因序列,约 80 亿条物质属性值和光谱,150 个化学管制品目录,15 个国际和国家目录,还包括美国《有毒物质控制法案》(*TSCA*)。可通过物质结构、分子式等进行检索。

2. 马库什结构合集(CAS Markush)

马库什结构合集收录了超过 130 万个可检索的有机、金属有机马库什结构,最早可回溯至 1961 年。

3. 文献合集(CAS References)

文献合集涵盖超过 6 100 万项专利、期刊、会议、论文、学位论文、图书、技术报告、预印本等内容;全球科技期刊 5 万余种。其中,CAS PatentPak®助力快速获取专利全文及解读重要物质,ChemZent 可追溯至 19 世纪早期研究。

4. 反应合集(CAS Reactions)

反应合集收录了1840 年以来的超过 1.5 亿条反应信息。记录内容包括有机反应、无机反应、生化反应及反应物和产物的结构图,反应物、产物、试剂、溶剂、催化剂的化学物质登记号,反应产率,以及反应说明。

5. 序列合集(CAS Sequences)

序列合集涵盖超过 14 亿条生物序列,包含来自 NCBI 的序列。

6. 商业来源合集(CAS Commercial Sources)

商业来源合集主要为全球化学品供应商的化学品信息,包括数百万种商用化学品及数百万种独特的物质。

7. MEDLINE 合集

MEDLINE 是 NLM 建立的大型书目型数据库,内容包括美国《医学索引》(*Index Medicus*)的全部内容和《牙科文献索引》(*Index to Dental Literature*)、《国际护理索引》(*International Nursing Index*)的部分内容。该合集主要收录1946 年以来世界上 80 多个国家出版的与生物医学相关的 5 400 多种刊物,包含超过 3 510 万篇生物学、生物医学文献。可通过研究主题、作者姓名、机构名称等进行检索。

二、检索方法

SciFinder 检索界面如图 3-88 所示。检索方法包括综合检索（All）、物质检索（Substances）、反应检索（Reactions）、文献检索（References）、供应商检索（Suppliers）五种。下面重点介绍后四种方法。

图 3-88 SciFinder 检索界面

（一）物质（Substances）检索

物质检索包括物质名称（Substance Name）、CAS 登记号（CAS RN）、专利号（Patent Number）、Pubmed 检索号（Pubmed ID）、入藏号（AN）、文摘号（CAN）、数字对象唯一标识符（DOI）、分子式（Molecular Fomular）、实验图谱（Experimental Spectra）、理化性质检索等。其中，有机化合物、金属配合物、天然产物优选结构检索，无机物、合金优选分子式检索，高分子化合物灵活选择分子式检索或结构检索。

1. 化学结构式检索

化学结构式检索供用户从绘制化学结构式入手，进行结构完全相同的化合物检索和结构类似的化合物检索，检索到的内容包括用户输入的结构式、立体异构体、互变异构体、配位化合物、带电化合物、自由基或自由基离子、同位素和聚合物单体等。

检索步骤如下：

（1）点击检索界面上的"Draw"，进入化学结构式绘制面板（图 3-89）。

（2）利用 CAS Draw 结构工具、原子和化学键工具绘制化学结构式。

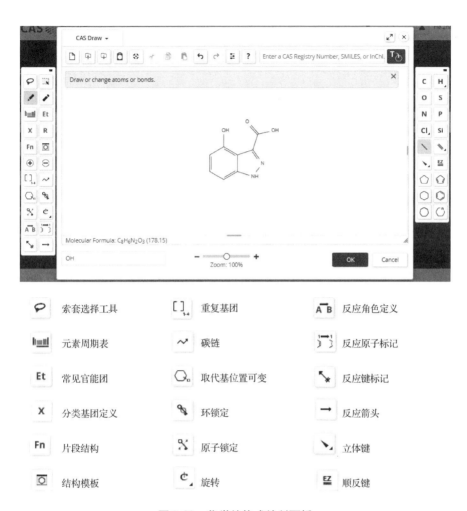

图3-89 化学结构式绘制面板

（3）点击"OK"返回检索界面,然后点击"放大镜"标识进行检索。一次检索可得到精确结构(Exact Structure)、亚结构(Substructure)和相似结构(Similarity),用户可根据需要进行选择。

① 精确结构检索要求返回的化学结构式与绘制的结构式完全一样,可获得被检索结构的盐、聚合物、混合物、配合物等,被检结构不能被取代。

② 亚结构检索结果中的结构式包含所绘结构骨架及除了氢原子以外的所有原子(图3-90)。

③ 相似结构检索可获得片段或整体结构与被检索结构相似的结果。结果显示,评分越高,其相似度越高,结构越相近(图3-91)。

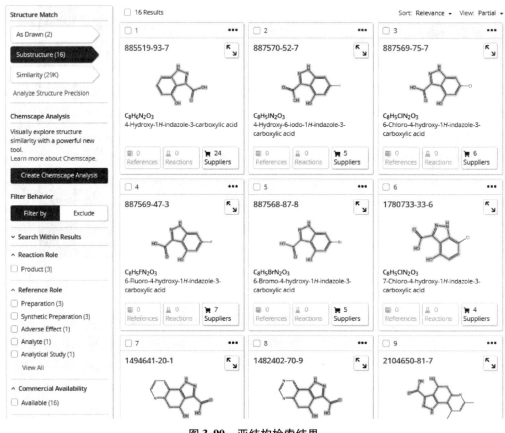

图 3-90 亚结构检索结果

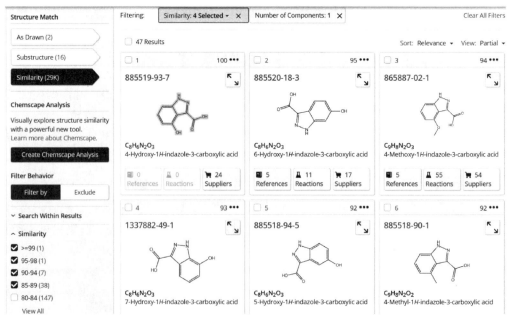

图 3-91 相似结构检索结果

可以根据化合物在反应中的角色、文献中的角色、分子量、实验谱图、官能团等对结构进行筛选或排除。单击感兴趣的物质的 CAS 号,可查询相应化合物的物质详情;单击结构式图片,可得到物质的理化性质、合成方法、逆合成分析、供货商等信息(图 3-92)。

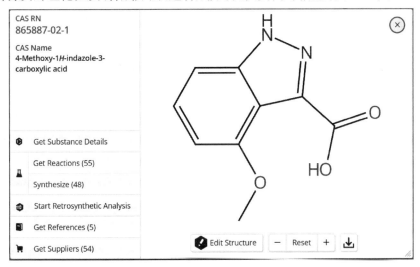

图 3-92　结构式检索结果的详细信息

2. 分子式检索

通过分子式可以检索到有特定分子式的物质。检索步骤如下:① 在检索界面上选择"Molecular Formula";② 输入分子式;③ 点击"放大镜"标识获得检索结果,查看具体的命中记录(图 3-93)。

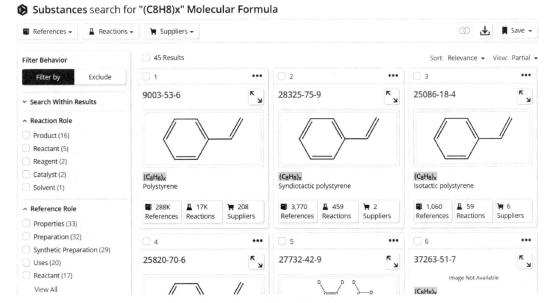

图 3-93　分子式检索结果

注意　分子式输入需要遵守 Hill 排序规则:不含碳化合物按元素符号的字母顺序排列;分子式为含碳化合物时,则"C"在前;如有氢,则"H"紧随其后,其他元素符号按字母顺序排在"H"的后面;不同组分间用"."隔开,如高熵碳合物 C. Hf. Nb. Ta. Ti. Zr;无机含氧盐的阳离子和阴离子间也用"."隔开,阴离子用氢补齐至电中性,如硫酸钾(K_2SO_4)应写成 $H_2O_4S.2K$。

3. 属性值、谱图数据联用检索

通过限定所需物质的理化性质,如分子量、导电率、沸点、熔点等联合谱图出峰值进行检索(图3-94)。

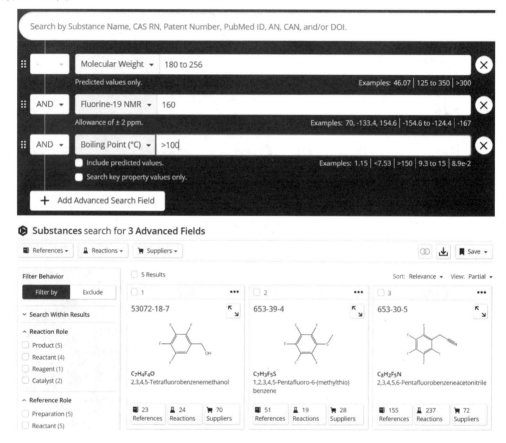

图3-94 属性值、谱图数据联用检索

① 在检索界面选择所需的性质,可以通过"to"" < >"等限定条件范围;② 点击" + "按钮添加限定条件;③ 点击"放大镜"标识获得检索结果,查看具体的命中记录。

4. 物质标识符(Substance Identifier)检索

物质标识符检索是指通过物质标识符查找物质的相关文献。物质标识符包括 CAS RN 和化学名称,化学名称可以是通用名称、商品名和俗名等(图3-95)。

检索步骤如下:

(1) 在检索界面输入化学物质名称(包括化学名、俗名、商品名)或号码(如 CAS 号),不同物质之间用空格隔开,上限为 2 000 个字符。

(2) 点击"放大镜"标识获得检索结果,查看具体的命中记录。

第三章 常用医学文献检索工具

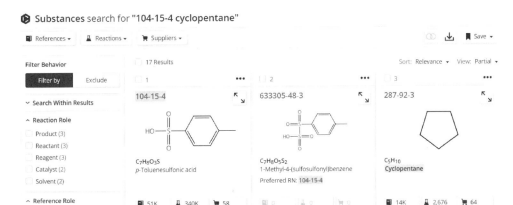

图 3-95 物质标识符检索

（二）反应（Reactions）检索

反应检索可通过化学结构或官能团检索来查找反应的相关信息，同时提供以下信息：① 符合或包括用户查找的亚结构式或官能团反应；② 指定化合物的制备方法；③ 反应物质的商业来源；④ 详细描述反应的文摘和参考文献数等。

检索步骤如下：

（1）点击检索界面上的"draw"进入化学结构式绘制界面；

（2）绘制所有参与反应的物质，可以使用反应箭头来定义每个物质的反应角色。

（3）点击"OK"，再点击检索界面的"放大镜"标识，可以一次性得到精确反应检索、结构反应检索和相似反应检索的结果，用户根据需求选择。在检索结果中，可以对来自同一篇文献的反应通过"By Document"进行分组，可以将相同反应转化类型的文献通过"By Transformation"分组（图 3-96）。

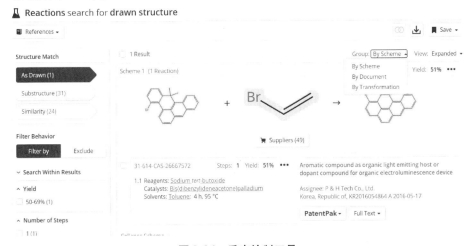

图 3-96 反应绘制工具

除了利用反应箭头画出反应物和产物，定义一个完整的反应外，也可以仅画出化合物结构式，点击左侧 ，再点击所画结构式，弹出反应角色定义对话框，定义化合物在反应中的角色,包括产物(Product)、反应物(Reactant)、试剂(Reagent)、反应物或试剂(Reactant/Reagent)或任一角色(Any Role)(该结构式可以出现在反应的任何地方)(图3-97)。

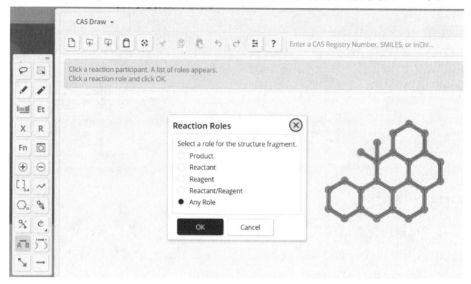

图3-97　结构式的角色定义

（三）文献(References)检索

文献检索支持使用主题词、作者姓名、物质名称、CAS登记号、专利号、PubMed ID、文献号、DOI等内容。下面重点介绍主题词检索和作者姓名检索。

1．主题词(Keyword)检索

主题词检索可检索用户所关心的特定研究领域的文献。下面以"纳米技术在癌症免疫疗法中的应用"为例来介绍检索步骤：

（1）在检索框中输入用逻辑运算符"and""or""not"（默认运算顺序 or > and > not）连接的检索式。

（2）被""限定的词不允许有词形变化,但是允许有单复数变化。

（3）（）优先运算。

（4）支持通配符/截词符"＊"和"？","＊"可代表零或多个字符,"？"可代表零或一个字符。

（5）可以使用"Add Advanced Search Field"增加限定条件。

（6）可通过主界面的"Search CAS Lexicon"找到合适的主题词（图3-98）。

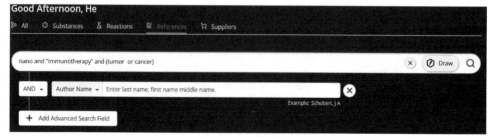

图3-98　主题词检索界面

输入检索式后,点击"放大镜"标识进行检索,可以通过左侧分析选项对文献进行筛选。其中,可使用"Search Within Results"对结果进行二次筛选,最多三次。在检索结果列表中可以直接阅读文献的题录及摘要信息,也可以通过"Full Text"获取全文链接,通过"Citation Map"(引文地图)查看根文献引用和被引文献,通过"Save"保存检索结果,以及通过"Save and Alert"设置定期跟踪(图3-99)。

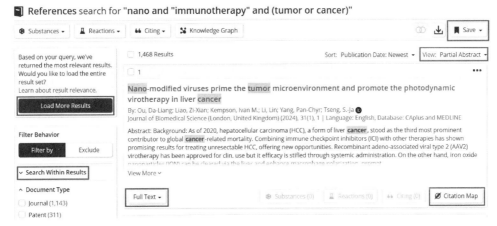

图 3-99　主题词检索结果

当文献量太大时,仅会出现最相关的检索结果。如果想要浏览全部结果,可点击"Load More Results"。

2. 作者姓名(Author Name)检索

通过作者姓名检索相关文献的步骤如下:

(1)在"Author Name"行输入作者姓名,"Last Name"为必填项,"First Name"和"Middle Name"为可选项。

(2)可通过"+ Add Advanced Search Field"对作者的信息如机构等进行限定。

(3)点击"放大镜"标识得到检索结果。

(4)可通过左侧选项根据需求对结果进行筛选(图3-100)。

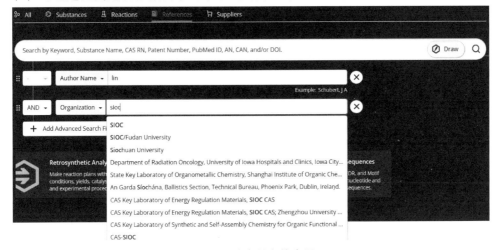

图 3-100　作者姓名检索界面

(四) 供应商 (Suppliers) 检索

供应商检索可通过所需物质的名称或 CAS 登记号对供应商进行查询(图 3-101)。通过左侧分析选项可以对结果进行筛选。

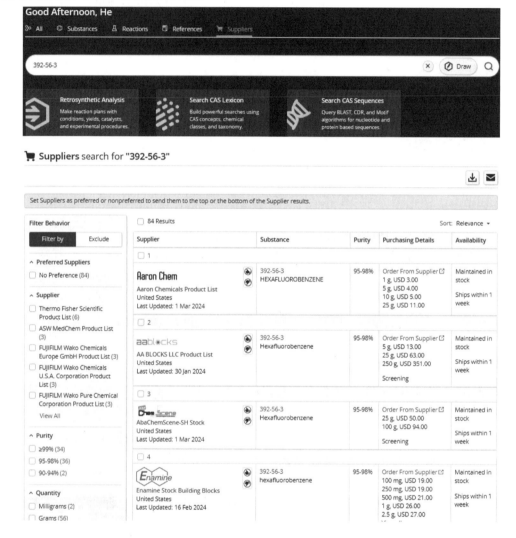

图 3-101 供应商检索界面

 检索实习题

1. 通过研究主题(Research Topic)途径检索"胰岛素(insulin)与体重增加(weight gain)关系"的相关文献。

2. 通过分子式(Molecular Formula)途径检索 $C_8H_9NO_2$ 的结构式。

第七节　Web of Science

一、数据库概况

Web of Science 是科睿唯安公司基于 Web 而构建开发的信息检索平台。该平台通过强大的检索技术和基于内容的链接能力,将高质量的信息资源、独特的信息分析工具和专业的信息管理软件无缝地整合在一起。用户通过这个平台可以检索关于自然科学、社会科学、艺术与人文学科的文献信息,包括国际期刊、免费开放资源、图书、会议录、网络资源等,也可以同时对多个数据库(包括专业数据库、多学科综合数据库)进行单库或跨库检索,还可以使用分析工具及利用文献管理软件。该平台兼具知识的检索、提取、分析、评价、管理与发表等多项功能,大大扩展了信息检索的广度与深度,从而加速了科学发现与创新的进程。

截至2023年,Web of Science 平台总计收录了超过33 000种学术期刊,凭借独特的引文检索机制和强大的交叉检索功能,有效地整合了学术期刊(Web of Science Platform, Web of Science Core Collection)、发明专利(Derwent Innovations Index)、研究数据引文索引(Data Citation Index)、学术专著(Current Contents Connect)及其他多个重要的学术信息资源(BIOSIS,Zoological Record,MEDLINE,FSTA,INSPEC等),提供了自然科学、工程技术、生物医学、社会科学、艺术与人文等多个领域中高质量、可信赖的学术信息。

二、Web of Science 核心合集

1955年,尤金·加菲尔德(Eugene Garfield)博士在《科学》(*Science*)杂志上发表了一篇文章,首先提出了将引文索引应用于科研检索。随后,他创建了美国科技信息研究所(ISI),并在1961年出版了科学引文索引(SCI),之后又出版了社会科学引文索引(SSCI)和艺术与人文科学引文索引(A&HCI)。SCI、SSCI 和 A&HCI 即为著名的三大引文索引工具。1997年,借助新兴的互联网技术,三大引文索引有了网络版,就是著名的 Web of Science。Web of Science 延续了 SCI 以"加菲尔德文献集中定律"为理论依据的质量评价体系,每年都要对所收录的期刊进行严格的筛选,补充一些符合要求的高质量期刊,同时剔除一些达不到标准的已收录期刊。筛选评审标准包括编辑内容、出版标准、国际和地域代表性以及引文分析等。

Web of Science 核心合集数据库收录了20 000多种世界权威的、高影响力的学术期刊,内容涵盖自然科学、工程技术、生物医学、社会科学、艺术与人文等领域,收录的数据最早回溯至1900年。Web of Science 核心合集收录了论文中所引用的参考文献,并按照被引作者、出处和出版年代编成了独特的引文索引。

目前 Web of Science 核心合集提供多种综合性引文数据库,具体如下。

(1) Science Citation Index Expanded(SCIE):涵盖178个学科的9 200多种主要期刊,数

据最早可回溯至 1900 年。

（2）Social Sciences Citation Index(SSCI)：涵盖 58 个社会科学学科的 3 400 多种期刊，数据最早可回溯至 1900 年。

（3）Arts & Humanities Citation Index(A&HCI)：包括 1 800 多种艺术与人文期刊，数据最早可回溯至 1975 年。

（4）Emerging Sources Citation Index(ESCI)：2015 年 11 月推出，包含了 7 800 多种期刊，涵盖 254 个科研学科，旨在捕捉高影响力文献之外的自然科学、社会科学和人文学科领域的趋势与发展。

（5）Book Citation Index(BKCI)：收录了超过 104 500 种编辑精选的图书，且每年增加 10 000 种新书，数据最早可回溯至 2005 年。

（6）Conference Proceedings Citation Index(CPCI)：收录了 1990 年以来来源于图书、期刊、报告、连续出版物及预印本的超过 205 000 种会议论文集，有自然科学、社会科学两个版本，涉及 256 个学科。

（7）Index Chemicus：包括 260 万种化合物，数据最早可回溯至 1993 年。

（8）Current Chemical Reactions：包括超过 100 万种化学反应信息，数据最早可回溯至 1985 年，以及 1840—1985 年间的 INPI 文档信息。

由于 Web of Science 的市场价格较高，用户一般都不是购买其全部数据库、全部回溯年限或全部链接的使用权，而是其中某一部分或某些部分。即使单独购买其中的 SCIE，回溯年限亦不同。美国国内的大学购买 Web of Science 的回溯年限平均为 15 年。根据用户购买产品的不同，其检索界面上所显示的内容也各有不同，包括它的链接按钮也是根据所购买的情况而确定是否出现。

Web of Science 通过无缝整合链接，向所有用户免费开放 EndNote Web，使用户可以轻松在线检索并有效地组织管理手头的参考文献，或与他人共享 EndNote Web 文件夹，并在检索过程中在线存储参考文献。

三、Web of Science 基本检索规则

Web of Science 采用常见的逻辑运算符，包括"AND""OR""NOT"，以及两个位置运算符"NEAR/x""SAME"，可以使用半角括号来改变逻辑优先级。

1. 逻辑运算

（1）AND（逻辑"与"）：用于连接前后两个需要同时出现的词。例如，"molecular AND immunology"表示检索结果中要同时出现"molecular"和"immunology"两个检索词。当检索词之间无运算符连接时，系统默认为"AND"检索。该运算符在出版物名称字段中不可使用。

（2）OR（逻辑"或"）：用于连接两个同义词来扩展检索结果。例如，"cancer OR tumor"表示检索结果中要出现"cancer"或"tumor"，或者两个词同时出现。

（3）NOT（逻辑"非"）：用于排除不需要的结果。例如，"HBV NOT vaccine"表示检索结

果是关于乙肝病毒的文献,但是不包括与疫苗有关文献。

2. 位置运算符

(1) NEAR/x:可查找由该运算符连接的检索词之间相隔指定数量的单词的记录,其中"x"指两个检索词之间可分开的最大单词数。例如,"leukemia NEAR/8 marrow"表示两个检索词之间最多可以插入 8 个单词。在"主题"和"标题"字段中检索时,"NEAR"两端如果需要用词组,这个词组必须加注引号。

如果只使用"NEAR"而不使用"/x",则默认查找彼此相隔不到 15 个单词的记录。例如,"influenza NEAR virus"就等同于"influenza NEAR/15 virus"。在包含"NEAR"运算符的检索式中不能使用"AND"运算符,但可以使用"NEAR/0"代替或使用引号连接词组。例如,可以使用"insulin NEAR/10 "diabetic retinopathy""或"insulin NEAR/10 diabetic NEAR/0 retinopathy"进行检索。

(2) SAME:在地址检索中,使用"SAME"可查找两个或多个检索词出现在"全记录"同一地址中的检索词。需要使用括号来分隔检索词。例如,"AD = (Soochow SAME Hosp)"表示查找地址为苏州大学的某个附属医院的文献。

如果在同一个字段中使用不同的逻辑运算符,其运算次序为 NEAR > SAME > NOT > AND > OR,使用"( )"可改变运算次序优先运算。在一个复合检索式中,"( )"内的表达式优先执行检索。运算符大小写不影响检索结果。

3. 通配符和截词符

Web of Science 使用的通配符和截词符包括"?""*""$",均为半角字符。

"?"为通配符,可代表任意一个字符,如"wom? n"可以代表"woman"和"women"。"?"可重复使用。

"*"为无限截词符,可代表 0 ~ n 个字符,可用于词中或词尾,不可用于词头。利用它可以实现一簇词的检索。例如,"immun*"的检索结果包括"immunization""immunity""immunology""immunogen""immunodeficiency"等。

"$"为有限截词符,可代表 0 ~ 1 个字符,主要用于英文单词美式拼法和英式拼法存在差别的情况。例如,"odo$r"的检索结果包括"odor"和"odour"。

截词符的主要作用是用来检索前端一致或拼写方法不同的词,或者在不能确定检索词的完整拼写情况下使用,以减少操作步骤,提高查全率。

4. 词组或短语及作者检索

(1) 词组:在检索一组特定的词组时,要使用半角双引号""""。在使用双引号的情况下,检索词之间不能插入其他词,也不能改变词序,比如""hepatitis B virus""。如果两词之间使用的是连词符"-"或者逗号",",系统也将按词组检索。例如,"IL-11"将会命中"IL-11"和词组"IL 11",并得到精确匹配的文献记录。双引号只能用于主题检索字段。

(2)作者:在 Web of Science 的系统中,文献记录的人名均按照姓名的首字母缩写的格式记录。检索时先输入姓氏,再输入空格和作者名字首字母。可输入全名或使用通配符/截词符"＊""＄""?"代表部分姓名,可使用逻辑运算符"AND""OR""NOT"连接多个姓名。

注意 尽管 Web of Science 现有版本提供中文检索界面,但在检索框中只能识别英文检索式。检索系统中不区分大小写,但所有的符号必须以半角输入,也不能出现其他字符,如希腊字母"α"须转换为检索词"alpha"。另外,有些英语单词有英、美两种拼写法,在主题和标题字段的检索中可以被自动忽略。

四、Web of Science 核心合集的检索方法

Web of Science 核心合集提供了多种检索入口,包括文献检索、被引参考文献检索、化学结构检索、高级检索和研究人员检索等,根据使用目的的不同,各种检索路径的检索方法也各有不同。

(一) 文献检索

用户进入 Web of Science 数据库链接后,首先看到的是总库检索界面(图 3-102)。在该界面中可以对用户购买的所有 Web of Science 数据库进行单库或跨库检索,该检索界面提供的检索字段包括主题、标题、作者、出版物来源、出版物名称、出版年、出版日期、摘要、地址、作者标识符、DOI、编者、团体作者。

图 3-102 Web of Science 总库检索界面及字段

1. 选择数据库

选择 Web of Science 核心合集标签后,就进入检索界面。该界面提供了 25 个检索字段,还可以对前述的综合性引文数据库进行勾选限定(图 3-103),但仅能勾选用户已购买的数据库。

图 3-103 Web of Science 单库检索界面

2. 选择检索字段

在检索框右侧的下拉菜单中有25个字段可选,常用的有以下5个字段。

(1)主题:本数据库采用多字段检索,使用主题检索时,系统会同时在标题、摘要、作者和关键词中查找,所以查全率较高,配合使用逻辑运算符和位置运算符,查准率也可以得到保证。

(2)标题:可检索期刊文献、会议录论文、书籍或书籍章节的标题,既可以直接查找确定的一篇文献,也可使用一些检索词在题名中检索,查准率较高。

(3)作者:可对文献所有作者进行检索,如对多个作者同时检索,则姓名与姓名之间必须添加"AND"。

(4)出版物标题:通常情况下即杂志名称,在该检索框中可检索所需出版物的全称或缩写。

(5)地址:可对文献所有作者的地址进行检索。很多机构都使用缩写,如"大学(University)"在文献标引时常使用"Univ"来表示,但在地址字段中系统会自动识别"univ""hosp"等常用词的全拼和缩写。

3. 输入检索式

在检索框中输入检索词或检索式,单击回车或者检索按钮即可。检索式中可以使用逻辑运算符和位置运算符以及截词符。

如果要进行多字段检索,可以通过"添加行"功能来实现,在不同字段相对应的检索框中输入相应的检索词或检索式,并使用左侧逻辑运算对检索式进行组配。例如,要查找 zhang xg 发表的有关白血病的文献,但要排除2000—2008年之间的文献时,可以用多字段组合的方法来检索(图3-104)。

图3-104 多字段检索

4. 查看检索结果

Web of Science 核心合集的检索结果页面提供了丰富的信息,除文献的基本资料外,该页面上还有各种交叉检索的功能,将在后文中详述。

检索结果默认的排序方法是按照相关性,可以通过页面上部"排序方式"按钮来改变文献的顺序,有多种排序方式可选。在该页面上,无须打开每篇文献的详细记录而只需通过点击"显示更多"即可浏览摘要信息(图 3-105)。

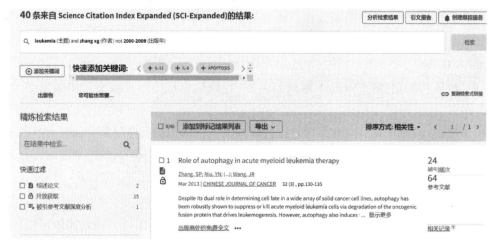

图 3-105　检索结果及排序

(二)被引参考文献检索

被引参考文献检索是 Web of Science 作为一种引文工具的重要检索方式,用户可通过被引作者、被引著作、被引年份以及被引文献的信息等多个入口进行检索(图 3-106)。它提供的途径使得用户在仅有文后参考文献信息的时候也可查找文献信息。该检索方法也可用于查找某篇文献或者某个人发表的文献的被引用情况。这里用于检索的被引文献不仅局限于 Web of Science 收录的文献,还包括一些被引用的书籍等。

图 3-106　被引参考文献检索界面

例如,要检索作者董绍俊在 1995 年出版的《化学修饰电极》一书在 Web of Science 中被引用的情况,需要在被引作者栏中输入"dong sj",在被引著作栏中输入"chem* mod* ele*",书名使用截词符是考虑到在被引用的时候可能会使用缩写。

点击检索后,可以看到检索结果与基本检索不同(图 3-107),结果中标注了该本书被数据库中文献引用的详细情况,每个章节(页)被引的次数。如果需要知道某个章节(页)被哪些文献引用,可勾选该页前面的方框,再点击上面的"查看结果"即可看到文献列表。

图 3-107　被引参考文献检索结果

(三) 化学结构检索

Web of Science 的化学结构检索提供了一种通过化学结构式来进行检索的途径,可通过使用结构式绘制插件来检索该结构式的上下游反应及反应条件等。

使用时点击"化学结构"进入结构绘图界面,也可直接打开化学结构 mol 文件(图 3-108)。

图 3-108　化学结构检索界面

检索界面除了有结构绘图工具外,还可限定化合物数据(Compound Data)及反应条件(Reaction Data),如图3-109所示。

图3-109 化学结构检索界面选项

(1)通过输入化合物名称来检索。可以在"化合物名称"检索框中输入化合物名称,如万古霉素(Vancomycin),检索结果如图3-110所示。

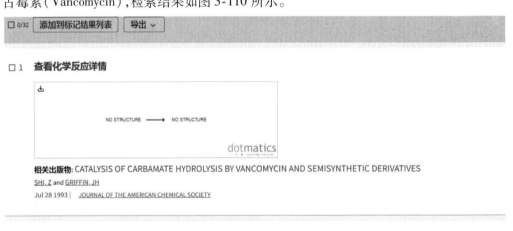

图3-110 化学结构检索结果

如果需要查看详细的合成步骤,可以勾选所需的合成路线,之后点击"查看化学反应详情",结果如图3-111所示。

化学反应详情

⟨ 6 / 6 ⟩

相关出版物: Improved preparative enzymatic glycosylation of vancomycin aglycon and analogues

反应号	路径	步骤	关键反应
RCCR31642606	A1	SUMMARY	No

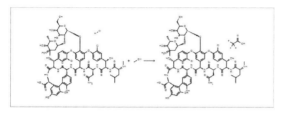

反应物和产物数据:

化合物	化合物名称	等级	生物活性	产率
Product (1)	(psi(C(=S)NH)Tg(4))vancomycin	((+)-isomer)		12
Reactant (2)	MeOH			

注释: Advantages: 1) improved protocol, 2) two-step one pot glycosylation application.
反应关键词: OVERALL, ANTIBIOTICS, PEPTIDES

图 3-111　化学结构检索详细信息

（2）通过绘制结构式来检索。可以通过图 3-112 所示结构绘制界面中的各种绘制工具完成所需的结构式。

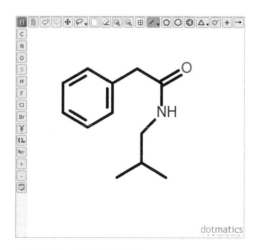

图 3-112　结构绘制工具

使用该工具绘制出所需结构式后，点击"检索"，结构式即会自动导入 Web of Science 的检索中，从而获得该结构式作为中间体或产物的各种合成信息（图 3-113）。

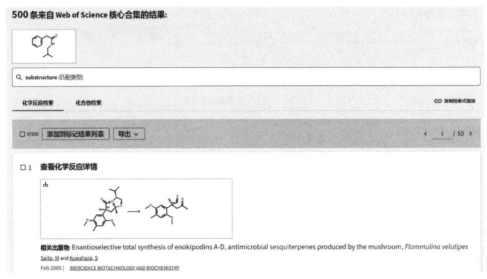

图 3-113 结构检索结果

（四）高级检索

高级检索可使检索词的组配更加灵活，通过逻辑运算可一次完成一个复杂课题的检索（图 3-114）。

图 3-114 Web of Science 高级检索界面

检索步骤如下：

（1）在文献检索页面单击"高级检索"。

（2）选择要检索的字段，输入检索词，然后单击"添加到检索式"。

（3）添加第一个检索词之后，须从下拉菜单中选择逻辑运算符，或在检索式预览文本框中输入一个运算符,才可再添加其他检索词。

例如,在检索框中输入检索式"TS = cardio * and AU = Bank* M*",可检索到主题与心脏相关,作者的姓以"Bank"开头、名以"M"开头的文献(图3-115)。

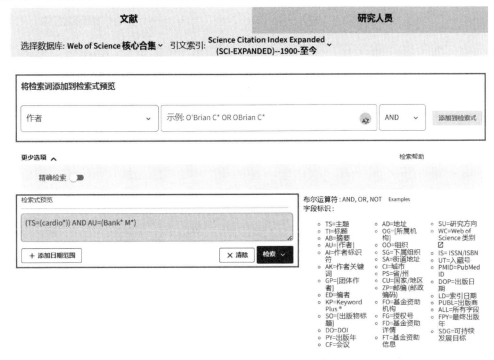

图3-115　Web of Science 高级检索案例

精确检索:单击"更多选项"可打开精确检索。该选项默认关闭,关闭时使用词干和词形还原来扩展检索,同在执行文献检索时一样。例如,如果在检索字段中输入"mouse",将返回包含单词"mouse"和"mice"的检索结果。开启精确检索之后,就仅限于检索在检索字段中输入的精确检索词。因此,如果检索"mouse",则系统只会返回包含单词"mouse"的记录。

注意　要对短语执行精确检索,可用引号括起此短语。

(五)研究人员检索

研究人员检索包括两种方式:① 通过检索作者的姓氏和名字来查找作者记录;② 使用 Web of Science Researcher ID 或 ORCID ID 查找作者记录,或根据文献的关联全记录中的地址字段,通过检索作者所属的组织来查找作者记录。

作者记录界面为用户提供某位作者的所获荣誉、文章列表、同行评审、论文影响力、作者位置等相关指标信息(图3-116)。

图 3-116 作者记录界面

五、检索结果分析及输出

Web of Science 最突出、最成功的地方,除了它的引文功能外,就是强大的多层次文献分析能力,优势非常突出,可以有效地帮助研究者把握学科最新的发展方向,帮助学生更快、更好地进入课题。

下面以课题"神经细胞自噬"为例来介绍 Web of Science 的功能。如检索式为"autophagy and (nerv * or neur *)",限制为最近 5 年的文献,则检索结果如图 3-117 所示,图中从左至右分别是文献精炼功能区、文献输出功能区和文献分析功能区。

图 3-117 Web of Science 检索结果示例

（一）引文分析

点击检索结果页面右上角的"引文报告"按钮，系统会自动生成一份有关神经细胞自噬的引文报告（图3-118），可见该课题每年出版文献数和引文数都呈上升趋势。

图 3-118　引文报告

当研究人员打算开展一项新的课题的时候，其可能暂时不清楚该项课题的研究趋势，这时可以使用引文分析功能来辅助判断课题的可行性。如果关于某个课题的分析图表趋势是持平或下降，则表示该课题可能已不具备较高的研究价值。

（二）文献的多层次分析

点击检索结果页面右上角的"分析检索结果"按钮，该分析功能提供了多达25个字段的分析内容（图3-119）。

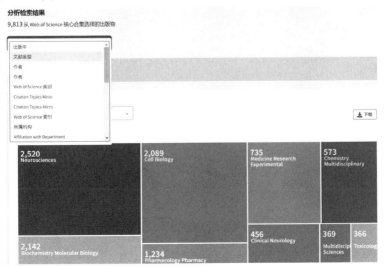

图 3-119　分析界面

这 25 个字段分别是出版年、文献类型、作者(归并的作者)、作者、Web of Science 类别、引文中观主题(Citation Topics Meso)、引文微观主题(Citation Topics Micro)、Web of Science 索引、所属机构、所属部门、出版物标题、语种、国家/地区、出版商、研究方向、开放获取、按标记结果列表过滤、基金资助机构、授权号、会议名称、团体作者、丛书名称、编者、社论声明、可持续发展目标。其中常用字段介绍如下:

出版年:与引文分析中的文献发表数一致,可了解课题的发展趋势。

作者:对作者进行分析,可发现该领域的高产出研究人员。

国家/地区:可发现某领域高产出的国家与地区,用于分析地区科研实力。

所属机构:通过分析机构名称,可发现该领域高产出的大学及研究院所。

出版物标题:可发现相关学术期刊的学科倾向性。

对作者、所属机构、出版年等进行结合分析,有利于机构的人才招聘或是选择潜在的合作者,而如果将出版物标题和国家/地区结合起来分析,则可以筛选适合的投稿目标。

选择需要的字段后,根据前一检索结果的数量选择合适的记录数,可以按照每个分析结果的检索结果计数或已选字段检索结果的字母顺序排列,图 3-120 是根据文献类型所作的分析结果。如果要阅览所有文献,则勾选所需的结果,点击"按所选方式精炼检索结果",就可以看到所有的文献(图 3-120、图 3-121),并且可以对该结果进行下一层次的分析。

全选 □	字段: 文献类型	记录数	9,826 的百分位
□	论文	6,984	71.077%
□	书籍章节	68	0.692%
□	修订	31	0.315%
□	数据论文	1	0.010%
□	在线发表	241	2.453%
□	社论材料	157	1.598%
□	信函	5	0.051%
□	会议摘要	104	1.058%
□	会议录论文	11	0.112%
□	Publication With Expression Of Concern	1	0.010%
□	收回的出版物	10	0.102%
□	收回内容	8	0.081%
□	综述论文	2,537	25.819%

图 3-120 分析结果

图3-121 文献结果显示

(三)检索结果精炼

检索结果精炼用于筛选所需文献,其功能相当于二次检索,它的许多功能与文献分析功能相似,但是直接在检索结果界面使用精选要更为简便。在检索结果界面的左侧区域,Web of Science 提供了多种精选的选项(图3-122),其中较常用的选项如下。

(1)在结果中检索:即二次检索,在检索框内输入二次检索的检索词,点击放大镜图标即可。该选项仅用于主题检索。

(2)Web of Science 类别(学科类别):可对检索结果按照学科进行分类,勾选所需分类后点击"精炼"即可。如果默认界面上的分类不够,用户可以点击下面的"全部查看"来查看完整的分类列表(图3-123)。由于分类是按照检索结果的多少来排序的,因此不同的课题检索结果不同,所显示的分类也各不相同。例如,神经细胞自噬涉及的学科类别就多达上百种。该项功能在分类明确的学科中效果更好,如可将临床医学中诸如骨科、口腔科、妇科等类别清晰的学科区分开。

图 3-122　检索结果精炼界面

图 3-123　Web of Science 学科类别界面

（3）文献类型：分为科研论文、综述、会议论文等，可根据需要选择阅读。例如，刚开始课题研究的学生需要了解课题背景时，可选择综述性论文。

（四）数据查看

在检索结果列表中，每篇文献只提供了标题、作者、出版物标题、被引频次及摘要的信息，任意点击一篇文献的题名，即可进入文献的全字段页面（图 3-124）。在该页面中，可以看到文献的摘要、全部的作者信息等，更重要的是还有引文信息。

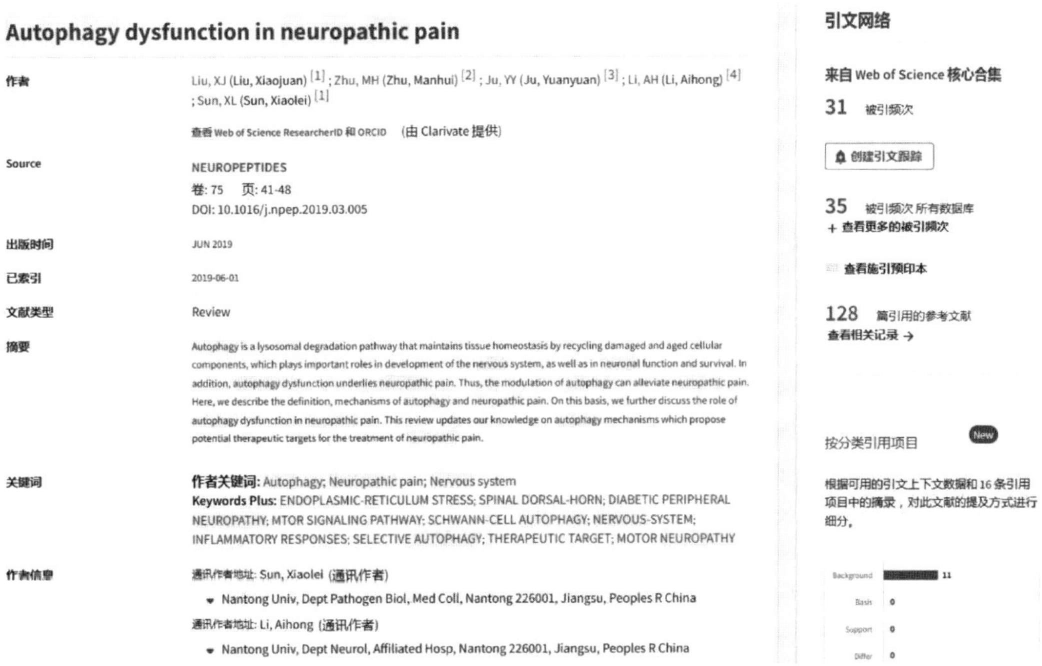

第三章　常用医学文献检索工具

图3-124　详细信息页面

在该页面上有该文献的被引频次和引用参考文献项,通过点击这两项的数字,可以看到全部的被引和施引文献的信息,用于追踪研究脉络。

（五）数据输出

Web of Science 提供多种输出方式（图3-125）,可以勾选所需结果,快速打印默认格式,也可以将结果添加到标记结果列表中,自定义输出方式或将文献导入文献管理软件中。

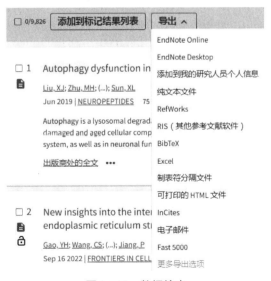

图3-125　数据输出

（1）打印和电子邮件：可在第一步选择合适的文献，在第二步选择记录内容，在第三步将记录内容导出为可打印的 HTML 文件，或将所需信息以电子邮件形式发送到个人邮箱中。

（2）标记结果列表：在勾选所需文献后，直接点击"添加到标记结果列表"按钮，这时页面左侧的"标记结果列表"会显示有文献被保存。用户进入标记结果列表（图 3-126），选择导出即可将所标记的文献打印出来或保存到文献管理软件，也可采用邮件发送。

图 3-126　标记结果列表

（3）添加文献管理软件：Web of Science 提供多种文献管理软件的输出格式，包括 EndNote、BibTex 等，另外还对用户免费开放 EndNote Online 版。

（六）全文获取

由于 Web of Science 是个引文数据库，其本身并不具备全文下载的功能，但是在数据库中也提供了多种方式帮助获取全文。

1. 检索结果页面的全文按钮

一些文献有可以直接获得全文的来源，可直接点击"出版商处的全文"按钮来下载。（图 3-127）。

图 3-127　全文获取页面（一）

2. 结果页面详细信息

在文献的结果页面可以了解本馆和其他图书馆对该本期刊的收藏情况以及部分开放获取的信息（图 3-128）。另外，还可以通过作者的通讯地址和电子邮箱信息直接向作者索取全文。

图 3-128　全文获取页面（二）

检索实习题

1. 通过 Web of Science 数据库检索有关流感（flu）护理方面的文献，并分析目前流感护理研究的文献状况。

2. 用被引文献检索作者成兴波（Cheng xb）2009 年发表在 *DIABETES RESEARCH AND CLINICAL PRACTICE* 刊物上的关于 *Serum retinal-binding protein 4 is positively related to insulin resistance in Chinese subjects with type 2 diabetes* 一文的被引情况。

第四章 药学信息检索

第一节 《中国药学文摘》及其数据库

一、《中国药学文摘》

（一）概况

《中国药学文摘》由该刊编辑部编辑，由国家药品监督管理局信息中心负责出版发行，于1984年创刊，1994年由双月刊改为月刊。该刊是国内主要的药学文献检索刊物，选择收录国内公开发行的近800种期刊中的中西药学理论、综述、药物研究、生产技术、药剂与分析、药理与临床试验、药物评价、药品生产与质量管理、新药介绍、制药设备等文献（不包括译文），拥有50多万条数据。

（二）编排结构

《中国药学文摘》各期的内容依次如下：

（1）编辑说明：简要介绍该刊的概况、收录范围、著录格式及使用方法。

（2）Example Illustrate the Indexing of Chinese Pharmaceutical Abstracts（CPA）：本刊英文简介。

（3）分类目次表：按照该编辑部自编的"药学分类法"将全部药学文献分为12个一级类目与70个二级类目，用01~12分别表示12个大类，每大类下再进行细分，共72小类。大类附有英文类名。

（4）文摘正文：文摘正文是该刊的主体部分，按"药学分类法"顺序编排文献，每条文献附有《中国图书资料分类法》分类号、药学分类号和文摘号，文摘号全年连续编排。

（5）索引部分：每期附有主题索引和外文药名索引，分别按主题词汉语拼音和外文药名字顺编排，后加文摘号。

（6）引用期刊一览表：刊于每年第1期和年度索引中，按刊名的汉语拼音字顺编排，用来揭示收录期刊的范围。

(7)年度索引:该刊每年另出年度索引 1 册,主题词采用主、副标题词形式。

(三)著录格式

该刊采用国家标准 GB/T 3793—1983《检索期刊条目著录规则》进行著录。药学分类类目如下:

01 药学理论总论及其他(包括西药理论综述)

  011 中药学理论及一般性综述

  012 本草学

  013 古方研究

  014 中西药学历史

  015 考察报告、会议资料及其他

02 生药学和中药材

  020 生药学和中药材一般性论述及其他

  021 药用植物的采集、栽培、选育和组织培养;资源与保护

  022 药用动物的驯化饲养、资源与保护

  023 药材鉴定、鉴别

  024 药材的加工炮制

  025 药材的保管、贮运技术

  026 药材的综合利用和代用品研究

  027 民族药

  028 海洋药物

03 药物化学

  030 药物化学一般性论述及其他

  031 中药与天然药物有效化学成分的提取、分离、鉴定和化学结构测定

  032 化学药物的合成和技术改进(包括合成药和微生物药物的半合成和全合成、精制技术和结构鉴定)

  033 微生物药物的发酵、提取、精制、组分分离、鉴定

  034 生化药物、生物技术药品的分离、提纯和结构鉴定

  035 新药设计

04 药物生产技术

  040 药物生产技术和一般性论述及其他

  041 天然药物生产工艺

  042 合成药生产工艺

  043 微生物药物生产工艺(包括生产菌株的选育)

  044 生化药物、生物技术药品、生物制品的生产工艺

  045 制药原料、中间体、微生物药物前体与侧链以及提炼用树脂等生产工艺

046 综合利用和三废处理

05 药剂学和制剂技术

    050 药剂学一般性论述(包括调剂学)及其他

    051 药剂学研究(理论研究、配方和复方研究、稳定性研究、新剂型研究等以及有关仪器装置的试制)

    052 中成药(传统剂型和新剂型)的生产工艺

    053 合成药品、微生物药品、生化药品、生物制品、生物技术药品各种剂型的生产工艺

    054 制剂辅料、助剂的生产工艺

    055 新型药剂

06 药理学和毒理学

    060 药理学、毒理学一般性论述及其他

    061 合成药、微生物药物、生化药品、生物制品及生物技术药品的药理学

    062 中西药复方的药理学

    063 中药药理学

    064 毒理学

    065 构效关系

    066 药理模型、实验动物和方法学研究,药理实验仪器、设备

07 生物药剂学

    070 生物药剂学一般性论述及其他

    071 药物动力学研究(吸收、代谢、分布、排泄等)

    072 生物利用度研究,前药药效学研究,药物相互作用以及有关的体外模拟试验等

08 药物分析

    080 药物分析一般性论述及其他

    081 天然药及中药成分的定性、定量及检定分析

    082 合成药及微生物药物、生化药品、生物制品、生物技术药品的定性、定量及检定分析

    083 中西药复方制剂成分的定性、定量及检定分析

    084 药物分析方法的研究(新方法、新技术和新型仪器等)

    085 血药浓度、尿药浓度及体液药物浓度的测定

09 临床应用与药物评价

    090 临床应用一般性论述及其他

    091 经方、古方临床应用

    092 单方、验方、自拟方及天然药物临床应用

    093 合成药、微生物药品、生物制品、生化药品、生物技术药品的临床应用

    094 中西药结合临床应用

095 药物临床药理学研究及药物评价

096 临床药学、合理用药、药物相互作用、药物滥用、药物经济学(临床文献)

097 合成药、微生物药物、生化药品、生物制品、生物技术药品的不良反应及药物中毒

098 中药、中西药复方、天然药物不良反应及药物中毒

10 药事管理

100 药品生产质量管理经验及论述

101 药品质量标准及质量抽查

102 药品保管、贮运、供应及经营的管理经验及论述

103 药品研究、开发、审批、保护、专利、国家基本药物目录、国家基本医疗保险药品目录、处方药及非处方药、淘汰品种管理经验及论述

104 药事组织(政府机构、学会、信息机构、药房、药店、教育培训等)及药师

105 药事政策法规

106 其他

11 制药设备和工厂设计

110 制药设备一般性论述及其他

111 中成药加工与包装的生产设备和工厂设计

112 化学药物和微生物药物、生物制品、生物技术药品的生产设备和工厂设计

113 制剂加工与包装的生产设备和工厂设计

12 药品介绍与药品综述

120 药品综述及其他

121 中药产品介绍

122 合成药、微生物药物、生化药品、生物制品及生物技术药品介绍

(四)检索途径

1. 分类途径

文摘正文按"药学分类法"编排,每期有分类目次表,检索时可根据课题内容要求,按分类目次表中的类号、类名查到相关页码,然后根据页码查阅有关文献。

2. 主题途径

根据所需文献的内容,选择1~3个主题词,按汉语拼音顺序,通过每期的主题索引或年度主题索引查找有关文献的文摘号,进而查找文摘。该刊的期主题索引只有主标题词,而年度主题索引则采用主、副标题词组配的形式揭示文献。每篇文献最多可标引3个主标题词,每个主标题词下可标引1~3个副标题词,以说明和限定主标题词的范围。

3. 外文药名途径

外文药名途径是指按外文药名查找文献的途径。已知某药的英文名称时,可直接按药名字顺查找,只提供文摘号。例如,药物阿司匹林的相关文献除可在中文主题索引中用"阿司匹林"查找外,也可用"Aspirin"在外文药名索引中查找,检索结果相同。

4. 年度索引

年度索引采用主题词和副主题词组配的形式,查阅方法同期索引。

5. 关于索引部分的说明

(1) 该刊 1986 年前有药学分类、主题、作者、机构及外文药名 5 种检索途径,1986 年后只有药学分类、主题和外文药名 3 种检索途径。

(2) 某一药物的文献,除以其本身名称作为检索入口外,在其相关内容项下也有条目。

(3) 新化合物的合成与生物筛选一般列于有关大类药品项下,作为新药研究的动向。

(4) 化学药品及植物药均采用规范化药名标引,分别依据药典委员会最新编写的《中国药品通用名称》及《中药大辞典》,非规范化药名可通过"见"指引到规范化药名。例如,洁霉素见林可霉素,孩儿参见太子参,阿莫仙见阿莫西林,等等。

(5) 病名及其他词均采用规范化名词标引,依据为 NLM 编写的 *MeSH*。

(6) 以某一具体药名命名的复方制剂,不应从"复方"检索,而应用该药名查找。

二、中国药学文摘数据库

(一) 概况

中国药学文摘数据库的英文简称为 CPICD,该库是国家药品监督管理局信息中心主办的中国医药信息网(https://www.cpi.ac.cn)的一部分(图 4-1),也是国内唯一的中西药学文献网络数据库。自 1981 年创建以来,该数据库已收录近 60 万条数据,其中中药文献占一半以上,所以该库也是世界上拥有中药文献最多的数据库。该库收集了我国公开发行的药学杂志、高等(专科)医药院校学报以及关于植物、微生物、专利等主题的 800 种刊物中的中西药学文献,内容丰富,信息量大。文献信息包括文摘、提要、简介和题录 4 种形式。

图 4-1 中国医药信息网主页

中国医药信息网除 CPICD 外,还有大量医药类的专业数据库,如国产药品库、进口药品库、生产企业库等,为官方权威数据的来源(图4-2)。

图 4-2 中国医药信息网数据库列表

(二) 检索途径和方法

CPICD 可以通过全文、主标题、期刊名、年卷号、作者、主题词、外文药名等途径进行检索,支持逻辑运算检索(图4-3)。

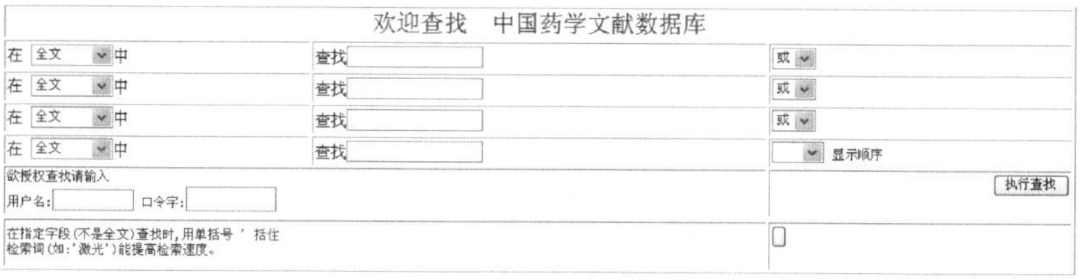

图 4-3 CPICD 检索界面

该数据库支持使用"and""or""xor""not"四种运算符的检索表达式,下面以查找"阿莫西林""冲剂"两个检索词为例介绍其使用方法。

第一种:在检索框里输入"阿莫西林 and 冲剂",点击"检索"按钮,可查找同时含有"阿莫西林"和"冲剂"两个关键词的记录。

第二种:在检索框里输入"阿莫西林 or 冲剂",点击"检索"按钮,可查找含有"阿莫西林"或"冲剂"两个关键词的记录。

第三种:在检索框里输入"阿莫西林 xor 冲剂",点击"检索"按钮,可查找含有"阿莫西林"或者"冲剂"关键词但是两者不同时出现的记录。

第四种:在检索框里输入"阿莫西林 not 冲剂",点击"检索"按钮,可查找含有"阿莫西林"但是不含有"冲剂"关键词的记录。

该数据库可使用的通配符或截词符包括"#""!"" $ ""&"四种。其中,"#"表示任意个字符,"!"表示一个字符。" $ "前后有空格时表示一个词,用于位置检索;" $ "前后无空格时表示的意思取决于其位置:位于一词前或后时,表示前、后被截断的任意字符;位于一词之中时,外文表示一个字符,中文表示一个字。"&"表示"无"(Nothing),在某词之前时表示该词必是子字段、段、句之首词,居某词之后时表示该词必须出现在子字段、段、句末尾。

第二节　美国《国际药学文摘》及其数据库

一、美国《国际药学文摘》

（一）概况

《国际药学文摘》(*International Pharmaceutical Abstracts*, IPA)由美国医院药师学会(American Society of Hospital Pharmacists, ASHP)编辑出版,创刊于1964年,为半月刊,每年24期为一卷。IPA收录世界上40多种文字出版的药学及相关学科期刊近800种,每年报道文摘量近2万条。内容侧重于药品的治疗应用、药代动力学等。

（二）IPA编排结构

IPA各期有分类目次表、文摘正文、期索引(主题索引)。此外,每年第1期有引用期刊表,第12期和24期分别有上半年和下半年累积(主题、作者)索引。

1. 分类目次表(contents)

IPA把所收录的文献按学科内容分为25个固定类目(不按字顺编排)。左栏为卷号和文摘号,表示各个类目在当期的所在位置,文摘号由卷号和流水号组成;右栏为类目名称。文摘的内容就是按照25个类目顺序编排的。

IPA的25个类目的顺序和内容(左栏的卷号、文摘号已省略)如下:

（1）Pharmaceutical Technology(制药技术):包括制药工业、药物配方、消毒和污染、药物制备的常规试验、包装等。

（2）Institutional Pharmacy Practice(公共设施的药学实践)。

（3）Adverse Drug Reactions(药物副作用):包括按常规用量使用时发生预料之外的副反应。

（4）Toxicity(毒性):包括药物和化学品的毒性、药理学、中毒及致死量的研究。

(5) Investigational Drug(药物研究)：包括试验药物对人体的作用。

(6) Drug Evaluations(药物评价)：包括用于预防、治疗和诊断等药物的治疗作用及其他体内作用等。

(7) Drug Interactions(药物相互作用)：包括体内药物之间、药物与化学物质、药物与食品之间的相互作用等。

(8) Biopharmaceutics(生物药剂学)：包括药代动力学、体内溶解时间、吸收与吸附、长效药物作用、效价、生物有效性、药物络合作用、给药途径与剂量关系等。

(9) Pharmaceutics(药剂学)：包括物理药学或药物制备化学、流变学、非常规试验等。

(10) Drug Stability(药物稳定性)：包括药物体内分解及药物配伍等。

(11) Pharmacology(药理学)：包括非临床药物或诊断剂的评价，一般讨论模型或机制等。

(12) Preliminary Drug Testing(药物试验)：包括实验药物的有效作用。

(13) Pharmaceutical Chemistry(药物化学)：包括药物合成、构效关系、分离和提纯、结构测定、化学分析。

(14) Drug Analysis(药物分析)：包括药物定量、定性分析。

(15) Drug Metabolism and Body Distribution(药物代谢和体内分布)：包括药物有效代谢和体内分布。

(16) Microbiology(微生物学)：包括作用于微生物或从微生物制备的药物、微生物在药剂中的作用。

(17) Pharmacognosy(生药学)：包括药用植物的分离、萃取、培育等。

(18) Methodology(方法学)：包括评价药物对人体、动物作用的方法。

(19) Environmental Toxicity(环境毒性)：包括对人或动物的环境毒性。

(20) Legislation, Laws & Regulations(法规、法律和条例)：包括与药学有关的法规、标准和条例。

(21) History(历史)：包括药学和药物应用的历史。

(22) Sociology, Economics & Ethics(社会学、经济学和伦理学)：包括药物作用、药学、药品或药学实践等方面有关的社会学、经济学和伦理学。

(23) Pharmaceutical Education(药学教育)：包括有关药学教育和培养。

(24) Pharmacy Practice(制药实践)：包括药物设计、调剂、地区药剂师的任务、家庭保健服务、紧急救护供应、处方和调剂技术等。

(25) Information Processing and Literature(信息处理及文献)：包括药物文献和情报信息处理及利用。

2. 文摘正文和期索引

文摘正文是每期报道的主要内容，按上述25个类目顺序编排，每条文摘前加卷号和文摘号(参见著录格式)。在文摘正文之后附有每期的主题索引。

（三）著录格式

Biopharmaceutics①

3705802②

ACYCLOVIR-CONNTAINING LIPOSOMES FOR POTENTIAL OCULAR DELIVERY CORNEAL PENETRATION AND ABSORPTION③ Law, S. L. (Pharmaceutics Res. Lab., Dept. of Med. Res., Veterans Gen. Hosp., Taipei, Taiwan, Republic of China), Huang, K. J. and Chiang, C. H. ④ J. CONTROLLEDRELEASE63:135 – 140 (Jan 3) 2000⑤ *English*⑥ **Liposome formulations containing acyclovir ...**⑦ In vitro, positively charged liposomes resulted in a penetration rate lower ...⑧ (15 references)⑨

ELLENKATZUEMANN⑩

【说明】

① 主题分类：按照25个大类固定顺序编排。

② 文摘号：37为卷号，05802为文摘号。

③ 文献题名：为黑体字大写。

④ 作者：包括第一作者单位及通信地址。

⑤ 文献出处：包括期刊名称标准缩写及出版年、卷、期、起止页码。

⑥ 文献语种：斜体字。

⑦ 主要文摘内容：用黑体字印刷。

⑧ 次要文摘内容。

⑨ 参考文献数：置于括号内。

⑩ 文摘员姓名：用AA或AA*表示，AA表示原作者摘要，AA*表示经过修改的原作者摘要。

（四）检索途径

IPA每期有分类途径和主题索引。另附上半年和下半年累积主题索引和累积作者索引。

1. 分类目次表和分类途径

IPA所收录的文献均按IPA的25个固定类目顺序进行编排，同时也作为IPA的分类检索途径。用分类途径查找文献时，须分析所需文献的内容，并通过IPA每期的分类目次表查得所需类目内容的所在位置（卷号+文摘号），依次浏览该类目的全部文摘（参见25个类目）。

2. 主题索引

IPA每期均有主题索引，是IPA的主要辅助索引，附于文摘正文之后，按主要主题词字顺轮排；主题词为黑体字，首字母大写。常选择一个或多个主题词，并配有副主题词或说明语。副主题词和说明语（不参与轮排）的作用是说明主题词所涉及的内容和范围，后面只提供文摘号。非规范化主题词用"see"指引到规范化主题词（见主题索引实样）。

IPA 主题索引实样:

ASHP, see① American Society of Hospital Pharmacists

Aspirin②

and warfarin; cerebrovascular,③ cardiovascular diseases therapy, 3201328④ ocerebrovascular disorders; prevention, review, 3201364

coatings;Eudragit S-100, 3201070

leg ulcer; therapy, 3201145

overview, 3201356

Associations, see① Organizations

【说明】

① 主题词(参见):非规范化主题词参见规范化主题词。

② 主题词:为黑体字,首字母大写。

③ 副主题词及说明语。

④ 文摘号:由卷号和文摘号组成。

3. 半年累积索引

为了便于检索,IPA 每卷第12期和24期分别为上半年和下半年累积索引,有主题索引和作者索引。主题索引的编排及使用方法同期主题索引;累积作者索引按作者姓名字顺编排,在第一作者名下列出文献题名及文摘号,其他作者参见第一作者。作者姓名采取姓在前、名在后、名用缩写的形式著录。

4. 关于主题词

IPA 主题词以美国医院药师协会出版的词表 *Thesaurus of Subject Terms and Cross References to International Pharmaceutical Abstracts* 为依据。IPA 的主题词包括以下两类:

(1) 药物名称:一般采用美国 United States Adopted Names 的非专利商标通用名,如为化学名称则按母体化合物编排,不按取代基前缀排,而是用倒置形式,但法定的化学名称按原形式著录;商品名称和试验代号以参见的形式指引到通用名或化学名称;由纯数字组成的主题词排在字顺的最后。

(2) 普通概念:描述疾病治疗和药理作用的概念词。同义词之间设有相互参见。

(五) 检索举例

拟查 Acyclovir(阿昔洛韦)眼用制剂角膜吸收的有关文献:

(1) 分类途径:在"Contents"中"Biopharmaceutics"(生物制药学)类目下依次查找有关文摘,浏览后决定取舍。

(2) 主题途径:分别以"acyclovir""absorption"(吸收)、"corneal"(角膜)为主题词在主题索引中查得以下信息:Acyclovir absorption; corneal 3705802; Absorption acyclovir; corneal 3705802。然后通过文摘号(3705802)查阅文摘,获得原始文献线索。

二、国际药学文摘数据库

(一) 概况

国际药学文摘数据库(IPA数据库)是由美国健康系统药剂师协会(American Society of Health System Pharmacists)开发的摘要数据库,收录了全球出版的制药和医学期刊的索引和摘要。该数据库对任何有需要了解相关药物文献信息的研究人员都是至关重要的。

该库涵盖制药与药学产业所有相关信息及完整的药物治疗和药物信息,无论研究人员、毒理学家、医药公司、医学图书馆员还是专业医疗人员,都可以轻松地找到他们遇到任何药物相关问题的答案。

IPA数据库中临床研究摘要的一个独特特征是提供包括研究设计、患者数量、剂量、剂型和剂量计划等方面的信息。

其内容来自800多种期刊的50多万条索引和摘要,收录范围可回溯到1970年。Ovid平台中包括IPA数据库,其操作方法和检索界面与MEDLINE数据库完全相同(图4-4)。

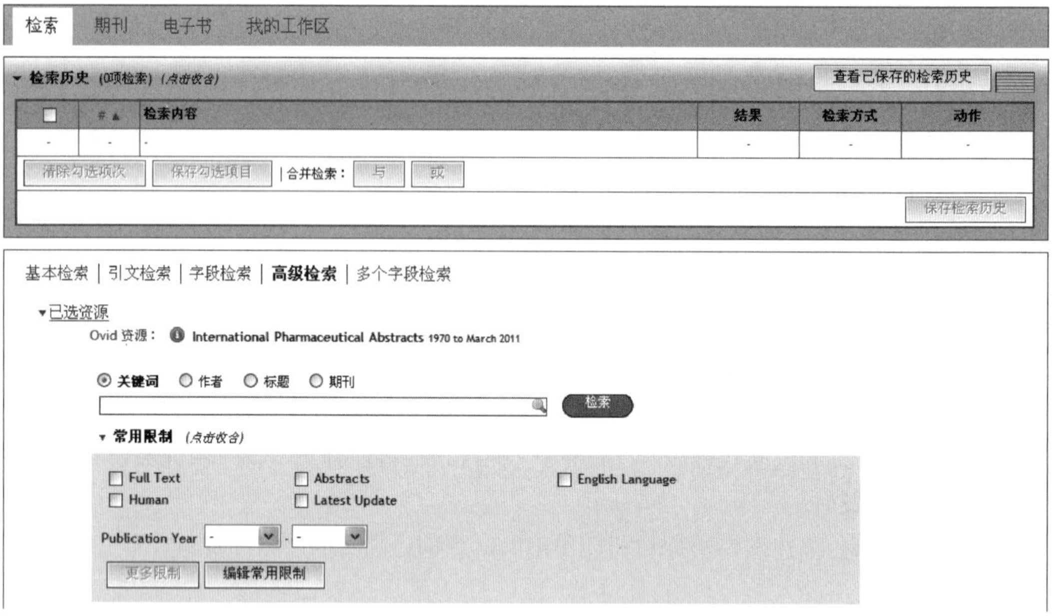

图4-4　Ovid-IPA检索界面

(二) IPA数据库检索字段

Ovid-IPA检索字段如图4-5所示。

图4-5 Ovid-IPA检索字段

Ovid-IPA字段名及中文含义如下：

af：All Fields　所有字段

ab：Abstract　文摘

an：Accession Number　存取号

au：Authors　作者

cd：CODEN　期刊编号

cc：Concept Heading　概念标题

em：Entry Month　录入月份

fs：Floating Subheading　非固定副标题

is：ISSN　国际标准连续出版物号

in：Institution　机构名或单位

ip：Issue/Part　期或分册

ja：Journal Abbreviation　期刊名缩写

jn：Journal Name　刊名

lg：Language　文献语种

pg：Pagination　页码

pc：Pharmacologic/Therapeutic Classification　药理/治疗分类

pt：Publication Type　出版物类型

rn:Registry Number　登记号
rw:Registry Word　登记词
rs:Related Concept Heading　相关概念标题
sh:Subject Heading　主题词
hw:Subject Heading Word　主标题词
sl:Summary Language　摘要语种
ti:Title　题名
tn:Trade Name/Generic Name　商品名/通用名
vo:Volume　卷
yr:Year of Publication　出版年

(三) 检索途径

IPA数据库的检索途径与Ovid操作系统下的MEDLINE数据库类似,可以用自由词、主题词、关键词、外文药名、文中词、作者等进行检索,也可以用各种逻辑运算符进行组合检索和限定字段检索等(参见本书第三章第三节)。

第三节　药典和药物索引

药典(pharmacopoeia)是一个国家关于药品标准、规格的法典,也是管理药品生产与质量的依据。药典的种类很多,我国最早的是《新修本草》(唐代)。国外最早的药典是1772年出版的《丹麦药典》。多数国家的药典每5年修订一次。药典的总体结构一般分为两大部分:一部分是各种法定药物名称、化学名称、化学结构、分子式、含量、性质、用途、用法、鉴定、测定、规格、制剂等项目;另一部分是制剂通则、一般检查、测定法、试剂等重要项目的附录和附表。药典的编排方式除附录外一般按药名字顺排列,并附有药名索引。有些药典还附有辅助性及解释性出版物作为补充。

一、《中华人民共和国药典》

(一) 概况

《中华人民共和国药典》(以下简称《中国药典》)2020年版(第11版)在国家药品监督管理局的指导下,由中国药典委员会编写,中国医药科技出版社出版。《中国药典》2020年版是中国历史上规模最大的一部药典,分为4部,共收录药物5 911种。

该药典全面记载了有关药品的原料、生产、制剂、标准、检验、功能及药品的用法和贮藏等基本要求,是我国对药品质量标准和检定方法的技术规定,也是药品生产、使用、供应、检验和管理体制的法定依据。《中国药典》自1953年首次出版以来,先后出了11版,详见表4-1。

表4-1 《中国药典》各版本出版情况

版本	出版年	部数	收录药物品种数
1	1953	1	531
2	1963	2	1 310（中药643、西药667）
3	1977	2	1 925（中药1 152、西药773）
4	1985	2	1 489（中药713、西药776）
5	1990	2	1 751（中药784、西药967）
6	1995	2	2 375（中药920、西药1 455）
7	2000	2	2 691（中药992、西药1 699）
8	2005	3	3 214（中药1 146、化学药1 967、生物制剂101）
9	2010	3	4 567（中药2 165、化学药2 271、生物制剂131）
10	2015	4	5 608（中药2 598、化学药2 603、生物制剂137、通则317、药用辅料270）
11	2020	4	5 911（中药2 711、化学药2 712、生物制品153、通用技术要求361、药用辅料335）

从表4-1可以看出,《中国药典》收录的药物品种数不断增加,2020年版约为1953年版的10倍多,并且为解决长期以来各部药典检测方法重复收录,方法间不协调、不统一、不规范的问题,2015年版药典对各部药典共性附录进行整合,将原附录更名为通则,包括制剂通则、检定方法、标准物质、试剂试药和指导原则,2015年版药典还重新建立了规范的编码体系,并首次将通则、药用辅料单独作为《中国药典》四部。2020年版《中国药典》进一步扩大了药物品种和药用辅料标准的收载。

（二）编排结构

一部：收载中药2 711种,包括药材和饮片、植物油脂和提取物、成方制剂和单味制剂等。内容包括有关说明、凡例、品名目次、中药部分的正文。正文内容根据品种和剂型不同,按顺序分别列有品名、来源、处方、制法、性状、鉴别、检查、浸出物、特征图谱或指纹图谱、含量测定、炮制、性味与归经、功能与主治、用法与用量、注意、规格、贮藏、制剂、附注等项（图4-6）。

土贝母

Tu bei mu

BOLBOSTEMMATIS RHIZOMA

本品为葫芦科植物土贝母 *Bolbostemma paniculatum*(Maxim.)Franquet 的干燥块茎。秋季采挖，洗净，掰开，煮至无白心，取出，晒干。

【性状】 本品为不规则的块，大小不等。表面淡红棕色或暗棕色，凹凸不平。质坚硬，不易折断，断面角质样，气微，味微苦。

【鉴别】（1）本品粉末淡黄棕色。糊化淀粉粒团块，大小不一，存在于薄壁细胞内或散在。表皮细胞表面观呈类多角形，有的可见垂周壁连珠状增厚；断面观类长方形。导管少见，主要为螺纹或网纹。

（2）取本品粉末 0.1g，加 70%乙醇 20ml，超声处理 20 分钟，滤过，滤液蒸干，残渣加甲醇 1ml 使溶解，作为供试品溶液。另取土贝母苷甲对照品，加甲醇制成每 1ml 含 1mg 的溶液，作为对照品溶液。照薄层色谱法（通则 0502）试验，吸取上述两种溶液各 5μl，分别点于同一硅胶 G 薄层板上，以三氯甲烷-乙酸乙酯-甲醇-甲酸-水（12:3:8:2:2）为展开剂，展开，取出，晾干，喷以醋酐-硫酸-乙醇（1:1:10）混合溶液，在 110℃加热至斑点显色清晰，在日光下检视。供试品色谱中，在与对照品色谱相应的位置上，显相同颜色的斑点。

【检查】水分 不得过 12.0%（通则 0832 第二法）。

总灰分 不得过 5.0%（通则 2302）。

【浸出物】 照醇溶性浸出物测定法（通则 2201）项下的热浸法测定，用乙醇作溶剂，不得少于 17.0%。

【含量测定】 照高效液相色谱法（通则 0512）测定。

色谱条件与系统适用性试验 以十八烷基硅烷键合硅胶为填充剂；以甲醇-水（65:35）为流动相；检测波长为 214nm。理论板数按土贝母苷甲峰计算应不低于 1500。

对照品溶液的制备 取土贝母苷甲对照品适量，精密称定，加流动相制成每 1ml 含 0.1mg 的溶液，即得。

供试品溶液的制备 取本品粉末（过四号筛）约 0.3g，精密称定，置具塞锥形瓶中，精密加入 70%乙醇 50ml，称定重量，超声处理（功率 250W，频率 50kHz）30 分钟，放冷，再称定重量，用 70%乙醇补足减失的重量，摇匀，滤过，精密量取续滤液 25ml，水浴蒸至无醇味，加水 10ml，移置分液漏斗中，用水饱和的正丁醇振摇提取 4 次（20ml、20ml、10ml、10ml），合并正丁醇液，蒸干，残渣加甲醇溶解，转移至 5ml 量瓶中，加甲醇至刻度，摇匀，滤过，取续滤液，即得。

测定法 分别精密吸取对照品溶液与供试品溶液各 10μl，注入液相色谱仪，测定，即得。

本品按干燥品计算，含土贝母苷甲（$C_{63}H_{98}O_{29}$）不得少于 1.0%。

【性味与归经】 苦，微寒。归肺、脾经。

【功能与主治】 解毒，散结，消肿。用于乳痈，瘰疬，痰核。

【用法与用量】 5~10g。

【贮藏】 置通风干燥处。

图 4-6　2020 年版《中国药典》一部中中药材品种著录格式

二部：收载化学药 2 712 种，包括化学药品、抗生素、生化药品以及放射性药品等。正文内容根据品种和剂型的不同，按顺序可分别列有品名（包括中文名、汉语拼音与英文名）、有机药物的结构式、分子式与分子量、来源或有机药物的化学名称、含量或效价规定、处方、制法、性状、鉴别、检查、含量或效价测定、类别、规格、贮藏、制剂、杂质信息等项（图 4-7）。

乙酰谷酰胺注射液

Yixianguxian'an Zhusheye

Aceglutamide Injection

本品为乙酰谷酰胺的无菌水溶液。含乙酰谷酰胺（$C_7H_{12}N_2O_4$）应为标示量的90.0%～110.0%。

【性状】 本品为无色的澄明液体。

【鉴别】（1）取本品适量（约相当于乙酰谷酰胺0.25g），加盐酸溶液（1→2）2ml，加热煮沸约30分钟，并不断补充水分，放冷，用氢氧化钠试液调节pH值约为6，取2ml，加茚三酮约2mg，加热，溶液显蓝紫色。

（2）在含量测定项下记录的色谱图中，供试品溶液主峰的保留时间应与对照品溶液主峰的保留时间一致。

【检查】 **pH值** 应为4.5～7.0(通则0631)。

有关物质 照高效液相色谱法（通则0512）测定。

供试品溶液 取本品适量，用流动相定量稀释制成每1ml中约含乙酰谷酰胺1mg的溶液。

对照溶液、系统适用性溶液、色谱条件、系统适用性要求与测定法 见乙酰谷酰胺有关物质项下。

限度 供试品溶液色谱图中如有杂质峰，单个杂质峰面积不得大于对照溶液主峰面积的2倍(2.0%)，各杂质峰面积的和不得大于对照溶液主峰面积的3倍(3.0%)。

细菌内毒素 取本品，依法检查(通则1143)，每1mg乙酰谷酰胺中含内毒素的量应小于0.25EU。

无菌 取本品，经薄膜过滤法处理，用0.1%无菌蛋白胨水溶液冲洗（每膜不少于100ml），以金黄色葡萄球菌为阳性对照菌，依法检查(通则1101)，应符合规定。

其他 应符合注射剂项下有关的各项规定(通则0102)。

【含量测定】 照高效液相色谱法（通则0512）测定。

供试品溶液 精密量取本品适量，用流动相定量稀释制成每1ml中约含乙酰谷酰胺0.1mg的溶液。

对照品溶液、系统适用性溶液、色谱条件、系统适用性要求与测定法 见乙酰谷酰胺含量测定项下。

【类别】 同乙酰谷酰胺。

【规格】 (1)2ml:0.1g (2)5ml:0.25g (3)5ml:0.3g (4)5ml:0.6g (5)10ml:0.5g (6)20ml:0.6g

【贮藏】 遮光，密封保存。

图4-7　2020年版《中国药典》二部中化学药品著录格式

三部：收载生物制品153种，包括预防类生物制品、治疗类生物制品、体内诊断制品及体外诊断制品等。正文（各论）内容根据品种和剂型的不同，按顺序可分别列有品名（包括中文通用名称、汉语拼音与英文名称）、定义、组成及用途、基本要求、制造、检定（原液、半成品、成品）、保存、运输及有效期、使用说明（预防类制品）等项。

四部：收载通用技术要求361个，其中制剂通则38个、检验方法及其他通则281个、指导原则42个；收载药用辅料335种。制剂通则是指按照药物剂型分类并针对剂型特点所规定的基本技术要求；通用检测方法是指各正文品种进行相同检查项目的检测时所应采用的统一的设备、程序、方法及限度等；指导原则是指为执行药典、考察药品质量、起草与复核药品标准等所制定的指导性规定。

二、《美国药典/处方集》

《美国药典/处方集》(*The United States Pharmacopeia/The National Formulary*，USP/NF)联合版是美国药典史上规模最大的一部药典。目前，世界上许多国家都以USP作为药品质量检验的标准。该药典具有一定的国际性，由美国药典委员会编辑出版。

（一）概况

USP于1820年首次出版，1950年后每5年修订出版1次，2000年出版第24版，其后每年更新1版。NF收录USP尚未收入的新药和新制剂，1883年出第1版，1980年从第15版起并入USP。目前，USP/NF的最新版是2019年5月1日出版的USP42/NF37。网页版

USP/NF Online 更新较快(www. uspnf. com),修订公告在药典论坛上发布后,经过 90 天的通知和意见征询,以及相关 *USP* 专家委员会的批准,就会作为官方文本在 USP/NF Online 上发布。

下面介绍 2008 年版 *USP*32/*NF*27 的内容。

(二) 编排结构

1. *USP* 的总体结构

(1) 目次表(Contents)(图 4-8)。

(2) 前言(Preamble)。

(3) 新增药名(Admissions)。

(4) 注释(Notices):包含一般注释和要求。

(5) 正文(Monographs):包含 24 版药典名录。

(6) 通用章(General Charpters)。

(7) 试剂(Reagents)。

(8) 附表(Tables)。

Contents

USP 24

图 4-8 *USP* 的目次表

2. *NF* 的总体结构

(1) 目次表(Contents)。

(2) 前言(Preamble)。

(3) 新增药名(Admissions)。

(4) 注释(Notices)。

(5) 正文(Official Monographs)。

另附 *USP*24/*NF*19 联合索引(Combined Index to *USP*24 and *NF*19)。

(三) 正文著录格式

USP 正文部分是按法定药名字顺排列的,药物的不同剂型分别以不同条目排列。

例如,精氨酸就分别以下列方式著录有关内容:

Arginine　(精氨酸)

Arginine Hydrochloride　(盐酸精氨酸)

Arginine Hydrochloride Injection　(盐酸精氨酸注射液)

精氨酸的著录格式如图 4-9。

Arginine

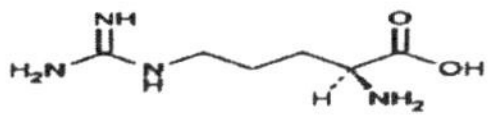

$C_6H_{14}N_4O_2$　174.20
L-Arginine.
L-Arginine　*[74-79-3]*.

» Arginine contains not less than 98.5 percent and not more than 101.5 percent of $C_6H_{14}N_4O_2$, as L-arginine, calculated on the dried basis.

Packaging and storage—Preserve in well-closed containers.

USP Reference standards ⟨11⟩—*USP L-Arginine RS*.

Identification, *Infrared Absorption* ⟨197K⟩.

Specific rotation ⟨781S⟩: between +26.3° and +27.7°.
Test solution: 80 mg per mL, in 6 *N* hydrochloric acid.

Loss on drying ⟨731⟩—Dry it at 105° for 3 hours: it loses not more than 0.5% of its weight.

Residue on ignition ⟨281⟩: not more than 0.3%.

Chloride ⟨221⟩—A 1.0-g portion shows no more chloride than corresponds to 0.70 mL of 0.020 *N* hydrochloric acid (0.05%).

Sulfate ⟨221⟩—A 1.0-g portion shows no more sulfate than corresponds to 0.30 mL of 0.020 *N* sulfuric acid (0.03%).

Iron ⟨241⟩: 0.003%.

Heavy metals, *Method I* ⟨231⟩: 0.0015%.

Organic volatile impurities, *Method I* ⟨467⟩: meets the requirements.
Solvent—Use water.

Assay—Transfer about 80 mg of Arginine, accurately weighed, to a 125-mL flask, dissolve in a mixture of 3 mL of formic acid and 50 mL of glacial acetic acid, and titrate with 0.1 *N* perchloric acid VS, determining the endpoint potentiometrically. Perform a blank determination, and make any necessary correction. Each mL of 0.1 *N* perchloric acid is equivalent to 8.710 mg of $C_6H_{14}N_4O_2$.

图 4-9　精氨酸的著录格式

(四) 通用章

通用章(General Chapters)包括通用试验法、测定法和通则两部分。

1. 通用试验法、测定法

该部分内容有各种测试的常规要求、各种测试的仪器、微生物检查法、生物测试法、化学测试法、物理试验法和测定法等。在每一大类下又分若干试验项目,共计110项,每项给一个编号置于"< >"内,如水分含量测定法为<921>号。

2. 通则

这是对各种药物的一般要求,共分20项,其代号为4位数,置于"< >"内。例如,<1041>表示对生物制品的要求,<1051>表示对玻璃器皿清洁度的要求,<1101>表示药滴标准,<1121>表示命名法,<1141>表示对儿童安全性包装的要求。

（五）各种附表

各种附表包括片剂和胶囊的容器规格表,药品的性状和相对溶解度、药品的近似溶解度、药品添加剂分类一览表,以及原子量表、分子式和分子量表、酒精比重表、热当量表、当量和测定表、口服剂量表、公制英制换算表、抗生素法则表等。

（六）查阅方法

USP24/NF19 的索引统称为"《美国药典(24版)/处方集(19版)》联合索引"。药品的各种剂型如片剂(Tablets)、胶囊(Capsules)、针剂(Injection)、软膏(Ointment)等,或者某种物质的不同制剂如酸(Acid)、蛋白(Albumin)、钙(Calcium)等都列于原药名之下。一级药名首字母大写,次级药名首字母小写。从一级药名或相关剂型药名下均能查到所需药名。

三、《马丁代尔药物大典》

（一）概况

《马丁代尔药物大典》(*Martindale：The Complete Drug Reference*)第1版由大不列颠药学会的药物科学部所属药典出版社于1883年出版。第1版药典 *The Extra Pharmacopoeia* 因由 Milliam Martindale 所编,所以也被称为 MP。1999 年第 32 版药典更名为 *Martindale：The Complete Drug Reference*,自第1版出版至今已有140多年的历史,为世界公认的最权威的药典之一,收录了 5 930 种药物专论、161 700 种制剂、54 500 篇参考文献、675 种疾病治疗资料,可查药物的化学名称、理化性质、药物的稳定性和配合禁忌、不良反应及处置方法、注意事项、药物相互作用、用法与用量及相关文献。

《马丁代尔药物大典》遵循循证医学原则,在大量文献基础上,经过公正严谨的编写、审定程序编撰而成,内容丰富翔实又简明扼要,涵盖了全世界重要药物,其中也包括了《中国药典》二部的绝大多数品种。

下面主要以 2014 年出版的第 37 版中译本为例,介绍该部药典的使用方法。

（二）编排结构

全书由前言、缩写表、分类目次表、名录正文、索引等部分组成。

（1）前言：有关问题说明。

（2）缩写表和常用数据表：包括缩写表、离子和基团的缩写名称对照表、原子量表等。

（3）分类目次表：第 37 版有 49 个大类。

(4) 药物名录正文：药物及其辅助物专论是本药典的主要组成部分，按 49 个大类药物类名字顺编排，大类下又分若干个次级类目。该部分内容占全书的绝大部分。

(5) 索引部分：分为中文索引和英文索引。

① 制药企业及经销商名录：按厂名简称字顺编排，列出厂名全称和地址（中译本中略去了该部分内容）。

② 普通索引：按所涉及的药物名称的英文字顺编排，后面提供该品种在本书中的页码。

（三）药物著录格式

药物著录格式如图 4-10 所示。

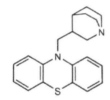

图 4-10 《马丁代尔药物大典》中的药物著录格式

（四）检索途径

1. 分类途径

该药典中的药物是按 49 个大类排列的，在相应的类目下按字顺可查找某种药物。已知条件为药品大类。例如，查找甲奎吩嗪（Mequitazine）时，已知该药属于抗组胺类药物（Antihistamines），可在药物分类类目下查得该药在 534 页。

2. 普通索引

普通索引是查阅该药典中各种药物的主要途径，由药物名称和页码组成，按药名字顺编排。仍以 Mequitazine 为例，在索引中按字顺查得"557"，表示该药物信息在正文第 557 页。有些药物可属于不同大类，分散于不同类名下，所以一个药物条目下可能会出现 2~3 个正文页码。

四、《默克索引》

《默克索引》(The Merck Index)是一本收录化学品、药品、生物制品等物质相关信息的综合性百科全书,至今已有超过120年的历史。自问世以来,《默克索引》就被公认为是该领域最具权威性的参考书与最可靠的信息来源,成为相关领域科研人员必不可少的参考工具。自2013年以来,《默克索引》纸版及网络版(merckindex.rsc.org)由英国皇家化学会在全球范围内独家发行与销售,并负责内容的维护与更新。

2006年第14版的《默克索引》收集了10 000多种化合物。其中,药物化合物4 000多种,常见有机化合物和试剂2 000多种,天然产物2 000种,元素和无机化合物1 000种,农用化合物1 000种。正文按药物名称字顺排列,每一条目包括化合物的各种名称、商品代号、化学结构式、各种物理常数、性质、用途、毒性、来源及参考文献(首先是化合物制备的文献)等。

主题范围:农业化学(包括农药和除莠剂)、生物制品、具有环境意义的化合物、人类药物、天然产物、商业和研究用的有机物与无机物。

本书附有登记号索引、治疗类别和生物活性索引、分子式索引、物质名称索引。

(一) 概况

《默克索引》自首版(1889年版)出版以来,已有100多年的历史,它从170多页的《默克公司化学与药品目录》发展成2 300多页的百科全书式巨著,成为化学家、药学工作者、医生等专业人士必备的重要参考工具书。本索引收录内容比较丰富,如各种化学物质的不同名称(6万个同义词)、结构式、专利号、CA登记号、有关参考文献等,最新版本收录了1万多种化学品、药品和生物制品。

(二) 编排结构

《默克索引》由以下几部分组成:

(1) 目次表(Table of Contents)。
(2) 著录格式的注释说明(Explanatory Notes)。
(3) 缩写表(Abbreviations & Selected Definitions)。
(4) 药物名录正文(Monographs)。
(5) 各种用表(Miscellaneous Tables)。
(6) 化学文摘登记号索引(CA Registry Numbers)。
(7) 治疗范围和生物活性索引(Therapeutic Category and Biological Activity Index)。
(8) 分子式索引(Formula Index)。
(9) 品名索引(Name Index)。
(10) 附录(Appendix)。

(三) 著录格式

药物著录格式如图4-11所示。

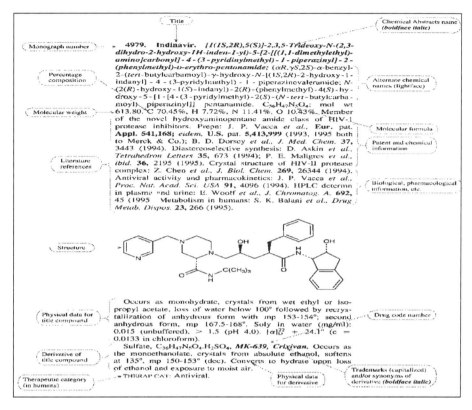

图 4-11 《默克索引》中的药物著录格式

(四) 查阅方法

《默克索引》正文后附有 4 种索引。

1. 化学文摘登记号索引

依据该索引可分别用药名查登记号和用登记号查药名,如 Atropine[51-55-8],891(药物顺序号)。

2. 治疗范围和生物活性索引

这是从第 11 版起新增的内容。该索引由标题总表(由主要标题词和次级标题词及参见项组成,按标题词字顺编排)和正表(由主题词、药名、药名顺序号组成)两部分组成。

3. 分子式索引

分子式索引由分子式(Hill 书写法)、药物名称和药物顺序号组成,按分子式顺序查找。

4. 品名索引

这是从第 12 版起新增的内容,替代了以前的药名交叉索引。该索引由药名及其顺序号组成。检索词可为化学名、普通名、俗名、商品名,也有一部分是衍生物名称,后面提供药名顺序号。

第五章 常用中外文全文数据库

第一节 全文数据库概述

全文数据库一般指期刊全文数据库。期刊全文数据库也称为电子期刊(有的称为电子出版物、网上出版物)数据库。就广义而言,任何以电子形式存在的期刊皆可称为电子期刊。严格地讲,电子期刊是以电子媒体形式产生的,而且是仅能以此媒体获得的期刊。电子期刊是以光盘、网络等为载体,经过信息技术人员加工处理,能运用现代技术检索手段满足信息需求的出版物。电子期刊是一种很好的媒体表现形式,兼具平面与互联网两者的特点,且融入了图像、文字、声音、视频等形式并可相互动态结合呈现给读者,此外还有超链接、及时互动等网络元素。电子期刊包括两种类型:一种是将各种印刷型的期刊通过扫描等计算机处理技术转化为数字格式,以电子方式发行、用计算机阅读和存储的电子出版物。经过数字化处理的电子期刊保留了原有印刷型期刊的所有图、表等,并可进行检索。另一种是原生数字出版物,即从出版时就含有电子文本的电子期刊。

纵观国内外期刊全文数据库市场行情,有以下几个特点:① 编制单位众多。② 内容、形式多种多样。从内容上看,有自然科学、人文科学、社会科学、医学、法律等。从形式上看,收录对象有期刊,也有报纸;有的是全文,更多的则是目次、文摘;有的是印刷版与电子版同时出版,有的则不同步。③ 传递与订购方式多样化。用户既可以购买整本期刊,也可订购某篇文章;既可购买全文服务,也可购买目次、文摘服务;既可集中购买,也可分散订购。而数据库有的是商业性的,有的则是非营利性的。④ 价格模式多样化。同时购买印刷版与电子版,价格优惠;单独购买电子版则无优惠,其价格往往高于印刷版,或不能单独购买电子版;或每卷有一期免费,其他各期需要订购;或订了印刷版,则可免费检索目次、文摘;对个人和图书馆订阅用户有不同价格。⑤ 传递迅速,使用方便。从总体上看,尽管期刊全文数据库方兴未艾,数量逐渐增多,但国内外对其管理尚处于初级阶段,在合理稳定的价格模式,清晰、安全、方便的检索,完好的页面设计,数据的镜像等方面仍存在许多需要完善的地方。

第二节 中文全文数据库

一、中国知网

中国知网(http://www.cnki.net/)(以下简称知网)是由中国学术期刊(光盘版)电子杂志社创办的资源平台,为中国国家知识基础设施(CNKI)工程的重要组成部分,目前已发展成为"CNKI 数字图书馆"。知网可供检索的数据库有中国学术期刊(网络版)(英文简称 CAJD)、中国优秀博硕士学位论文全文数据库、国内外重要会议论文全文数据库、中国国内重要报纸全文数据库、中国年鉴资源全文数据库、中国引文数据库、中国工具书网络出版总库、中国专利数据库及标准数据总库等。其中大多数数据库可免费检索题录,直接点击数据库名称的超级链接即可进入相应的数据库检索。如需获取全文,则要支付相应的费用(图5-1)。

图 5-1 中国知网主页

（一）数据库概况

中国学术期刊(网络版)收录了自 1915 年以来的 8 420 余种核心与专业特色期刊,全文文献总量 6 170 余万篇,分为基础科学、工程科技Ⅰ、工程科技Ⅱ、农业科技、医药卫生科技、哲学与人文科学、社会科学Ⅰ、社会科学Ⅱ、信息科技、经济与管理科学共 10 个专辑,10 个专辑下又分为 168 个专题。医药卫生科技专辑内容包括:预防医学与卫生学、中医学、中药学、中西医结合、基础医学、临床医学、药学、感染性疾病及传染病、外科学、泌尿科学、妇产科学、儿科学等。其检索界面如图5-2所示。分类导航区提供专辑、专题的选择,检索前要先确定检索范围,并选定相应的专辑、专题。

图 5-2 中国学术期刊(网络版)检索界面

(二) 检索途径与方法

1. 一框式检索

一框式检索,顾名思义就是将检索功能浓缩至"一框"中,只要选择相应的检索字段,输入检索词,就能得到相应的检索结果,是一种简单便捷的检索方法(图 5-3)。检索字段包括篇章信息、作者/机构、期刊信息。其中,篇章信息包含主题、篇关摘、篇名、关键词、摘要、小标题、全文、参考文献、基金、中图分类号、DOI;作者/机构包含作者、第一作者、通讯作者、作者单位、第一单位;期刊信息包含期刊名称、ISSN、CN、栏目信息。例如,需要检索篇名包含"结直肠癌"的文献,首先在检索字段选择"篇名",然后在检索框中输入"结直肠癌",就可以得到相应的检索结果。

图 5-3 一框式检索界面

当单个检索词不能满足检索需求时,一框式检索支持多个检索词同时在一个检索字段内检索,此时就需要运用到运算符号。知网中使用的运算符号包括" * "(与)、" + "(或)、" - "(非)及" ' " " " ( ) "等,输入" * "" + "" - "时,前后要空一个字节,优先级须用英文半角括号确定。例如,需要检索主题包含"结直肠癌"和"肠道菌群"方面的文献,首先在检索字段选择"主题",然后在检索框中输入"结直肠癌 * 肠道菌群",就可以得到相应的检索结果。若检索词包含特殊符号,如空格或" * "" + "" - "" ( ) "" / "" % "" = "等,在进行多词组合运算时,须将检索词用英文半角单引号或英文半角双引号引起来。

2. 高级检索

检索的精确度与检索式的复杂程度往往呈正相关,当一框式检索已经不能满足检索需求时,就可以使用高级检索。高级检索的入口就在一框式检索的右侧。高级检索界面如图5-4所示,检索时先选择检索字段,再输入相应的检索词,并可选择逻辑组配。逻辑组配方式有"AND"(逻辑与)、"OR"(逻辑或)、"NOT"(逻辑非),默认为"AND"。可供选择的字段与一框式检索的字段相同,包括主题、篇关摘、篇名、关键词、摘要、小标题、全文、参考文献、基金、中图分类号、DOI等。在检索区中点击检索框后的" + "" - "按钮即可添加或删除检索项,最多支持10个检索项进行组合检索。检索词的匹配方式也可以选择:精确检索为检索结果完全符合设定的检索条件;模糊检索则具有一定的弹性,检索结果大致符合检索条件。需要注意,主题检索只能模糊检索。可以通过限定出版方式、是否扩展、数据库、学科类型来实现精确检索。这些都是一框式检索没有的功能。例如,需要检索篇名包含"肺炎"和"肺癌"且出版年份为2013—2023年度的学术期刊文献,步骤如下:首先在知网首页选择"学术期刊",进入高级检索界面,检索字段选择"篇名",在检索框中输入"肺炎",再选择逻辑运算符"AND",并在检索框中输入"肺癌";在"出版年度"框中选择"2013—2023"。这样就可以检索到相应的结果。

图5-4 高级检索界面及检索结果(一)

也可以直接在检索框内使用运算符构建检索表达式。在检索字段选择"篇名",在检索框内输入"肺炎*肺癌",得到的结果与上述检索方式的结果是一致的(图5-5)。

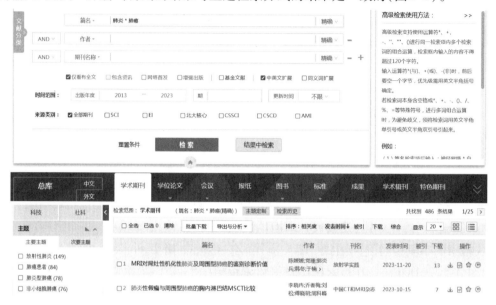

图 5-5　高级检索界面及检索结果(二)

当有检索结果时,会弹出"结果中检索"的选择框,勾选后可进行二次检索。点击题名链接到细阅区可查看当前文献的详细题录信息,包括题名、文摘、作者及出处等各项内容。点击 PDF 格式图标可下载全文(图5-6)。

图 5-6　文献详细题录信息及全文下载

3. 专业检索

专业检索可以直接构造检索式进行检索,经常用在逻辑比较复杂的检索中,检索式中可用的检索项名称见检索框右方的"可检索字段":SU% = 主题,TKA% = 篇关摘,TI% = 篇名,KY = 关键词,AB% = 摘要,CO% = 小标题,FT% = 全文,AU = 作者,等等(图5-7)。

图 5-7　专业检索界面

4. 问答式增强检索

CNKI AI 学术研究助手是大模型时代知网基于 AI 技术驱动的智能化服务,可大幅简化繁复的检索与研究流程,用户仅需以自然语言提问,即可直接、快速获得答案,并可连续追问。这一 AI 助手侧重学术研究方面,不仅会给出相应的回答,同时也会给出所引用的论文资料。进入知网首页,点击检索框右侧的"问答"按钮进入问答式增强检索,直接在检索框输入问题,即可得到相关答案(图5-8)。

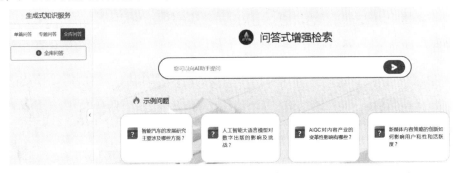

图 5-8　问答式增强检索界面

5. 期刊导航

作为全球最大的中文期刊网站,中国学术期刊(网络版)数据库收录了 8 420 余种重要期刊,内容涵盖基础科学、工程科技、农业、哲学、医学、社会科学等各个领域,收录期刊自 1915 年至今,部分期刊检索范围可回溯至创刊。

用户可直接浏览期刊基本信息,按期查找期刊文章(图5-9)。

(1) 学科导航:按照期刊内容知识进行分类,分为 10 个专辑、178 个专栏。

(2) 卓越期刊导航:中国科技期刊卓越行动计划入选项目,按复合影响因子等排序。

(3) 社科基金资助期刊导航:国家社科基金资助期刊项目,按复合影响因子等排序。

(4) 数据库刊源导航:按收录到国内外其他数据库情况进行分类。

（5）主办单位导航：按期刊主办单位分类。

（6）出版周期导航：按出版周期分类。

（7）出版地导航：按期刊出版地分类。

（8）核心期刊导航：将期刊按核心期刊表进行分类排序。

图 5-9 期刊导航界面

6. 跨库检索

根据需要，用户还可以选择跨库检索（多个数据库同时检索），只要在数据库的名称之前勾选即可（图 5-10）。

图 5-10 跨库检索界面

（三）检索结果输出处理

检索结果页面显示命中文献数、文献篇名、文献作者、文献出处、被引频次、下载频次等信息，可以根据检索目的按照发表时间、被引频次或者下载频次对检索到的文章进行排序。点击文献篇名则打开该文献的文摘格式，点击 HTML 格式图标可以在线阅读全文，点击 CAJ 或 PDF 格式图标即可下载全文。勾选检索结果前面的选择框，点击"导出与分析"后，可选择相应的格式进行预览、打印等处理或将文献导入文献管理软件中（图 5-11 至图 5-13）。

第五章　常用中外文全文数据库

图 5-11　高级检索及结果显示

江苏医药.2023,49(09) 查看该刊数据库收录来源

CT征象对肺结核球与早期周围型肺癌的鉴别诊断价值

李长鸿[1]　王丽丽[2]　陈雀芦[2]　谢品楠[1]

1. 永嘉县人民医院放射科　2. 温州市中心医院放射科

摘要　目的 探讨CT征象对肺结核球与早期周围型肺癌的鉴别诊断价值。方法 回顾性分析34例肺结核球患者(A组)和58例周围型肺癌患者(B组)的CT征象。比较两组患者CT征象，采用多因素logistic回归分析鉴别肺结核球与周围型肺癌患者的CT征象。绘制ROC曲线分析CT征象对周围型肺癌的诊断价值。结果 A组患者CT征象中出现分叶征、毛刺征、棘突、晕征和血管集束征比例均低于B组($P<0.05$)，而卫星征比例高于B组($P<0.05$)。多因素logistic回归分析结果显示，分叶征和卫星征是鉴别肺结核球与周围型肺癌的独立因素($P<0.05$)。ROC曲线分析结果显示，CT征象中钙化、分叶征、毛刺征、棘突、晕征、胸膜凹陷征、卫星征和血管束征联合诊断周围型肺癌的AUC高于仅分叶征、卫星征联合诊断(0.942 vs.0.891)($P<0.05$)。结论 周围型肺癌患者CT征象更易出现分叶征，肺结核球患者CT征象更易出现卫星征。联合多个CT征象分析鉴别诊断早期周围型肺癌与肺结核球价值较高。

关键词　肺结核球；周围型肺癌；计算机断层扫描；

DOI：10.19460/j.cnki.0253-3685.2023.09.010

专辑：医药卫生科技

专题：肿瘤学

分类号：R734.2

图 5-12　全文下载及相似文献推荐

图 5-13　选择预览或打印格式

二、万方数据知识服务平台

万方数据知识服务平台(http://www.wanfangdata.com.cn/)是由北京万方数据股份有限公司开发,涵盖学术期刊、学位论文、会议论文、专利、科技报告、科技成果、标准、法律法规等资源的大型网络数据库(图 5-14)。万方数据知识服务平台整合了数亿条全球优质知识资源,可实现海量学术文献统一发现及分析,并支持多维度组合检索,适合不同用户群研究。

图 5-14　万方数据资源系统主页面

(一) 数据资源

1. 学术期刊

万方数据学术期刊是全文资源,收录自 1998 年以来国内出版的各类期刊 8 000 余种,其中包含北京大学、中国科学技术信息研究所、中国科学院文献情报中心、南京大学、中国社会科学院历年收录的核心期刊 3 300 余种,年增 300 万篇,每天更新,涵盖自然科学、工程技术、医药卫生、农业科学、哲学政法、社会科学、科教文艺等多个学科。论文总数达 15 645 多万篇。

2. 学位论文

万方数据学位论文资源是全文资源,收录自 1980 年以来我国自然科学领域各高等院校、研究生院以及研究所的硕士、博士以及博士后论文共计 620 余万篇,年增 35 万余篇,涵盖基础科学、理学、工业技术、人文科学、社会科学、医药卫生、农业科学、交通运输、航空航天和环境科学等多个学科领域;外文学位论文收录始于 1983 年,累计收藏 60 万余册。

3. 会议论文

万方数据会议论文资源是全文资源,包括中文会议和外文会议论文资源。中文会议论文收录始于 1982 年,年收集 3 000 多个重要学术会议论文资源,年增 10 万篇论文,每月更新;外文会议主要来源于国家科技图书文献中心(NSTL)外文文献数据库,收录了自 1985 年以来世界各主要学/协会、出版机构出版的学术会议论文,共计1 100余万篇(部分文献有少量回溯)。

4. 专利

万方数据专利资源是全文资源,主要来源于中外专利数据库。其中,中国专利收录始于1985年,目前共收录中国专利4 060余万条,年增量300万条,数据与国家知识产权局保持同步,包含发明专利、外观设计和实用新型三种类型,准确地反映中国最新的专利申请和授权状况;国外专利1.1亿余条,年增量1 000万余条,收录范围涉及11个国家、2个组织及2个地区,内容涵盖自然科学各个学科领域。

5. 科技报告

万方数据科技报告资源包括中文科技报告资源和外文科技报告资源。中文科技报告来源于中华人民共和国科学技术部,收录始于1966年,共收录中文科技报告10万余份;外文科技报告来源于美国政府四大科技报告体系(国防部AD报告、能源部DE报告、航空航天局NASA报告、商务部PB报告),收录始于1958年,共收录外文科技报告110万余份。

6. 科技成果

万方数据科技成果资源是题录资源,主要来源于中国科技成果数据库,收录了自1978年以来国家和地方主要科技计划、科技奖励成果,以及企业、高等院校和科研院所等单位的科技成果信息,涵盖新技术、新产品、新工艺、新材料、新设计等众多学科领域,共计64万余条,年增量1万条以上。

7. 标准

万方数据标准资源是题录资源,主要来源于中外标准数据库,收录了所有的中国国家标准(GB)、中国行业标准(HB)以及中外标准题录摘要数据,共计200余万条。其中,中国国家标准全文数据内容来源于中国质检出版社,中国行业标准全文数据收录了机械、建材、地震、通信标准以及由中国质检出版社授权的部分行业标准,中外标准题录摘要数据内容来源于中国标准化研究院。

8. 法律法规

法律法规资源是全文资源,主要由国家信息中心提供,收录始于1949年,共计150余万条。其信息来源权威、专业,涵盖了国家法律、行政法规、部门规章、司法解释以及其他规范性文件。

9. 其他

知识服务平台还包含地方志、视频等资源,在平台首页"数字图书馆"版块中可进行查看。地方志资源记载了某一时期、某一地域的自然、社会、政治、经济、文化等方面情况或特定事项的书籍文献。万方视频是以科技、教育、文化为主要内容的学术视频知识服务系统,现已推出高校课程、学术讲座、学术会议报告、考试辅导、就业指导、医学实践、管理讲座、科普视频等精品视频共计3万余部。

(二)检索途径与方法

1. 一框式检索

万方知识服务平台首页默认的检索方式为一框式检索,即在检索框左侧选择资源类型,包括期刊、学位、会议、专利、科技报告、成果、标准等。在检索框内直接输入检索词或检索式即可进行检索,操作十分便捷,但是检索到的结果可能是海量的。用户还可以通过限定检索、精确检索或逻辑检索等方式提升检索结果的精准度。

限定检索是通过限定检索字段进行检索,用"字段名+冒号"的方式进行字段限定,检索字段可以选择题名、关键词、摘要、作者或作者单位等。例如,检索题名包含"急性淋巴细胞白血病"的文献,检索式为"题名:急性淋巴细胞白血病"。用户也可以输入其他检索式进行检索,如"标题:急性淋巴细胞白血病""题目:急性淋巴细胞白血病""题:急性淋巴细胞白血病""篇名:急性淋巴细胞白血病""t:急性淋巴细胞白血病""title:急性淋巴细胞白血病"。

直接输入检索词进行检索是模糊检索,模糊检索会对输入的内容进行拆分,查找的信息较为全面。如果需要查找更精确的信息,可以使用精确检索。精确检索不对输入的内容进行拆分,将检索词作为一个整体进行检索,通过对检索词加双引号""""进行限定。例如,需要查找"非小细胞肺癌"相关的文献,检索式"非小细胞肺癌"为模糊检索,加上双引号""非小细胞肺癌""即为精确检索。

逻辑检索是使用逻辑运算符"and"(与)、"or"(或)、"not"(非)进行检索。其中,"and"可以用空格代替。例如,需要查找"经动脉化疗栓塞术"和"肝癌"方面的文献,检索式为"经动脉化疗栓塞术 and 肝癌"或"经动脉化疗栓塞术(空格)肝癌"。

2. 高级检索

高级检索可以同时跨库检索多种资源类型,包括学术期刊、会议论文、专利、中外标准、科技成果、法律法规等文献类型,并提供了更多检索字段。例如,学术期刊还可以支持主题、题名、关键词、摘要、第一作者、DOI、中图分类号、基金、ISSN等字段检索。高级检索通过逻辑运算符("与""或""非")对输入的多个检索词进行精确或模糊检索,更精准地查找所需要的文献资源。另外,高级检索还可以支持中英文扩展以及主题词扩展,使得检索结果更加丰富。

例如,需要查找"卒中"相关的期刊论文。首先选择文献类型为"学术期刊";然后在"主题"字段中输入"卒中",再选择逻辑运算符"或",并输入其他相关词"中风、脑梗死、脑血管意外"等,就可以精准检索到所需要的结果(图5-15)。

第五章　常用中外文全文数据库

图 5-15　高级检索界面及检索结果（一）

也可以直接在检索框内使用运算符构建检索表达式，检索字段选择"主题"，检索框内输入"卒中 or 中风 or 脑梗死 or 脑血管意外"与上述检索方式的结果是一致的（图 5-16）。

图 5-16　高级检索界面及检索结果（二）

3. 专业检索

专业检索是指使用运算符和检索词构造检索式进行检索。专业检索需要自主输入语法正确的检索式。另外，专业检索里还有一个非常实用的功能——推荐检索词，如果对需要检索的检索词不太确定,可以使用"推荐检索词"功能,只需要输入一段相关的文本,点击"提取检索词",系统就会推荐规范的检索词(图5-17)。

图5-17 专业检索界面

4. 分类检索

(1)学术期刊检索。

点击主页面的"学术期刊"链接,进入学术期刊首页,该页面提供学科导航浏览、基本检索和高级检索功能(图5-18)。基本检索状态下有"论文检索"和"刊名检索"选项。进入高级检索页面还有"专业检索"与"作者发文检索"的选择(图5-19)。

图5-18 学术期刊首页

第五章 常用中外文全文数据库

图5-19 学术期刊高级检索界面

（2）学位论文检索。

学位论文检索提供基本检索、高级检索、学科专业分类导航、专业导航和授予单位导航功能（图5-20）。下面重点介绍后四项。

图5-20 学位论文检索界面

① 高级检索界面提供主题、题名、作者、作者单位、关键词、摘要、专业、学位授予单位、导师、学位等检索字段，以便进行多条件限定检索。

② 学科分类导航分为马克思主义、列宁主义、毛泽东思想、邓小平理论，哲学、宗教，社会科学总论，政治、法律，军事，经济，文化、科学、教育、体育，语言、文字，文学，艺术，历史、地理，自然科学总论，数理科学和化学，天文学、地球科学，生物科学，医药、卫生，农业科学，工业技术，交通运输，航空、航天，环境科学、安全科学，综合性图书等大类，点击大类名称后可逐级细览相关内容。

③ 专业导航分为哲学、经济学、法学、教育学、文学、历史学、理学、工学、农学、医学、军事学和管理学十二个大类，点击大类名称后有小类可逐级细览。

④ 授予单位导航按31个省（市）名称分类，点击省（市）名称后系统自动列出该地区的

169

学校名称,点击某一学校,系统自动检出属于该校的学位论文,然后可按大类查找相关论文。

(3) 学术会议论文检索。

学术会议论文提供基本检索、高级检索、学科会议分类导航和会议主办单位分类导航功能(图5-21)。其中,高级检索界面提供主题、题名、作者、作者单位、关键词、摘要、会议名称、主办单位等检索字段。

图5-21 学术会议论文检索

(三) 检索结果输出处理

检索结果页面显示检索式、命中文献数及文献题名、文摘、文献出处等信息。点击"在线阅读"图标可直接浏览全文,点击"下载"图标即可下载全文,点击文献题名则进入详细浏览界面,同时提供参考文献及引证文献的信息(图5-22)。

需要导出多篇文献信息时,可勾选检索结果前面的选择框,点击"批量引用"进行选择性输出或者将选中的文献导入文献管理软件中(图5-23)。

图5-22 检索结果页面

第五章 常用中外文全文数据库

图 5-23　检索结果批量导出

三、维普中文期刊服务平台

维普中文期刊服务平台（http://qikan.cqvip.com/）源自中文科技期刊数据库，是国内综合性文献数据库，由重庆维普公司从 1989 年开始建设。数据库收录自 1989 年以来的自然科学、医药卫生、工程技术等多种学科期刊 15 000 余种，其中现刊 9 000 余种，核心期刊近 2 000 种，收录文献总数 7 000 余万篇，中心网站每日更新。每篇文献按照《中国图书馆分类法》分类，文献划分为社会科学、经济管理、图书情报、教育科学、自然科学、医药卫生、农业科学和工程技术 8 个专辑。

（一）检索主页

中文期刊服务平台检索系统的检索界面是很简洁的一键式检索界面（图 5-24）。

图 5-24　中文期刊服务平台检索界面

（二）检索途径与方法

1. 一框式检索

一框式检索是最基本的检索方法，只要在首页检索框中输入检索词，选择相应的检索字段并点击"检索"，就可得到相应的检索结果。检索字段包括任意字段、题名或关键词、题名、关键词、摘要、作者、第一作者、机构等十余个检索字段。

2. 二次检索

二次检索是指在一框式检索结果的基础上进行"在结果中检索"或者"在结果中去除"操作。检索字段包括题名、关键词、摘要、作者、第一作者、机构、刊名、分类号等十余个检索字段。点击命中文献的题名即可链接下载全文。

3. 高级检索

高级检索是一种更丰富的检索方式,在高级检索模式下有两种检索方法:向导式检索和检索式检索。

(1) 向导式检索。

系统提供三个检索词输入框供用户选择三个字段进行逻辑组配检索(图 5-25)。系统默认的三个字段为题名或关键词、摘要和作者,用户可以对每个检索词分别设定检索字段。检索字段间的逻辑组配有"与""或""非",默认为"与",用户可根据需要选择运算方式。操作顺序由上而下进行。用户可以通过时间范围限定、期刊范围限定、学科范围限定来调整检索的数据范围;还可以选择"精确"和"模糊"两种匹配方式,选择是否进行"中英文扩展"和"同义词扩展",通过更多的检索前条件限定,获得最佳的检索结果。

图 5-25 高级检索中的向导式检索界面

(2) 检索式检索。

在检索框中直接输入检索词、字段标识符、逻辑运算符等,点击"时间限定"或"期刊范围"并进行限定后点击"检索"即可进行检索式检索。字段标识符包括:U = 任意字段,M = 题名或关键词,K = 关键词,A = 作者,C = 分类号,S = 机构,J = 刊名,F = 第一作者,T = 题名,R = 摘要。逻辑运算符包括:"AND"(逻辑"与")、"OR"(逻辑"或")和"NOT"(逻辑"非")(图 5-26)。

第五章 常用中外文全文数据库

图 5-26 高级检索中的检索式检索界面

4. 期刊导航

期刊导航支持按刊名字顺或学科类别对所收录的期刊进行浏览,也可通过刊名或刊号(ISSN)查找某一特定期刊(图 5-27),并可按期查看该刊所发表的文献,同时可下载所需文献的题录、摘要或全文。期刊列表页面上提供的期刊信息有刊名、简介、主办单位、ISSN、CN、出版周期等。如果是核心期刊或者 CSSCI 收录期刊,在刊名旁边会有相应的标记。图 5-28 是以"苏州"为刊名的检索结果,有 22 种期刊被收录。

图 5-27 期刊导航界面

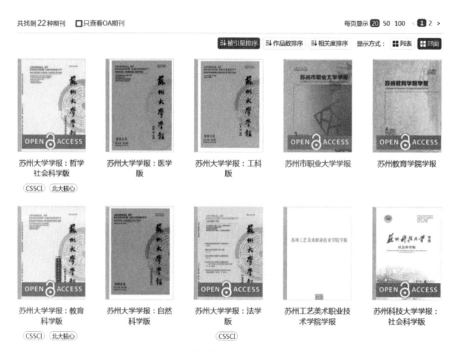

图 5-28 以"苏州"为刊名的期刊检索结果

（三）检索结果输出处理

检索结果页面显示检索式、命中文献数及文献题名、文献作者、文献出处等信息。用户可根据需要选择文摘、详细或列表三种不同的显示格式。点击文献信息下方的"在线阅读"图标可直接浏览全文，点击"下载 PDF"图标即可下载全文（图 5-29）。

图 5-29 检索结果输出处理

第五章 常用中外文全文数据库

勾选检索结果前面的选择框,可以对已勾选内容进行题录导出、全文下载和计量分析,支持的导出格式为参考文献、文本、查新格式、XML、NoteExpress、Refworks、EndNote、Note First、自定义导出、Excel 导出(图 5-30)。

图 5-30 文献导出格式

第三节 外文全文数据库

一、Ovid 数据库

Ovid 数据库由 Ovid 技术公司(Ovid Technologies Inc.)提供,该公司是全球著名的数据库提供商。Ovid 数据库收录了 60 多家出版商所出版的超过 1 000 种科技及医学期刊的全文。其中,Lippincott Williams & Wilkins(LWW)是世界第二大医学出版社。

Ovid 数据库的检索方法类似于 MEDLINE 数据库(参见本书第三章第三节)。Ovid 检索界面如图 5-31 所示。

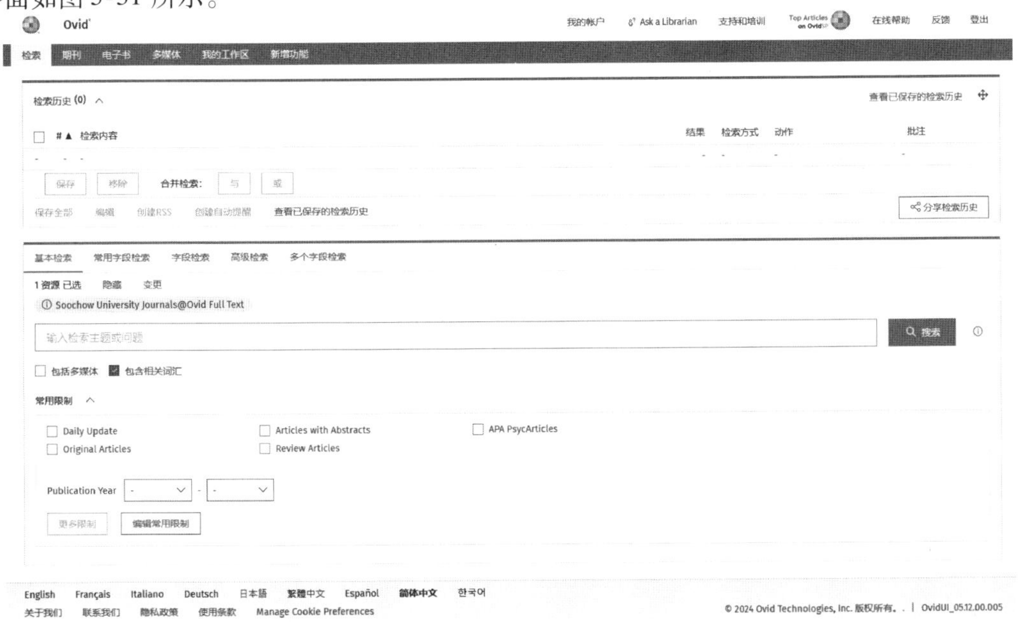

图 5-31 Ovid 数据库检索界面

二、EBSCO 数据库

EBSCO 数据库由 EBSCO 公司提供。该公司是研究数据库、电子期刊、电子订阅管理、图书收藏开发和采购管理的领先提供商,也是图书馆技术、电子书和临床决策解决方案的主要提供商。

（一）EBSCO 数据库概况

EBSCO 数据库包含学术期刊集成（Academic Search Ultimate，ASU）、商业资源集成（Business Source Ultimate，BSU）、教育资源信息中心（Educational Resource Information Center，ERIC）等数据库,可根据需要选择相应的数据库（图 5-32）。

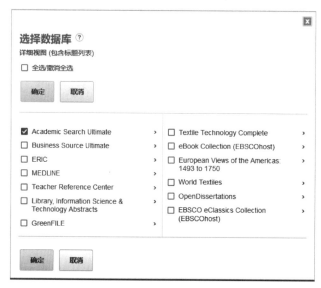

图 5-32　EBSCO 数据库选择界面

（1）ASU 数据库：目前 EBSCO 数据库中最大的全文期刊数据库,涵盖的学科包括生物科学、工程技术、社会科学、心理学、教育、法律、医学、语言学、人文、信息科技、通信传播、公共管理、历史学、计算机科学、军事、文化、健康卫生医疗、哲学、艺术、视觉传达、表演、哲学、各国文学等,同时收录使用亚洲、大洋洲、欧洲及拉丁美洲等地数千种语言出版的全文期刊,涉及 80 多个国家。ASU 数据库收录了 19 486 种期刊的索引及摘要,提供 13 515 种全文期刊。其中,9 795 种为持续收录的全文期刊,9 082 种为持续收录且经过同行评审的全文期刊,7 027 种为持续收录且经过同行评审无延时的全文期刊,5 533 种为可在 Web of Science 或 Scopus 中索引到的持续收录的全文期刊。收录年限为 1887 年至今。

（2）BSU 数据库：目前 EBSCO 数据库中最完整的商管财经全文数据库,收录 7 550 多种期刊索引及摘要,提供 5 994 种全文期刊。其中,3 512 种为持续收录的全文期刊,2 410 种为持续收录且经过同行评审的全文期刊,1 759 种为持续收录且经过同行评审无延时的全文期刊,1 171 种为可在 Web of Science 或 Scopus 中索引到的持续收录的全文期刊。收录年限为 1886 年至今。

第五章 常用中外文全文数据库

（3）ERIC 数据库：权威的教育文献和资源索引全文数据库。该数据库由美国教育部教育科学研究所赞助，是各种教育研究人员的必要工具。ERIC 数据库收录了成千上万种全文文档的记录和链接，包括各种来源的记录，如期刊文章、书籍、会议论文、课程指南、论文和政策论文等。收录内容包括 1 900 000 条记录，590 000 条全文文档链接。收录年限为 1907 年至今。

（二）EBSCO 数据库检索

EBSCO 数据库中，ASU 数据库收录的范围较全并提供全文服务，下面以该库为例进行检索介绍。进入 ASU 数据库后，系统提供的检索界面有基本检索、高级检索。

1. 基本检索

在检索框内输入检索词、词组、字段代码或检索运算符。检索词之间有"and""or""not"三种运算，系统默认检索词之间的空格为"and"的逻辑运算。点击"检索选项"则显示"检索模式""限制结果"选择框供用户选择（图 5-33）。

图 5-33　EBSCO 基本检索界面

2. 高级检索

高级检索界面分三个区：主检索区、检索模式选择区、检索限定区。在高级检索状态下，可选择多个检索词和多个字段进行检索，支持逻辑运算。同时，可通过检索模式区和检索限定区对检索条件和检索结果进行相关限定（图 5-34）。

图 5-34　高级检索界面

(三) 检索结果处理

检索结果的显示有简要显示和全文显示(图 5-35)。简要显示包括命中文献的题名、作者、文摘、文献出处、相关图表、全文显示链接等,同时可对检索结果进行精确处理。点击"PDF 全文"图标可浏览或打印、下载全文。若该文章有"HTML 全文"图标,可以实现翻译、朗读功能,并且朗读时可选择不同国家口音。

图 5-35 检索结果显示及相关信息

三、Elsevier 出版集团 ScienceDirect 全文数据库

Elsevier 是荷兰的国际化多媒体出版集团,主要为科学家、研究人员、学生、医学及信息处理的专业人士提供信息产品和革新性工具。ScienceDirect 全文数据库是 Elsevier 集团的核心产品,自 1999 年开始向用户提供电子出版物的全文在线服务,包括该集团所属的 4 900 多种同行评议期刊和 35 381 种系列丛书、手册及参考书等,学科范围涉及物理学与工程学、生命科学、健康科学、社会科学与人文科学 4 大领域,数据最早可回溯至 1823 年。其数据库主界面如图 5-36 所示。

图 5-36 ScienceDirect 主界面

（一）收录内容

ScienceDirect 全文数据库收录了包括物理科学与工程学、生命科学、健康科学、社会科学与人类学 4 大领域、24 个大类的内容。

1. Physical Sciences and Engineering（物理科学和工程学）

Chemical Engineering（化学工程）

Chemistry（化学）

Computer Science（计算机科学）

Earth and Planetary Sciences（地球与天体科学）

Energy（能源）

Engineering（工程）

Materials Science（材料科学）

Mathematics（数学）

Physics and Astronomy（物理与天文学）

2. Life Sciences（生命科学）

Agricultural and Biological Sciences（农业与生物科学）

Biochemistry, Genetics and Molecular Biology（生物化学、遗传学与分子生物学）

Environmental Science（环境科学）

Immunology and Microbiology（免疫学与微生物学）

Neuroscience（神经科学）

3. Health Sciences（健康科学）

Medicine and Dentistry（医学与牙科学）

Nursing and Health Professions（护理与卫生专业）

Pharmacology, Toxicology and Pharmaceutical Science（药理学、毒理学与制药学）

Veterinary Science and Veterinary Medicine（兽医学）

4. Social Sciences and Humanities（社会科学与人类学）

Arts and Humanities（艺术与人文科学）

Business, Management and Accounting（商业、管理与会计学）

Decision Sciences（决策科学）

Economics, Econometrics and Finance（经济学、财经与金融）

Psychology（心理学）

Social Sciences（社会科学）

（二）检索方法

1. Journal & Book（期刊和图书）

点击"Journal & Book"即可浏览数据库中收录的所有期刊和图书，显示方式为按字顺和按学科分类排列的刊名列表，可通过学科字顺或分类列表逐层点击，直至获得所需的期刊论文。也可在字顺列表上方的快速检索框中输入检索词并选择字段范围进行快速检索（图 5-37 至图 5-39）。

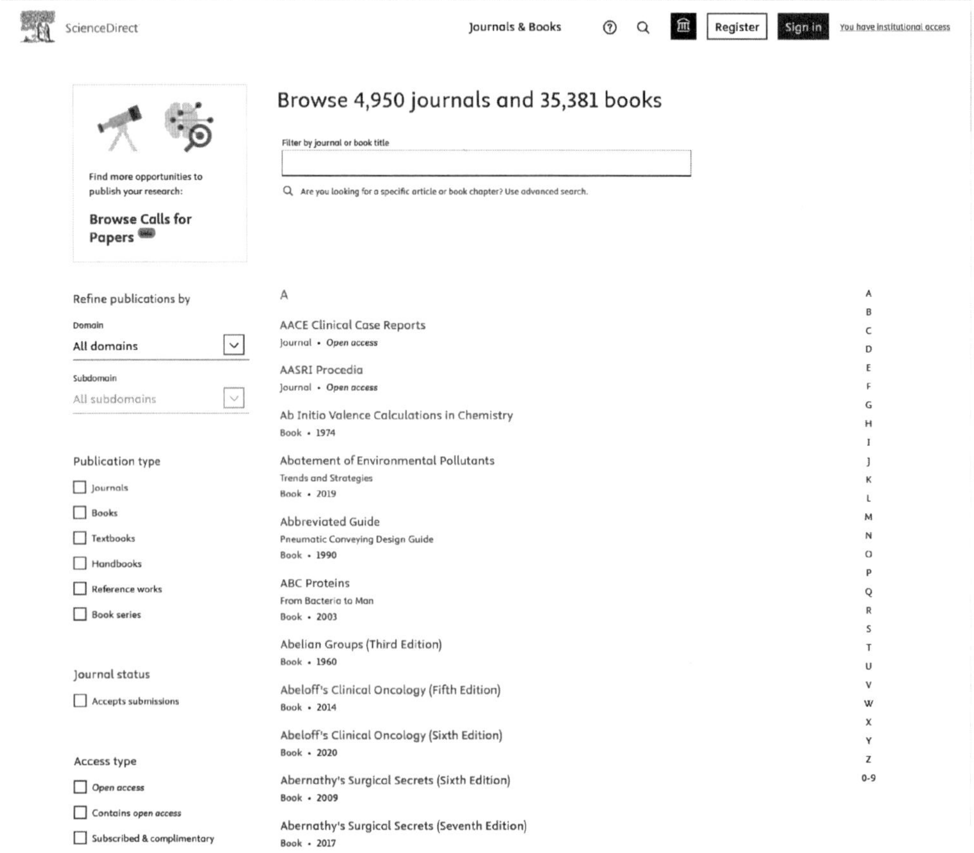

图 5-37　ScienceDirect 全文数据库期刊和图书检索

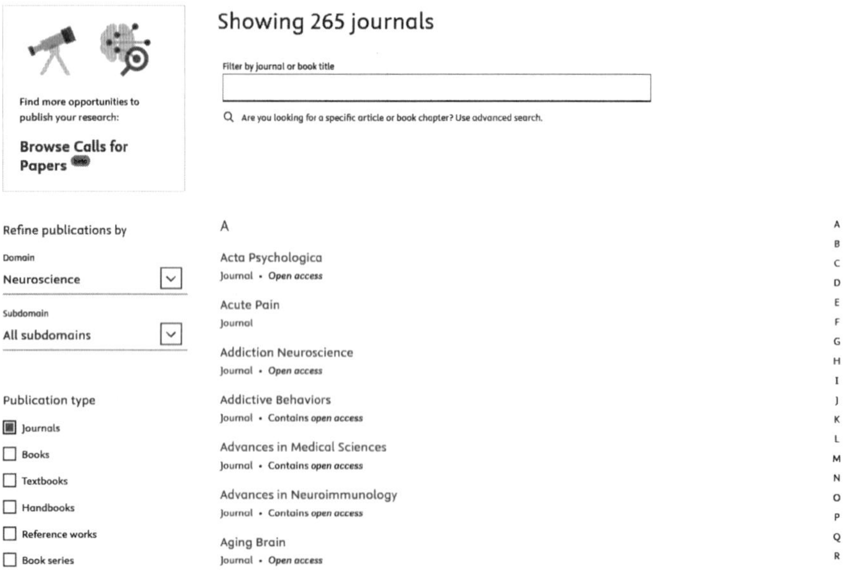

图 5-38　神经科学大类期刊列表（部分）

第五章　常用中外文全文数据库

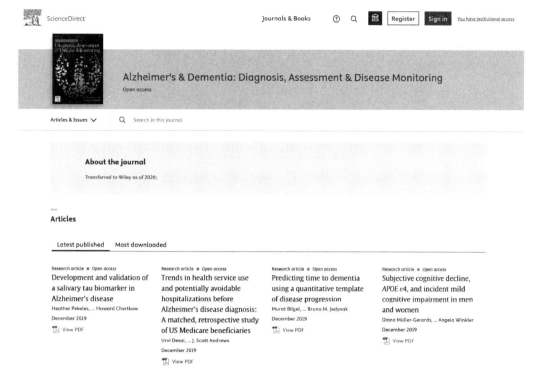

图 5-39　期刊的详细记录

2. Search(检索)

"Search"出现在首页和 ScienceDirect 全文数据库的任何一个界面上方,以方便进行检索,在"Enter search term"框中输入检索词并选择字段范围后,可进行简单检索。可选字段范围为:terms(关键词)、author(作者)、journal/book title(论文/图书题名)(图 5-40)。

图 5-40　ScienceDirect 全文数据库检索页面

3. Advanced Search(高级检索)

点击"Advanced Search"进入高级检索,默认的高级检索界面如图 5-41 所示。高级检索可在全文范围内进行检索,也可在题名、作者、作者单位、年卷期页、ISSN/ISBN 以及参考文献中分别进行检索,还可以勾选文章的类型。高级检索支持采用逻辑关系("AND""OR" "NOT")进行逻辑检索。

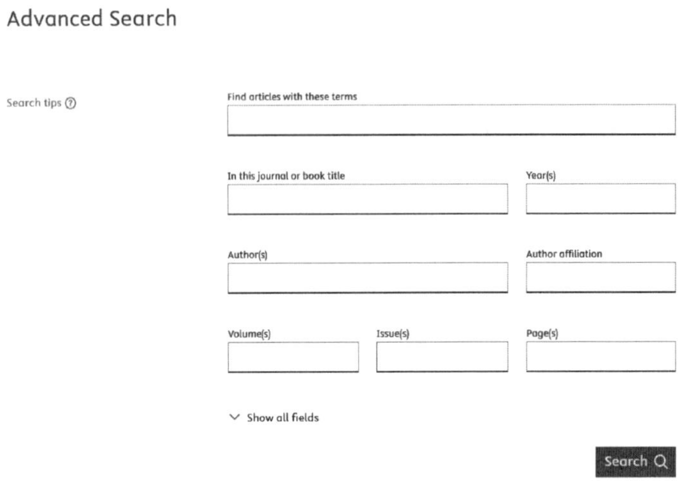

图 5-41　ScienceDirect 全文数据库高级检索界面

4. 关于检索式

ScienceDirect 支持逻辑运算、精确检索、拼写词检索等多种复合、通配检索形式，简介如下。

（1）逻辑运算：检索式中可以用"AND"（与）、"OR"（或）、"NOT"（非）确定检索词之间的关系，系统默认为"AND"。输入逻辑运算符时应用大写。

（2）精确检索：用" " "（西文状态下的引号）标注的检索式表示完全匹配的检索，相当于固定短语检索。

（3）拼写词检索：使用"TYPO[ ]"形式，可进行同一词义、不同拼写词的检索。例如，用"TYPO[fibre]"也可检索到"fiber"。

（三）检索结果输出

在检索结果输出界面中，中部有检索式、数据库、命中文献数的说明（图 5-42）。每条记录依次有文献题名、出处、著者、简短的摘要、题录页链接和 PDF 格式的全文链接。

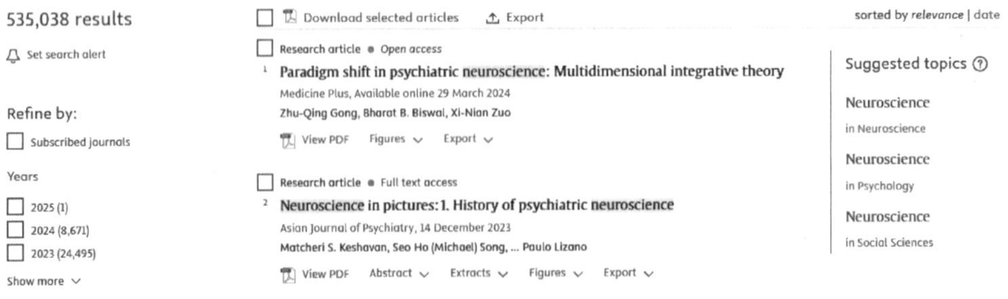

图 5-42　ScienceDirect 全文数据库检索结果输出界面

四、SpringerLink 平台 Kluwer 电子期刊

德国施普林格·自然（Springer Nature）集团（由施普林格集团与麦克米伦出版社于 2015

年合并设立)是世界上著名的科技出版集团,其提供的 SpringerLink 是全球最大的在线科学、技术和医学(STM)领域学术资源平台,也是全世界各家图书馆最受欢迎的产品。从 2002 年 7 月开始,该集团在中国开通了 SpringerLink 服务。

SpringerLink 所有资源划分为 12 个学科:建筑学、设计和艺术;行为科学;生物医学和生命科学;商业和经济;化学和材料科学;计算机科学;地球和环境科学;工程学;人文、社科和法律;数学和统计学;医学;物理和天文学。

Kluwer 出版集团出版的电子期刊现已被合并至 SpringerLink 平台,可以通过 SpringerLink 访问这些期刊。Kluwer 是由荷兰鲁维尔学术出版集团(Kluwer Academic Publisher)提供的高品位学术期刊平台,收录 800 多种期刊、涵盖 24 个学科。

1. 检索方法

可通过在检索框中输入关键词或作者姓名查找相关文献(图 5-43)。

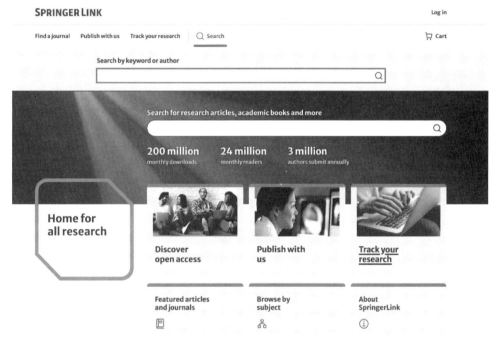

图 5-43　SpringerLink 平台检索页面

2. 查找期刊

点击"Find a journal"可浏览数据库中收录的所有期刊和图书,显示方式为按字母顺序排列的刊名列表(图 5-44),也可输入具体刊名检索相应期刊(图 5-45)。

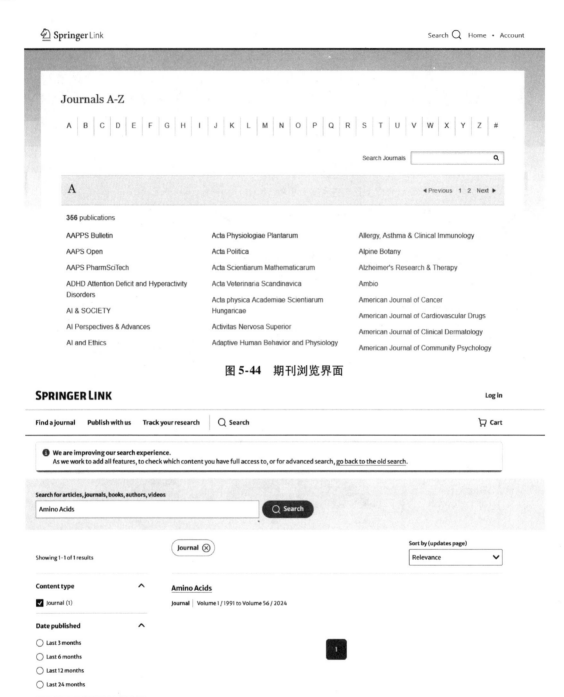

图 5-44　期刊浏览界面

图 5-45　期刊检索结果页面

五、Wiley Online Library 电子期刊全文数据库

（一）Wiley Online Library 电子期刊全文数据库概况

Wiley Online Library（WOL）是全球历史最悠久、最知名的学术出版商之一，拥有世界第

一大独立的学/协会出版商和第三大学术期刊出版商地位的约翰·威利父子出版公司(John Wiley & Sons, Inc.)(以下简称 Wiley 公司),于 2010 年 8 月正式向全球推出的电子资源平台。作为全球最大、最全面的经同行评审的科学、技术、医学和学术研究的在线多学科资源平台之一,Wiley Online Library 涵盖了生命科学、健康科学、自然科学、社会与人文科学等学科领域,收录期刊 1 700 余种。其数据库主界面如图 5-46 所示。

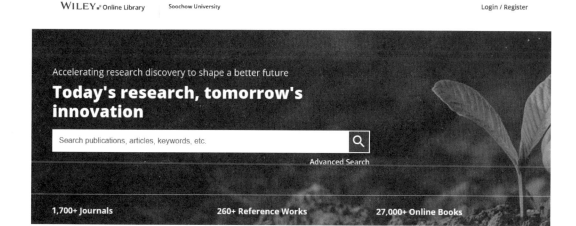

图 5-46　Wiley Online Library 电子期刊全文数据库主页

(二) Wiley Online Library 电子期刊全文数据库检索

1. 基本检索(Search)

主页提供一个检索词输入框,输入检索词后可在该库所有文献类型的全部字段中进行检索。

2. 高级检索(Advanced Search)

点击"Advanced Search"进入高级检索界面,该界面提供三个检索词输入框(可增加)和字段选择下拉菜单,通过逻辑运算进行检索(图 5-47)。

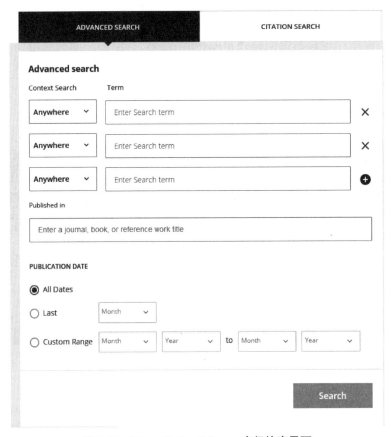

图 5-47　Wiley Online Library 高级检索界面

在高级检索界面点击"CITATION SEARCH"进入引文检索界面,可根据期刊(Journal)、年(Year)、卷(Volume)、期(Issue)、页(Page)、文章编号(Article ID)进行引文检索(图 5-48)。

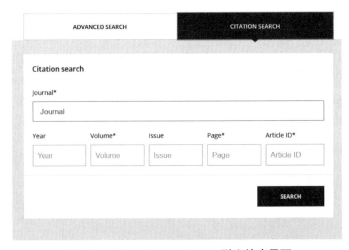

图 5-48　Wiley Online Library 引文检索界面

3. 主题检索

主页提供了"主题"(Subjects)选项,可以在主页上浏览该数据库的 17 个主题大类,并可进一步查看子类,再次点击可显示命中的出版物名称列表,点击具体刊物即可逐期查找相关文献(图 5-49)。

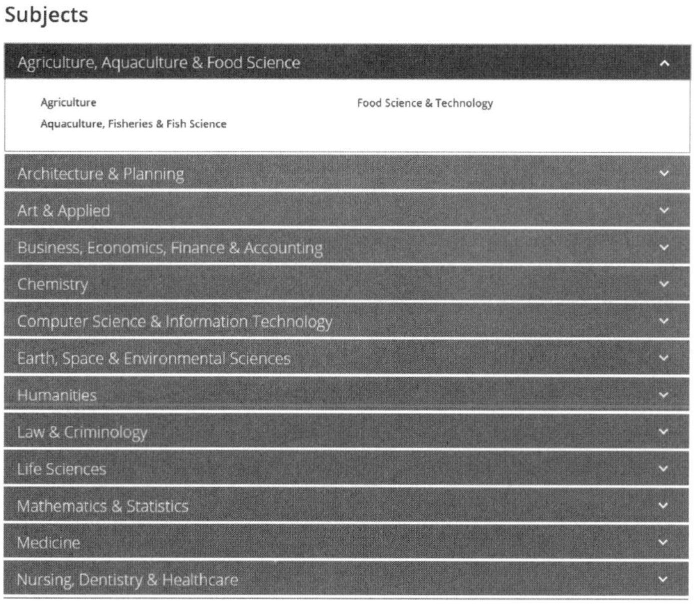

图 5-49 Wiley Online Library 主题浏览界面

六、PQDT 博硕士论文全文数据库

PQDT 博硕士论文(ProQuest Dissertations and Theses)全文数据库是美国 ProQuest 公司出版的博硕士论文数据库,也是目前世界上唯一提供全球高质量学位论文的数据库。该数据库收录了从 1734 年至今的论文,主要包括来自欧美等地区 60 多个国家、4 100 余所高校的 550 多万份学位论文,以及学术期刊、书籍、会议文件和会议记录、工作底稿等。

(1) ProQuest 检索平台(图 5-50):可进行基本检索、高级检索及出版物检索(图 5-51、图 5-52)。

图 5-50 ProQuest 检索平台

图 5-51　高级检索页面

图 5-52　出版物检索页面

（2）国外学位论文中国集团全文检索平台：该平台是 PQDT 博硕士论文全文数据库的全球内容授权经销商——北京中科进出口有限责任公司推出的国内服务站点。该平台可以共享访问的全文论文已经超过 101 万篇，涵盖文、理、工、农、医等高质量的学术研究领域，除了包括 PQDT 博硕士论文全文数据库国内服务站点收录的全部学位论文的全文外，还包括原 PQDT A/B 文摘索引数据库中的全部内容。

国外学位论文中国集团全文检索平台如图 5-53 所示。

第五章　常用中外文全文数据库

图 5-53　PQDT 博硕士论文全文数据库国内服务站点检索主页

在检索结果页面,可根据有无全文进行筛选,并可按照学科、论文来源(学校/机构)、论文语言进行筛选,论文的发表年度筛选支持柱状图、拖拉条、自定义年度三种筛选方式(图 5-54)。

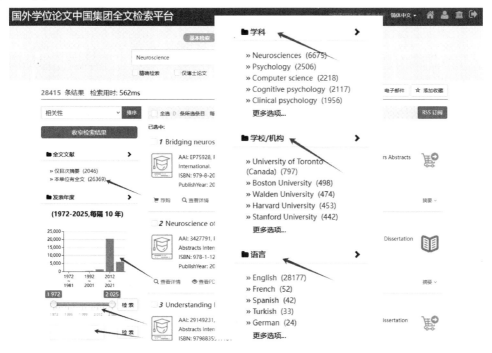

图 5-54　检索结果页面

高级检索支持标题、摘要、作者、导师、学校/机构、学科、ISBN、论文编号等筛选条件,可使用"AND""OR"逻辑运算符限定检索条件(图 5-55)。

189

图 5-55 高级检索界面

该平台还支持分类导航。"按主题分类"中按学科首字母升序排列,点击一级学科前方"+"号可展开所有二级学科(图 5-56);"按学校分类"中按学校首字母升序排列,点击学校前方"+"号,可打开学院列表,精准定位论文来源(图 5-57)。

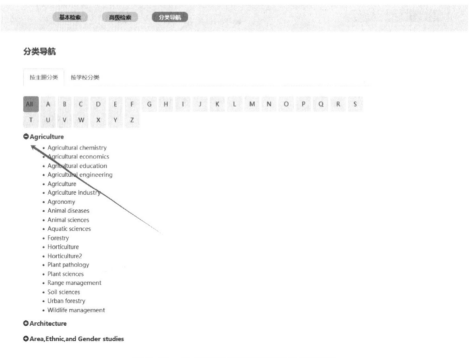

图 5-56 分类导航页面按主题分类页面

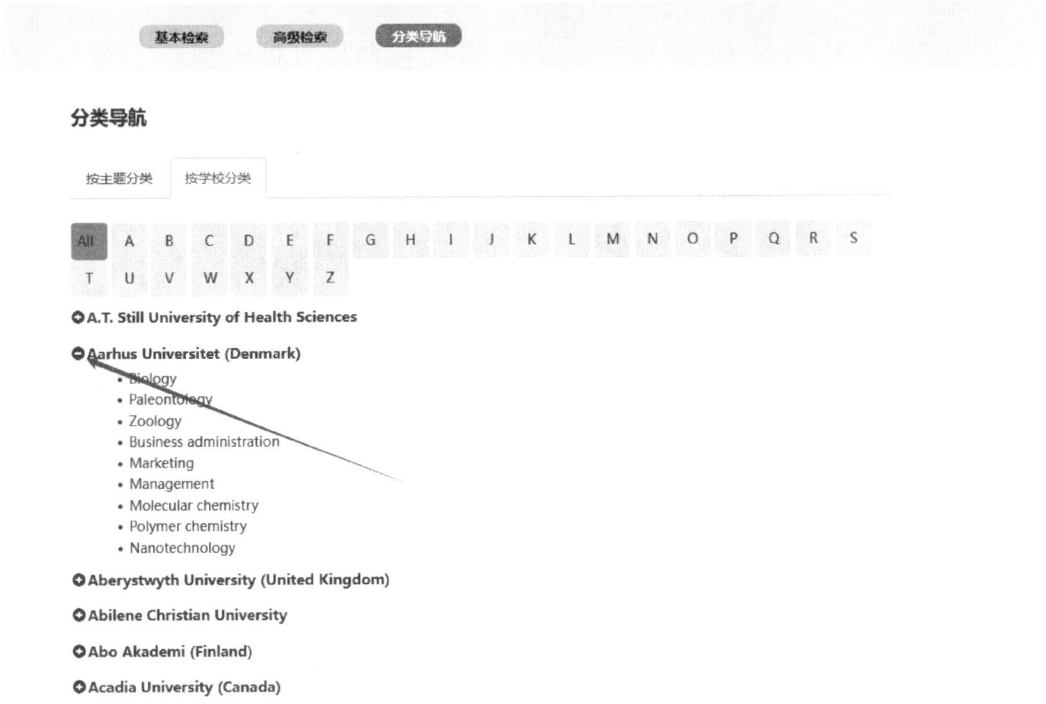

图 5-57　分类导航页面按学校分类页面

第四节　电子书数据库

一、中文电子图书数据库

1. 超星汇雅电子图书

超星汇雅电子图书是拥有海量资源的电子图书数字图书馆,目前电子图书总量超过100万种,涵盖中图法22个大类,在全国拥有20多个数字化加工中心,每年的新增图书超过10万种。同时,超星汇雅电子图书拥有来自全国1 000多家专业图书馆的大量珍本、善本、民国图书等稀缺文献资源。

超星汇雅电子图书首页的搜索框可直接输入检索词,按书名进行检索(图5-58)。在二级页面可切换检索类别,定位到书名、作者、目录或全文中,然后点击搜索,将在海量的图书数据资源中进行查找。

图 5-58　超星汇雅电子图书首页

在二级页面,点击"高级检索",可按照"书名""作者""主题词""分类""中图分类号""年代"等字段精准定位需要的图书(图 5-59)。

第五章　常用中外文全文数据库

图 5-59　超星汇雅电子图书高级检索页面

2. 科学文库

科学文库是由中国科技传媒股份有限公司（科学出版社）发行的电子书数据库，是以收集高质量学术专著和教材为主的电子书平台。该平台以全学科知识服务为特色，收录了众多获奖作品、各学科领域经典图书、知名专家著作、系列重点丛书等高质量专业知识内容。科学文库以服务教育科研机构的专业人员为宗旨，提供专业优质的数字图书资源和高效便捷的知识服务，可满足各个层次的专业人士和广大用户对权威、经典的科技知识的使用需求，从而有效支撑科学知识水平提高、相关学科建设和人才培养（图 5-60）。

科学文库的检索方式有普通检索和高级检索两种。

图 5-60 科学文库首页

（1）普通检索：可以先设定检索条件（"关键字"或"全文"），然后在检索框中输入关键字。科学文库支持多个检索词检索（检索词间以空格隔开），如"生物 化学 DNA"（图 5-61）。

图 5-61 科学文库普通检索页面

普通检索功能如图 5-62 所示。

① 关键字检索是在书名、作者、简介、ISBN、丛书名、附注（包括基金资助等信息）中进行检索，全文检索是对平台中所有电子书的全文内容进行检索。

② 可以通过"出版日期降/升序""图书名称""作者"对检索结果进行排序。

③ 可以在左侧功能区设定"仅显示有全文权限"，检索结果列表将显示有全文权限的电子书资源。

④ 可以在左侧功能区通过"学科""图书类型""出版时间"等条件对检索结果进行二次筛选，以缩小检索范围。

⑤ 可以在左下方选择"在结果中检索"。

⑥ 可以将检索结果以 EXCEL 格式导出。

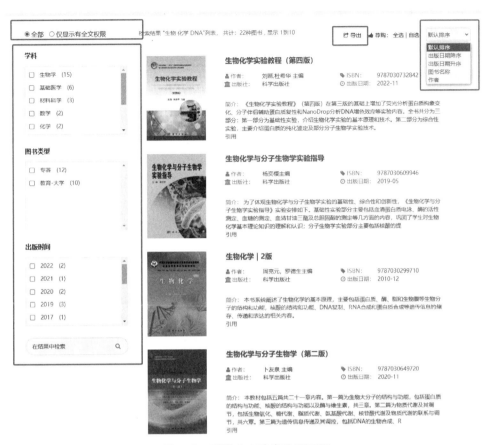

图 5-62　科学文库检索结果页面

（2）高级检索：可以通过"增加"或"减少"筛选条件（包括图书名称、作者、ISBN、简介、附注、丛书），设定检索条件之间的逻辑关系（并且、包含、不含），并选择指定的"学科专辑"，以便更精准地检索并定位到所需图书（图 5-63）。

图 5-63　科学文库高级检索页面

二、外文电子图书数据库

1. FreeBooks4Doctors 外文电子图书数据库

该数据库由 Flying Publisher 建立,主要提供免费医学图书目录,目前提供300多种免费全文医学电子图书。排序方式有学科分类(Specialty)和题名(Title)两种。学科分类按医学专业细分;题名按语言,包括英语(English)、法语(French)、德语(German)、西班牙语(Spanish)、葡萄牙语(Portuguese)列出(图5-64)。

该数据库还可方便地提供 AMEDEO 免费医学文献服务。用户只需先选择专题,并在其提供的期刊表中挑选所需期刊,注册后即可每周收到通过 E-mail 发送的有关该专题的文摘快报。该数据库会直接提供其所属 Free Medical Journals 电子医学期刊网站和 FreeBooks4-Doctors 全文电子医学图书的相关资源。

图5-64 FreeBooks4Doctors 外文电子图书数据库主页

2. LWW 电子图书数据库

Ovid 技术公司是世界著名的数据库提供商,于 2001 年 6 月与美国银盘(SilverPlatter Information)公司合并,组成全球最大的电子数据库出版公司。目前,其包含的生物医学数据库有临床各科专著及教科书、循证医学文献、MEDLINE、Embase 以及医学期刊全文数据库等资源。Ovid 全文期刊库(Journals@ Ovid)提供 60 多个出版商出版的科学、技术及医学期刊 1 000 多种,其中包括 LWW 出版社出版的期刊,以及 LWW 和国际应用生物科学中心(CABI)出版社出版的 1 000 多种电子图书。电子图书的内容涉及临床医学、护理学、生命科学与生物医学、医学人文、药学、行为与社会学等多个领域以及农学、植物学、生物学、动物学、环境学等学科领域(图 5-65)。

图 5-65　LWW 电子图书数据库检索页面

第六章 网络医学资源利用

第一节 搜索引擎

Internet 是一个巨大的信息资源宝库,几乎所有的 Internet 用户都希望宝库中的资源越来越丰富,应有尽有。然而 Internet 中的信息资源分散在无数台主机之中,如果用户想对所有主机中的信息都做一番详尽的考察,无异于痴人说梦。那么用户如何在数百万个网站中快速、有效地查找到想要的信息呢?这就要借助于 Internet 中的搜索引擎。

搜索引擎(如 Google 等)通过 Robot、Spider 等软件自动搜寻网络资源,并自动排序或索引,形成一个庞大的主页信息数据库。用户往往通过键入关键词或短语等进行自由检索,以此获取所需信息。通过搜索引擎检索的查全率较高,但查准率很低。

一、搜索引擎的使用技巧

为了更好地利用搜索引擎,提高搜索引擎检索的查准率,下面介绍几种使用搜索引擎的技巧。

1. 使用逻辑词辅助检索

比较大的搜索引擎都支持使用逻辑词进行复杂的搜索限定,常用逻辑词有"and"(与)、"or"(或)、"not"(非)及"near"(相邻),恰当地应用好它们可以使结果较准确。另外,也可以使用括号将检索词分别进行组合。

2. 使用双引号进行精确检索

如果查找的是一个词组或多个汉字,最好的办法就是给它们加上双引号,这样得到的结果准确性较高。例如,在搜索引擎的 Search 框中输入""search engine"",这会比输入"search engine"得到的结果更准确。如果按上述方法查不到任何结果,可以去掉双引号后再试试。

3. 使用加减号限定检索

很多搜索引擎都支持检索词前加"+"限定检索,但结果中必须包含该检索词;加"-"限定检索结果不能包含的词汇。

4. 有针对性地选择搜索引擎

用不同的搜索引擎进行查询得到的结果常常有很大的差异,这是因为它们的设计目的和发展走向存在着许多不同。例如,Deja News(http://www.dejanews.com)是专用于 Usenet 的搜索引擎,而 Liszt(http://www.liszt.com)则是针对邮递列表、IRC 等的搜索引擎。

5. 细化检索

许多搜索引擎都提供了对搜索结果进行细化与再次检索的功能,有的搜索引擎在结果中有二次检索功能,可键入新的词或短语来限定上次检索。

6. 注意细节

在 Internet 上进行检索时如果能注意一些细节问题,常常会提高检索的准确性。许多搜索引擎区分英文字母的大小写,因此,如果搜索人名或地名等短语,则应正确使用人名或地名中字母的大小写。

7. 利用选项限定检索

目前,越来越多的搜索引擎开始提供更多的检索选项,利用这些选项可以轻松地构造比较复杂的检索策略,进行更为精确的检索,并能更好地控制检索结果的显示。

8. 选用更准确的词或短语

例如,检索关于西服方面的信息时,用"西服"而不用"服装";检索关于玫瑰(rose)方面的信息时,用"rose"而不用"flower"。

1950 年以来,人工智能(AI)技术已经发展到能够指导互联网用户的程度,从而为搜索和导航提供直接支持。近几年 AI 技术飞速发展,搜索引擎引入生成式人工智能技术,进而推动用户使用体验产生重大的改变。

搜索引擎企业相继推出生成式人工智能搜索服务。例如,微软将 ChatGPT 与搜索引擎整合推出"新必应",首次展示了生成式人工智能在搜索领域的应用实践和发展前景;百度推出"文心一言"并整合到搜索服务中;360 搜索发布"360 智脑"并向公众开放产品测试。

二、常用的搜索引擎

(一)通用搜索引擎

1. 谷歌(Google)

Google(http://www.google.com)提供类目检索和网站检索两种方式,支持"and"和"+"等条件检索。Google 分类详尽,网站收录内容较丰富,提要简明扼要。在普通搜索按钮旁有"I am Feeling Lucky"按钮,具有网站直达功能,可直接到达与检索词最相关的网站中。这是 Google 很有特色的一项功能,极大地提高了检索效率。Google 由 Basis Technology 提供中文处理技术,搜索相关性高,高级搜索语法丰富。同时,Google 丰富了检索方式,也提供了语音检索和图片检索的功能。截至 2016 年,Google 已索引超过 130 万亿个网页,并缓存了编入索引中的绝大多数网页的内容。Google 可提供学术搜索、地图搜索、视频搜索、图片搜索、新闻搜索、图书搜索等垂直搜索功能。根据 statista 和 statcounter 的统计数据,Google 在全球任何终端设备市场上都占据着主导地位,用户占有率超88%。

2. 百度搜索

百度搜索(https://www.baidu.com)是全球最大的中文搜索引擎。其功能强大、速度快,是检索中文信息的最佳工具。百度搜索分为新闻、网页、图片、视频、资讯、文库、贴吧、采购等大类,提供网页快照、网页预览、相关搜索词、错别字纠正提示、新闻搜索、百度热搜、弹幕互动等诸多功能。

3. 搜狗搜索

2004年8月,搜狐公司推出搜狗搜索(https://www.sogou.com)。目前,搜狗搜索已发展成为中国第二大搜索引擎。在检索框中键入检索词后,可在新闻、网页、微信、知乎、图片、视频、医疗、汉语、问问、翻译、百科等诸多分类中任意切换。搜狗搜索支持语音搜索和无障碍搜索,同时也提供全网热搜内容呈现。基于搜狗强大的搜索功能,微信整合了其搜索引擎,用于移动互联网的内容检索,给用户提供了极大的方便。

4. 微软必应

必应(https://www.bing.com)是微软公司于2009年5月28日推出的一个搜索服务平台。必应具有每日首页美图、融合Windows操作系统、全球搜索与英文搜索、全球搜图、航班追踪、跨平台等服务功能。最近,必应推出了集锦功能,用户可以将搜索内容汇总到自己设定的集锦栏目,便于随时访问已经搜索过的有价值的内容。

(二) 学术搜索引擎

学术搜索引擎,顾名思义就是搜索学术资源的引擎,资源以学术论文、国际会议、权威期刊和学者为主。随着新一代搜索引擎的快速发展,学术搜索引擎应具备个性化、智能化、数据挖掘分析、学术圈等特色。常用的学术搜索引擎如下。

1. Google 学术搜索

Google 学术搜索(https://scholar.google.com)是一个可以免费搜索学术文章的Google网络应用。2004年11月,Google第一次发布了Google学术搜索的试用版。该引擎收录了世界上绝大部分出版的学术期刊,可广泛搜索全球学术文献。用户可以从一个位置搜索众多学科和资料来源,包括来自学术著作出版商、专业性社团、预印本、各大学及其他学术组织的图书、论文,经同行评论的文章、摘要和文章技术报告。搜索结果可在线保存到"我的图书馆"以供后续参考阅读。

2. 百度学术搜索

百度学术搜索(https://xueshu.baidu.com)是百度旗下提供海量中英文文献检索的学术资源搜索平台。它于2014年6月初上线,收录了各类学术期刊、会议论文,旨在为国内外学者提供最好的科研体验。

百度学术首页提供推荐论文和热门论文,供用户点击阅读。搜索功能可检索到收费和免费的学术论文,并通过时间、标题、关键字、摘要、作者、出版物、文献类型、被引用次数等细化指标来提高检索的精准性。百度学术搜索频道还包含了几大特色功能,如论文查重、学术分析、开题分析、学者主页、期刊频道、文献互助等。

3. 微软学术搜索

微软学术搜索(https://academic.bing.com/)是微软研究院开发的免费学术搜索引擎,主要提供全球多语言学术文献检索。它为研究员、学生和其他用户查找学术论文、国际会议、权威期刊等提供了一个更加智能、新颖的搜索平台,同时也是对象级别垂直搜索、命名实体的提取和消歧、数据可视化等许多研究思路的试验平台。微软学术搜索平台常提供国际、国内最新科技学术论坛链接,给广大科技工作者提供了有价值的参考。

4. 超星读秀

超星读秀(https://www.duxiu.com)是超星公司建立的可检索不同语种文献的学术搜索引擎。它是采用元数据收割技术,集成图书、期刊、会议、学位论文等学术文献的检索。该学术搜索引擎的突出优点是基于文献全文的索引(文献碎片化处理),并整合文献传递服务。

5. 中国知网学术搜索

中国知网学术搜索(CNKI Scholar)(https://scholar.cnki.net)是清华同方公司推出的中外文文献一站式检索网站。该网站整合了期刊、学位论文、会议论文、报纸、专利、标准、图书及各部委科研项目的中标或招投标信息,同时提供相关的中国知网收录文献的知识网络链接。

第二节　PubMed

一、PubMed 简介

PubMed(https://www.ncbi.nlm.nih.gov/pubmed/)是由 NCBI 开发的免费 MEDLINE 检索网站。该网站提供生物医学方面的论文以及摘要搜寻,是目前医药生物领域使用率最高的网站。它拥有来源于 MEDLINE、生命科学期刊和在线书籍的超过 3 600 万条引文数据。

(一) PubMed 的收录范围

(1) MEDLINE:Pubmed 最大的子集,收录自 1966 年以来世界上 70 多个国家出版的 5 200 余种生物医学期刊,涉及 43 种语言。其中 90% 左右为英文期刊,80% 左右的论文有英文摘要,数据库每周更新,目前每年新增题录约 70 万条。内容涉及临床医学、基础医学、环境医学、兽医学、农业、护理学、牙科学、卫生学等学科。

(2) In-process citations:一些尚未通过 *MeSH* 主题词表索引的文献,可为用户提供基本的文献条目和文摘。其文献条目在标引和加工后每周向 MEDLINE 添加一次。

(3) Out-of-scope articles:MEDLINE 收录期刊中,部分综合学科或化学学科的刊物上超出医学范畴的文献。

(4) Ahead of Print:预印本文献。

（5）期刊被 MEDLINE 收录之前的引文数据。

（二）PubMed 系统的主要特点

1. 词汇自动转换功能（Automatic Term Mapping）

在 PubMed 主页的检索提问框中键入检索词，系统将按顺序使用以下 4 种表或索引，对检索词进行转换。

（1）MeSH 转换表（MeSH Translation Table）：包括主题词、参见词、副主题词等。系统如果在该表中发现了与检索词相匹配的词，就会自动将其转换为相应的主题词或文本词（Text Word）进行检索。例如，键入"Vitamin h"，系统会将其转换成"Biotin [MeSH Tems] OR Vitamin h [Textword]"后进行检索（参见本书第三章第一节）。

（2）刊名转换表（Journal Tanslation Table）：包括刊名全称、MEDLINE 形式的缩写和 ISSN 号。该转换表能把键入的刊名全称转换为 MEDLINE 形式的缩写刊名后进行检索。例如，在检索提问框中键入"new england journal of medicine"，PubMed 将其转换为"N Engl J Med [Journal Name]"后进行检索。

（3）短语表（Phrase List）：该表中的短语来自 MeSH、含有同义词或不同英文词汇书写形式的统一医学语言系统（Unified Medical Language System, UMLS）和补充概念（物质）名称表 [Supplementary Concept (Substance) Name]。如果 PubMed 系统在 MeSH 和刊名转换表中未发现与检索词相匹配的词，就会查找短语表。

（4）作者索引（Author Index）：如果键入的词语未在上述各表中找到相匹配的词，或者键入的词是一个后面跟有 1~2 个字母的短语，PubMed 即查作者索引。如果仍然找不到匹配词，PubMed 就会把该词断开后再重复上述自动词汇转换过程，直到找到与键入的词语相匹配的词语为止。若仍然没有匹配词，单个词会被连在一起（用"AND"）在全部字段中检索。例如，键入"single cell"，系统会自动将其分成"single"和"cell"进行检索，其检索表达式为"single AND cell"。

如果需要查验检索词的转换情况，可在高级检索历史记录页面的"search details"中查看。

2. 截词检索功能

PubMed 允许使用"＊"号作为截词符进行截词检索。例如，键入"bacter＊"，系统会找到那些前一部分是"bacter"的单词，如"bacteria""bacterium""bacteriophage""bactericidal"等，并对其分别进行检索。截词功能只限于检索词中的单词，对词组无效。使用截词检索功能时，PubMed 系统会自动关闭词汇转换功能。

3. 精确检索功能

PubMed 允许使用双引号（""）来强制系统进行短语检索。例如，在 PubMed 主页的检索提问框中键入""single cell""，并用双引号引起来，然后点击"Search"，系统会将其作为一个不可分割的词组在数据库的全部字段中进行检索。使用双引号检索，系统会自动关闭词汇转换功能。

4. 链接功能

（1）链接相关文献：PubMed 每次检索，在结果页面底部均有一个"Related Searches"链接。点击该链接，系统按检索的相关度从高到低显示相关检索词的检索结果。

（2）链接 NCBI(National Center for Biotechnology Information)数据库：PubMed 在其主页上与 NCBI 的多个数据库建立了超链接。这些数据库包括 Protein[氨基酸(蛋白质)序列]数据库、Nucleotide(DNA 序列)数据库、Popset(种群、种系发生或突变序列)数据库、Structure(分子结构模型)数据库和 Genome(基因组序列)数据库。

（3）链接外部资源：PubMed 提供从检索结果到期刊全文、生物学数据、序列中心等的链接。该功能实现了与上述资源站点的链接，在显示结果状态下，点击"LinkOut"即可进入相关网站。

（4）链接相关图书：点击"Books"，可参考相关书籍的文摘页。书籍文摘页上的某些短语是超链接，点击短语链接，可查看相关图书的页码表。

此外，PubMed 系统允许用户查看被引期刊名称表，点击主页上的"Journals"即可。点击期刊链接，可查看期刊的名称和 ISSN 号等出版信息，并链接电子期刊等。

（三）PubMed 部分常用检索字段及中文含意

英文字段	中文含意
Affiliation	作者单位或机构名
All Fields	全字段
Author	作者
Author Corporate	公司作者
Author First	第一作者
Author Full	作者全名
Book	书名
Date Completion	完成日期
Date Create	创建日期
Date Publication	出版日期
EC/RN Number	酶号或化学物质登记号
Editor	编者
ISBN	国际标准书号
Issue	期
Journal	刊名
Language	文献语种
MeSH Major Topic	主要概念主题词
MeSH Subheadings	主题词表的副主题词
MeSH Terms	主题词
Pagination	页码

Publisher	出版者
Publication Type	出版类型
Text Words	文本词
Title	标题
Title/Abstract	标题或文摘
Volume	卷号

二、PubMed 检索方法

（一）PubMed 简单检索

PubMed 检索系统主页如图 6-1 所示。在检索框中输入检索词，然后点击"Search"按钮或按回车键，PubMed 将会自动开始检索，并将检索到的相关条目显示在屏幕上。

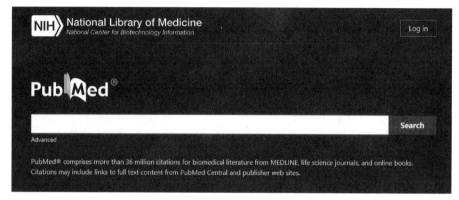

图 6-1　PubMed 检索系统主页面

若通过 NCBI 主页面进行检索，还可以在检索框前面选定所要检索内容的数据库范围。除 NCBI 的数据库以外，可供选择的还有 Protein、Structure、Popset 等众多数据库（图 6-2）。

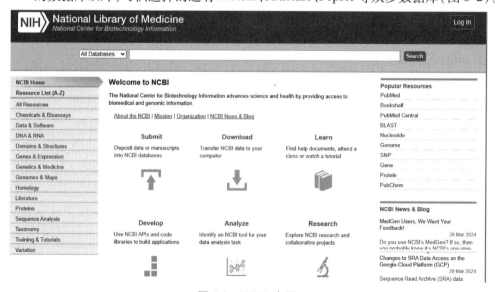

图 6-2　NCBI 主页

1. 检索词的类型

(1) 词语(主题)检索：首先在 PubMed 主页的检索框中键入英文单词或短语(大写、小写均可)，然后按回车键或点击"Search"，PubMed 即用其词汇自动转换功能进行检索，并将检索结果直接显示在主页下方。例如，键入"Vitamin C AND Common Cold"后按回车键或点击"Search"，PubMed 开始检索并将检索结果显示出来。

(2) 作者检索：当所要查询的对象是作者时，在检索框中键入作者姓氏(全部)和名字(首字母缩写)，如"Smith JA"，然后按回车键或点击"Search"，系统会自动到作者字段去检索，并显示检索结果。

(3) 刊名检索：在检索框中键入刊名全称或 MEDLINE 形式的刊名缩写、ISSN，如键入"Molecular Biology of the Cell"或"Mol Biol Cell"，或"1059—1524"(ISSN)，然后按回车键或点击"Search"，系统将在刊名字段检索，并显示检索结果。

(4) 日期或日期范围检索：可以在检索框中键入日期或日期范围，然后按回车键或点击"Search"，系统会按日期段检索，并将符合条件的记录予以显示。日期的输入格式为YYYY/MM/DD(如 1999/09/08)，也可以只输入年份或月份(如 2000 或 2005/12)。

(5) 逻辑检索：PubMed 系统允许使用逻辑检索，只需在检索框中键入逻辑运算符("and""or""not")。其使用方法和 MEDLINE 中逻辑运算符的使用方法一样。

2. PubMed 简单检索实例

下面通过两个简单的实例来具体熟悉 PubMed 的用法。

【例1】

(1) 明确所要检索的内容。例如，要查询的问题是"维生素 C 对于普通感冒的防治作用"，首先应分析这一问题中的关键词语，主要由"维生素 C"和"普通感冒"构成，即"Vitamin C"和"Common Cold"。

(2) 分析所要检索的两个相关词语的关系。根据日常生活经验，可以将两个关键词之间的关系定义为"and"，于是我们可以在检索框内键入"Vitamin C Common Cold"，然后点击"Search"，进行检索(图6-3)。

(3) 以上初步检索后所显示的结果都以默认的 Summary 格式显示出来，在阅读 Summary 格式显示的结果后，可以进一步筛选文献的内容。通过文献左侧的方框，可对检索结果进行选择。

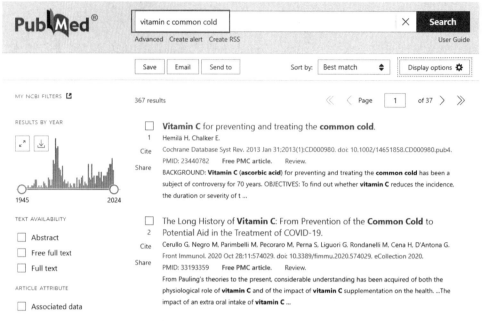

图 6-3　PubMed 简单检索实例 1

【例 2】

（1）如果要查找与"胃癌外科手术"相关的文章，可以在检索框内输入"Stomach Cancer/SU"（SU 是副主题词"Surgery"的缩写），点击"Search"，屏幕上就会显示出相关的检索结果（图 6-4）。

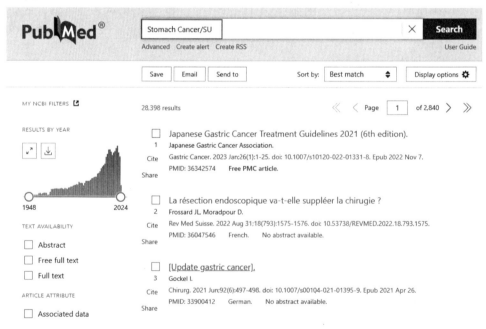

图 6-4　PubMed 简单检索实例 2

（2）如果想在页面内显示更多记录,可在"Per Page"后面的下拉菜单内选择想要显示的数量,如"50"。

（3）由于 PubMed 检索系统有词汇自动转换功能,故在检索框内输入"Stomach Cancer/SU"时,实际上 PubMed 所用的检索式是"Stomach Neoplasms/Surgery［MeSH Terms］",关于这点可在"Search Details"文本框中查看到。如果经过上述的检索过程,仍然不能满足需要,可以选用较为复杂的高级检索。

（二）PubMed 高级检索

在掌握如何运用简单检索后,如遇到较为复杂的问题,仅仅靠简单检索是远远不够的。为了使检索更为准确、高效,可利用 PubMed 所提供的高级检索功能。在 PubMed 检索主页面检索框的下方点击"Advanced",进入高级检索界面(图6-5)。

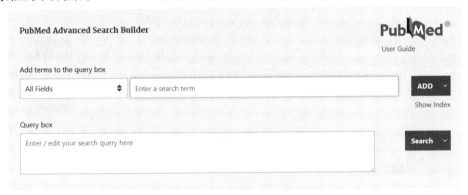

图 6-5　PubMed 高级检索界面

该界面分为四个功能区,具体如下。

1. Add terms to the query box

此为检索词输入区。可在检索词输入框前的字段框中选择不同字段,检索词之间可以通过逻辑运算符连接成检索式。"Show Index"(显示索引)按钮用于显示索引,选用不同的字段检索,则显示不同的索引片段。例如,选用文献语种字段"Language",点击"Show Index"后,则显示该库收录的所有语种供用户选择(图6-6)。又如,选择副主题词字段"MeSH Subheading",点击"Show Index"后,则显示全部副主题词。检索词选定后点击"ADD"将检索条件放入"Query box"中。

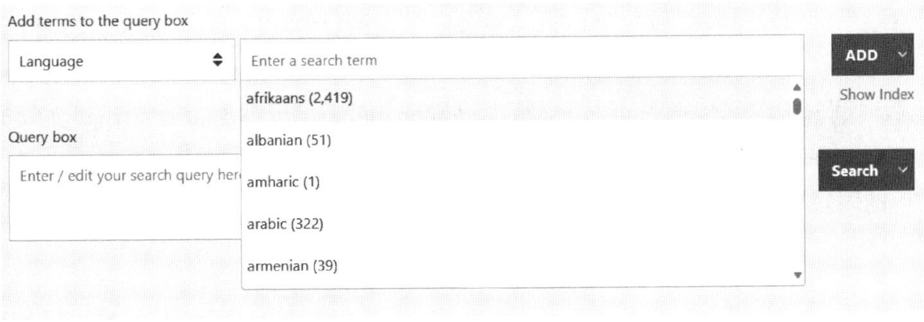

图 6-6　Show Index 索引显示

2. Query box

此为检索表达式构建区。可选择不同字段、不同逻辑运算、多个检索词进行一次性检索。使用方法是：每选择一个字段，在右框中输入相应的检索词后，再选择逻辑运算符，并点击"ADD"，所有检索条件会在"Query box"里面自动组配成检索式。也可以手动输入或调整检索式文本内容，然后点击"Search"进行检索。

3. Search History

此为检索历史区。主要保存前面做过的检索内容，打开后可选择相应的检索式号进行逻辑运算检索。具体方法为：点击检索式号"#1"后的"Actions"，选择"Add query"，再点击检索式号"#2"后的"Actions"，选择"Add with AND"或"Add with OR"。系统会自动把所选的检索式和运算形式填到检索词输入框中进行检索；也可以直接输入"#1 AND #2"进行检索。点击右侧的检索结果"Results"下的数字，则直接显示该结果的文献（图6-7）。

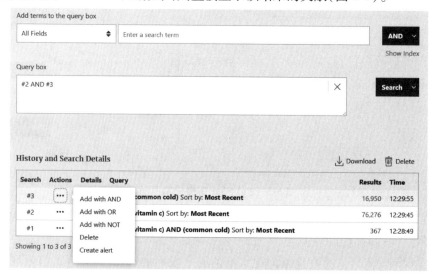

图6-7　Search History 功能

4. More Resources

此为资源选择区。该功能区位于主页下方，可供选择的资源有"MeSH Database""Journals in NCBI Databases""Single Citation Matcher""Clinical Queries""FAQs"。

（三）限定检索（Filters）

检索结果的限定条件区域位于检索结果页面的左侧（图6-8），默认可限定的内容有 text availability（文献可获取性）、article attribute（文献属性）、article type（文献类型）、publication date（出版时间）等。另外，通过页面下端的"additional filters"可添加 article type（文献类型）、species（物种）、article language（文献语言）、sex（性别）、age（年龄）等其他限定项，可以自定义要使用的限定条件（图6-9）。

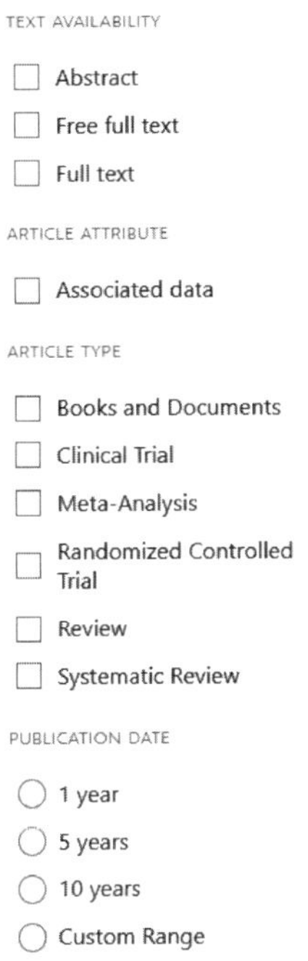

图 6-8　限定检索(Filters)界面

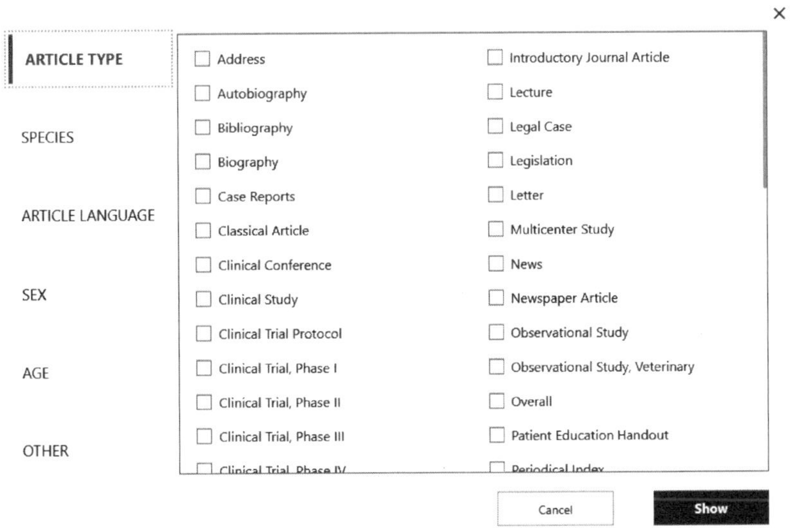

图 6-9　自定义限定检索界面

(四)检索策略查看(Search Details)

"Search Details"位于检索历史中,用于帮助查看 PubMed 的检索策略,即查看在检索框中键入的检索词被 PubMed 自动地转换(Query Translation)成了哪些词,并使用了什么样的检索策略(图 6-10)。

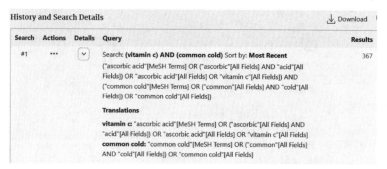

图6-10 检索策略查看(Search Details)界面

三、检索结果显示及处理

当一个检索项目完成后,系统即显示检索结果(图6-11)。显示的内容依次有题名、作者、文献出处、PMID等。点击文献题名,可显示详细内容;点击"Similar articles"(相似文章)的链接,PubMed会自动把数据库中的文献与该条目的标题、摘要和医学主题词进行比较,从而得出与该条目相关的文献条目,并且按照相关系数由高到低的顺序排列显示(图6-12)。

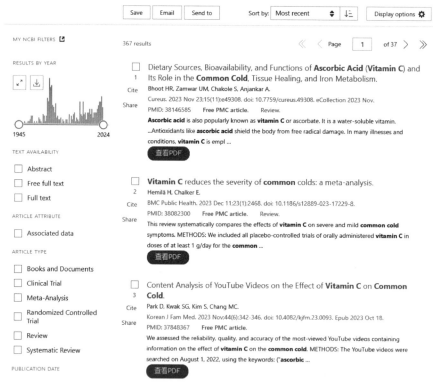

图6-11 检索结果显示

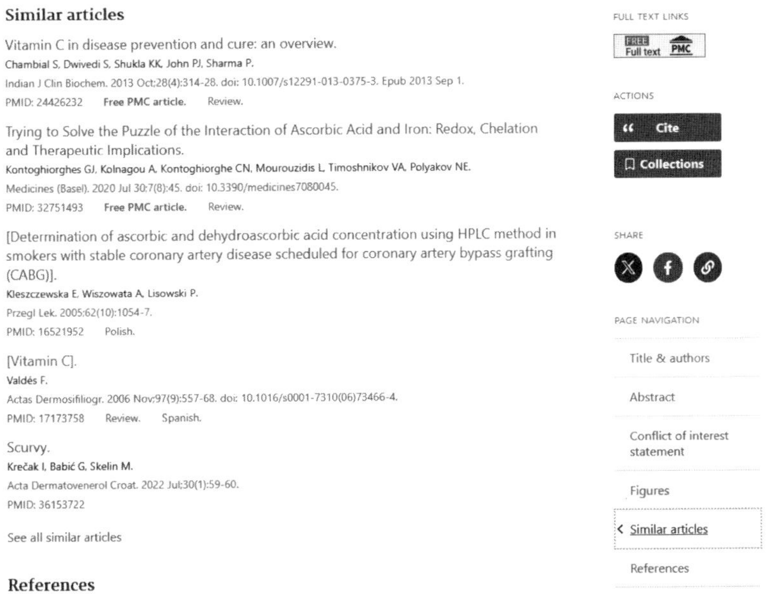

第六章 网络医学资源利用

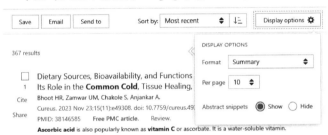

图 6-12 Similar articles 界面

点击上方的显示设置区域,可以对页面显示方式进行设置,设置内容包括排序格式(Sort by)、显示格式(Format)及每页显示数量(Per page)(图 6-13)。

图 6-13 排序格式、显示格式及每页显示数量的选择

点击左上方的"Send to"(发送到)或"Save"(保存),可对检索结果的输出进行处理,通过"Clipboard"(剪贴板)、"Citation manager"(文献管理软件)等形式输出(图 6-14)。

图 6-14 结果输出处理(Save)

四、PubMed 系统中其他功能介绍

1. MeSH Database(医学主题词库)

如果希望使用医学主题词进行检索,可以从 NCBI 首页下方的 MeSH Database 进入。

例如,想要检索胃癌的相关文献时,可首先在 MeSH database 的检索框内输入检索词"stomach cancer",然后点击"Search",系统会显示"stomach cancer"不是主题词,但会自动将其转换成主题词"Stomach Neoplasms"。点击主题词,其下方会显示该主题词的定义、可组配的副主题词、入口词

及其在树状结构中的位置(图 6-15、图 6-16)。

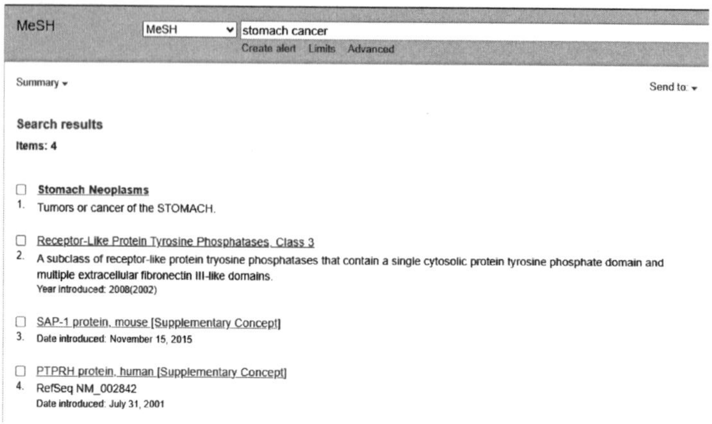

图 6-15　MeSH 主题词转换

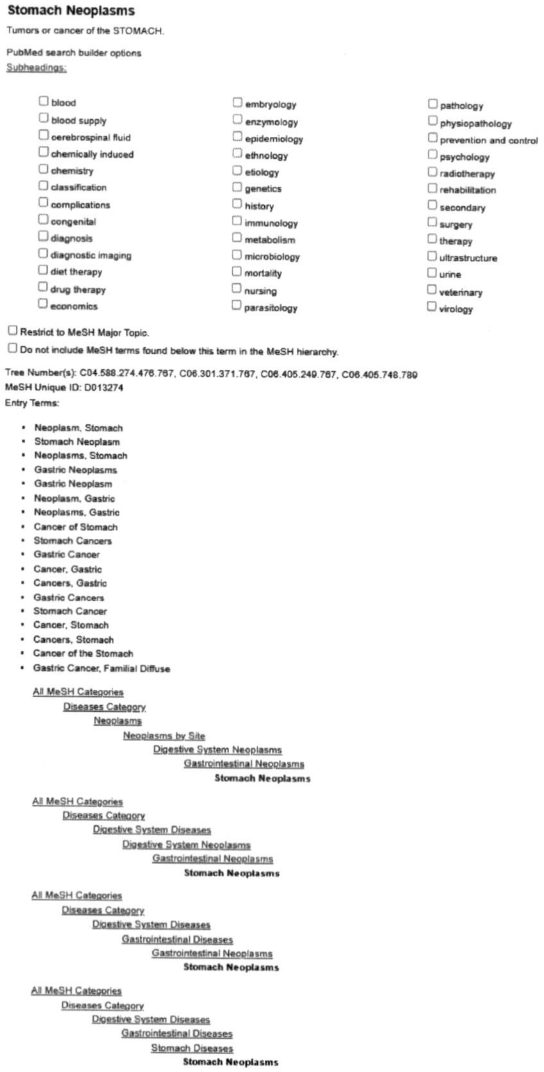

图 6-16　MeSH 定义、副主题词、入口词及树状结构

从图6-16可以看出,该界面还有其他功能(图6-17)。

(1) Subheadings(副主题词选项):点击副主题词前的方框,表示选中该副主题词,可选择多个副主题词,它们之间的逻辑关系为"or"。

(2) Restrict to MeSH Major Topic(主要主题词选项):该选项可提高查准率。

(3) Do not include MeSH terms found below this term in the MeSH hierarchy(主题词不扩展检索选项):该选项可缩小检索范围,提高查准率。

图 6-17　MeSH 主题词检索

主题词检索说明如下:

在 MeSH 状态下输入主题词"Stomach Neoplasms"(不是主题词也可以,PubMed 有主题词转换功能),点击"Search",显示正式主题词,点击相应主题词后弹出如图6-16 所示界面,选择副主题词(√)及不扩展检索;然后点击右上方的"Add to search builder"添加检索式到"PubMed Search Builder"框中,多个检索式可使用逻辑运算,点击"Search PubMed"执行主题词检索。

2. 期刊库、引文匹配器及其他

(1) Journals(期刊库):在 PubMed 首页"More Resources"下方点击该键即进入期刊浏览界面。在检索框中可输入刊名主题、全称、缩写或 ISSN,然后点击"Search",可获得期刊信息。也可链入所有与 PubMed 建立链接的生物医学期刊列表。该期刊列表不断更新,还可链接入期刊的全文,但大多数是收费的。

(2) Citation Matcher(引文匹配器):在 PubMed 首页"PubMed Tools"下方有"Single Citation Matcher"(单篇引文匹配器)和"Batch Citation Matcher"(批量引文匹配器)两种选择。有不少人以为引文匹配器只是一些辅助功能,很少被用到。其实,使用引文匹配器能够大大提高工作效率。例如,在查找文献的过程中,可能会遇到只记得某篇文献所发表的期刊和作者,但不太清楚它具体的标题,或隐约记得标题中的某个词和作者等,这时如果尝试用复杂检索模式去查询,通常很难准确查到,而使用"Citation Matcher"一切就可迎刃而解了。"Single Citation Matcher"检索页面如图6-18 所示。

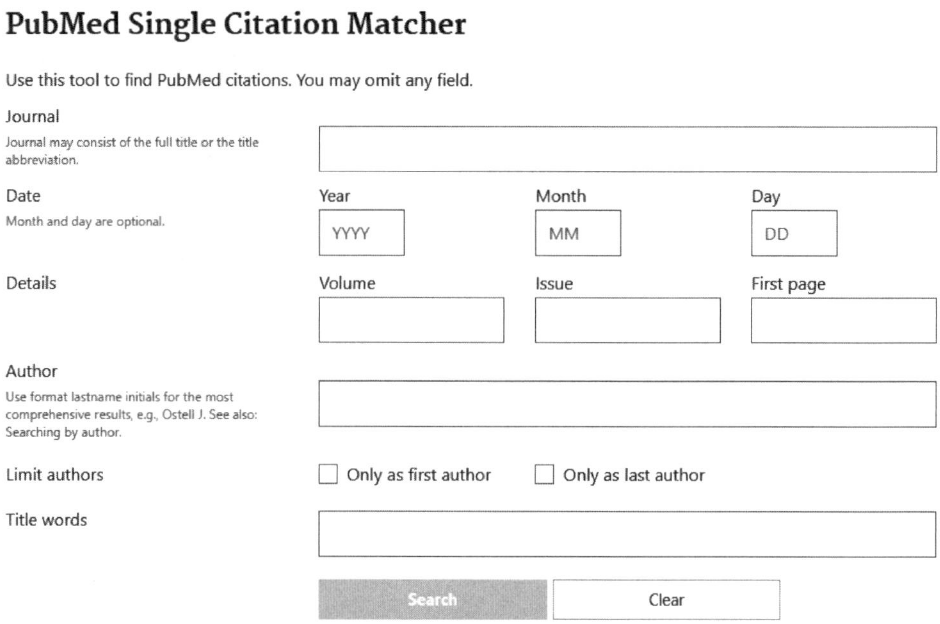

PubMed Single Citation Matcher

Use this tool to find PubMed citations. You may omit any field.

Journal
Journal may consist of the full title or the title abbreviation.

Date
Month and day are optional.
- Year: YYYY
- Month: MM
- Day: DD

Details
- Volume
- Issue
- First page

Author
Use format lastname initials for the most comprehensive results, e.g., Ostell J. See also: Searching by author.

Limit authors
☐ Only as first author ☐ Only as last author

Title words

[Search] [Clear]

图 6-18 "Single Citation Matcher"（单篇引文匹配器）检索页面

（3）Clinical Queries（临床问题）：这是专门为临床医生设计的搜索引擎（图 6-19），在 PubMed 首页"Find"下方点击"Clinical Queries"显示检索界面。界面分"Filter category""Filter""Scope"三部分。"Filter"列有临床医生常用的类目，如"Therapy"（治疗）、"Diagnosis"（诊断）、"Etiology"（病因）和"Prognosis"（预后）供用户选择。检索方法很简单，在检索框内输入检索词"aids"，点击"Search"显示相关文献结果（图 6-20）。"Clinical Queries"是利用内在的过滤器使其检索结果更加贴近临床的需要，包括临床的诊疗等。但用户需要检索的内容并不仅仅局限于临床，使用时要注意。

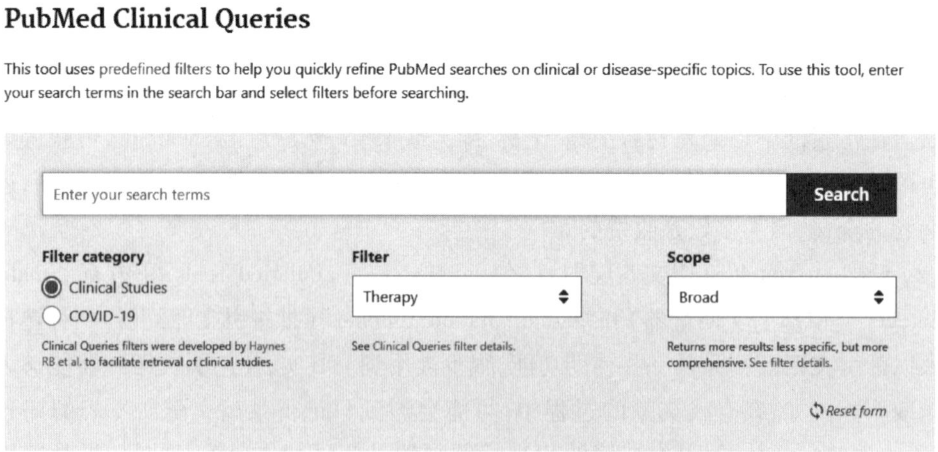

PubMed Clinical Queries

This tool uses predefined filters to help you quickly refine PubMed searches on clinical or disease-specific topics. To use this tool, enter your search terms in the search bar and select filters before searching.

[Enter your search terms] [Search]

Filter category
- ● Clinical Studies
- ○ COVID-19

Clinical Queries filters were developed by Haynes RB et al. to facilitate retrieval of clinical studies.

Filter: Therapy
See Clinical Queries filter details.

Scope: Broad
Returns more results: less specific, but more comprehensive. See filter details.

↻ Reset form

图 6-19 "Clinical Queries"（临床问题）检索页面

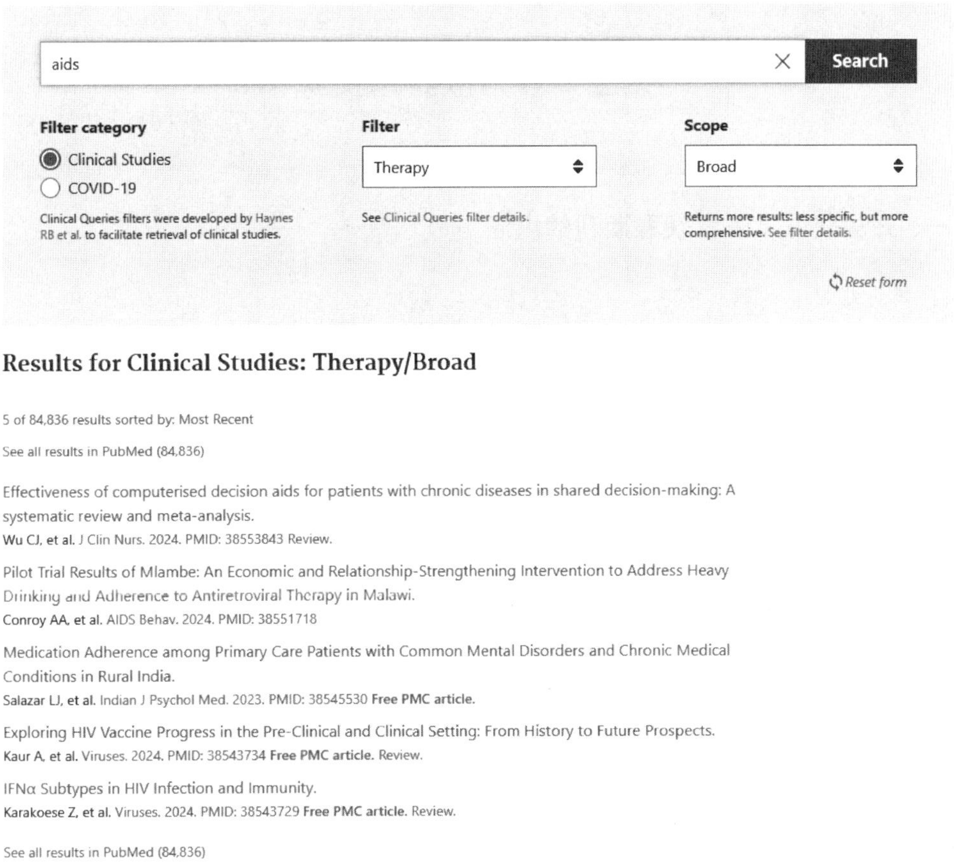

第六章 网络医学资源利用

图 6-20 输入检索词"aids"的检索结果

检索实习题

利用 PubMed 检索下列课题文献：

1. 维生素 C（vitamin C）对哮喘（asthma）的治疗作用。
2. 肝纤维化（liver fibrosis）与肝硬化（liver cirrhosis）的关系。
3. 疯牛病（mad cow disease）的临床治疗。
4. 关于神经性耳聋（deafness）的遗传研究。
5. 白细胞介素（interleukin）在肿瘤方面的应用。
6. 小肠（small intestine）的吸收（absorption）作用。
7. 维生素（vitamin）的代谢（metabolism）。
8. 乙型肝炎（hepatitis B）的诊断。

第三节 开放获取资源

一、开放获取及开放获取期刊的内涵

1. 开放获取的内涵

开放获取是一种基于互联网的新型学术交流和出版模式,指读者可以免费获取已出版的学术内容,并在版权许可、保护作者权利和保持学术文献完整性的前提下,允许一系列的重复使用。在这种模式下,学术成果可以无障碍地进行传播,任何研究人员可以在任何地点、任何时间不受经济状况的影响,平等、免费地获取和使用学术成果。2003 年德国、法国、意大利等国科研机构联合签署的《关于自然科学与人文科学资源的开放使用的柏林宣言》(*Berlin Declaration on Open Access to Knowledge in the Sciences and Humanities*)指出,开放存取作品包括原创科研成果、原始数据和元数据、原始资料、数字化图形图片资料以及学术性多媒体资料。同年,《开放获取出版贝塞斯达宣言》添加了新内容:补充材料也应交存并使其可获取。

开放获取具有以下基本要素:第一,开放获取的作品是免费获取的;第二,开放获取的作品是数字的、在线的;第三,开放获取的作品是学术的、免版税的;第四,开放获取的作品能以最少的限制进行利用,免除了著作权和许可权的绝大多数限制;第五,利用开放获取的作品时应当向作者致谢并标明引用信息;第六,开放获取的作品必须存储到至少一个在线知识库中。

开放获取是一种价值观念的转变,其目的是:促进研究者的研究成果在尽可能短的时间内、最大限度上被社会所了解并广泛传播,获得同行们的认可,实现价值研究;促进学术信息的交流与出版,保障学术信息的永久保存;解决由商业出版者进入学术期刊市场,以及商业化的信息流通而造成的学术期刊价格上涨的问题。

2. 开放获取期刊的内涵

"Open Access Journals"意为开放获取期刊或开放存取期刊,是开放存取活动发展的重要成果之一。开放获取期刊目录(Directory of Open Access Journals, DOAJ)检索系统中开放获取期刊的定义是:那些无须读者本人或其所属机构支付使用费用的期刊,并且允许读者进行阅读、下载、复制、分发、打印、检索或链接到全文。其主要优势表现在免费上。其特点主要有:① 读者免费获取,作者付费出版。② 采用同行评审制度,严格控制质量。③ 知识产权的保护仍在现行《著作权法》的法律框架中。

3. 开放获取模式

开放获取常见有两种模式:金色开放获取和绿色开放获取。

(1) 金色开放获取:论文的正式发表版本在期刊网站或出版商的其他平台上发表后立即公开。在此种模式下,开放获取期刊免费对读者开放同行评审过的文章,发表费用由作者负担(有些时候是由作者所属单位或基金单位负担)。现在大部分的大型出版社都有提供开放获取选项,而有些机构如美国科学公共图书馆(Public Library of Science,PLOS)则提供纯开放获取期刊。有几个主要的目录数据库专门收录开放获取期刊,其中最值得注意的是DOAJ,该数据库能帮助研究人员找出自己领域内的开放获取期刊。

(2) 绿色开放获取:指已经录用的稿件或正式版本,立刻或时滞期之后可通过知识库或其他平台供公众在线获取。此种模式下,作者将文章发表在订阅制期刊上,同时将文章储存到开放获取数据库,这也称为自存档(self-archiving)。因此,即使期刊需要付费才能阅读,但读者可以从数据库免费取得文章。通常,无法负担发表费用的作者都会选择用这种模式发表,不过储存在数据库的文章版本可能是还没有经过同行评审的。另外要注意的一点是,不是所有的订阅制期刊都允许作者将文章存到数据库中,因此作者应该要到目标期刊网站上确认该刊是否允许自存档,而且最好在进行自存档前取得期刊的许可。

二、开放获取期刊的检索平台

(一) 国外著名的开放获取期刊平台

1. PubMed Central (PMC)

PMC(https://www.ncbi.nlm.nih.gov/pmc/)由 NCBI 开发,收录存档无版权争议的生物医药类全文文献,免费提供用户使用。

PMC 成立于 2000 年,最初仅有两种期刊,即《美国国家科学院院报》(*Proceedings of the National Academy of Sciences*,*PNAS*)和《细胞分子生物学》(*Molecular Biology of the Cell*)。截至 2023 年,PMC 已收录有数千种期刊,其中有 2 000 多种完全开放的期刊,收录的文献超过 940 万篇,内容最早的可追溯至 17 世纪末。

PMC 与 PubMed 共用一个检索平台,其检索规则与检索方式与 PubMed 基本相同(图 6-21)(参考本书第六章第二节)。

图 6-21　PMC 主页

2. BioMed Central（BMC）

BMC（https://www.biomedcentral.com）是最重要的开放获取期刊平台之一,现隶属于 Springer Nature 集团旗下,主要在互联网上提供经同行评议的免费存取的生物医学类研究论文。

目前,BMC 拥有大约 300 种开放获取期刊,收录的期刊涵盖了生物学、生物医学和医学的主要领域,包括麻醉学、生物化学等多个分支学科(图 6-22)。

图 6-22 BMC 主页检索界面

3. Directory of Open Access Journals(DOAJ)

DOAJ 是由瑞典隆德大学图书馆主办、美国开放社会研究所(OSI)和欧洲学术出版与学术资源联盟(SPARC)协办,对互联网上的开放获取期刊进行收集并整理而成的一份具有国际权威性的、随时更新的开放期刊目录。该网站(https://doaj.org/)成立于 2003 年,其目标是覆盖所有学科和语种的开放获取期刊。截至 2023 年,该网站共收录了来自 136 个国家或地区的 13 521 种开放获取期刊,其中 13 361 种可提供论文检索,共收录论文 900 多万篇。

DOAJ 收录的均为学术性、研究性的同行评审期刊,具有免费、全文、高质量等特点,对学术研究有很高的参考价值。网站提供快速检索和高级检索两种方式,快速检索模式下可以按照期刊或文章进行检索;高级检索模式下还可以按照学科、期刊国别、语言、出版者、年代等进行预览和检索(图 6-23)。

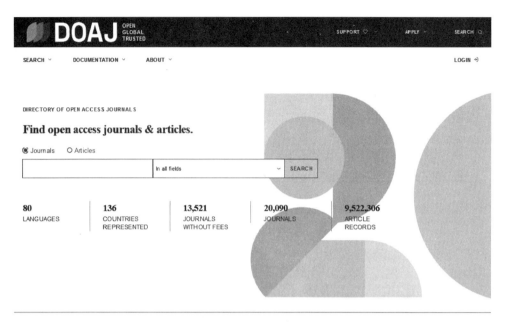

图 6-23 DOAJ 主页

(二) 国内著名的开放获取平台

1. PubScholar 公益学术平台

由中国科学院文献情报中心、中国科学院计算机网络信息中心、科学出版社等单位联合建设的 PubScholar 公益学术平台(https://pubscholar.cn/)于 2003 年 11 月 1 日正式对社会公众开放(图 6-24)。

图 6-24 PubScholar 公益学术平台主页

PubScholar公益学术平台旨在为我国科技界和社会公众提供高质量的公益性学术资源，以及学术资源检索、内容获取和交流共享等基础服务。平台以中国科学院文献情报中心、中国科技出版传媒股份有限公司（科学出版社）为主要建设者，并得到有关出版商、科技期刊、科研机构和广大科研人员的支持，是一种创新学术资源共建共享的模式。

该平台首期整合了中国科学院的科技成果资源、科技出版资源和学术交流资源，内容包含期刊论文、学位论文、预发布论文、专利文献、领域快报、动态快讯、科学数据、图书专著等。

平台整合的中国科学院特色数据主要包括：中国科学院院办期刊358种、中国科学院出版图书约6.2万种、中国科学院科学数据中心35个、中国科学院学位论文约19万篇，以及ChinaXiv科技论文预发布数据、ScienceDB科学数据、CSCD引文数据等。平台咨询每日持续更新。目前平台可检索的元数据资源量约1.7亿条，包括科技论文元数据约9 548万条、科技专利元数据约8 013万条、科学数据元数据约48万条。可免费获取的全文资源量约8 000万篇，包括科技论文全文数据约2 122万篇，专利全文数据约5 878万篇。

PubScholar公益学术平台向广大公众提供公益性学术资源的集成检索功能，查询者可以多种途径导航获取全文资源，平台集成了科大讯飞翻译引擎，还可给用户主动推送相关领域的高价值文献。

2. 中国科学院科技论文预发布平台

中国科学院科技论文预发布平台（ChinaXiv）是按照中国科学院部署，由中国科学院文献情报中心于2016年在中国科学院科学传播局的支持下建设，按照国际通行规范运营的预印本交流平台。ChinaXiv（https://chinaxiv.org）以"学界主导，公益服务，高效交流，开放传播"为宗旨，致力于打造支撑国内外学术团体构建新型学术交流体系的国家级预印本交流基础设施，助力科研机构建立本领域的开放科学基础设施，以及传统科技期刊面向开放科学服务模式转型发展。目前共收录论文近300万篇（图6-25）。

ChinaXiv作为按国际规范运营的预印本平台，支持中英文科技论文预印本的发布、传播、下载和评论。2022年，ChinaXiv发布2.0版本，国际化和互联互通水平显著提升。平台上线中英文新版页面，建设ChinaXiv-Global全球预印本索引，开发开放评议、论文备注功能，为全部预印本注册科技资源标识（CSTR），与中国科学院数字化平台项目的SciEngine、ScienceDB、CSCD进行对接，嵌入文字校对、论文润色等第三方论文服务。在此基础上，平台还支持预印本开放评议、论文投稿推荐。

图6-25　ChinaXiv主页

3. 全球开放资源服务平台

全球开放资源服务平台(https://opensign.lib.tsinghua.edu.cn/)是由清华大学图书馆"开放科学支持计划"推进工作组建设，旨在实践"开放科学"理念，整合国内多家机构开放获取论文数据的资源服务平台。平台面向社会开放服务，可为学者提供开放获取论文的一站式检索、阅览、推荐、在线交流等服务，为机构提供论文统计分析、学科分布分析、合作网络分析、作者合作网络分析等服务，并提供开放科学相关政策信息，追踪各领域的最新实践（图6-26）。

图6-26 全球开放资源服务平台主页

第七章 循证医学

第一节 循证医学概述

一、循证医学的概念

循证医学(evidence-based medicine,EBM)又称求证医学、实证医学、遵循证据的医学。1996年,循证医学创始人之一的大卫·萨科特(David Sackett)将循证医学定义为:慎重地(conscientious)、准确地(explicit)、公正地(judicious)应用现有的最佳研究依据,同时结合临床医生的个人专业技能和多年临床经验,考虑患者的权利、价值和期望,将三者完美地结合以制定出对患者的治疗措施。2014年,戈登·古亚特(Gordon Guyatt)教授在第22届Cochrane年会上,进一步完善了循证医学的定义:临床实践需结合临床医生个人经验、患者意愿和来自系统化评价与合成的研究证据。循证医学的本质和精华就是将个人临床经验和经科学研究得到的最好证据相结合的临床决策过程。循证医学是一门系统地探索、评价和应用现代医学科研成果作为临床决策的基础科学。循证医学被称为21世纪临床医学的新模式,它与传统医学的区别在于:循证医学是一种理性医学,而传统医学则是一种经验医学。在临床实践中,一些理论上应该有效或经验认为有效的治疗方法,经过人体大样本随机对照研究却发现实际上是无效或弊大于利的;而另一些似乎无效的治疗方法却被证实利大于弊,应该推广。许多动物试验应用于人体却得出完全相反的结果。面对如此残酷的临床事实,循证医学提出,大样本随机对照研究和所有相关随机研究的系统评估所得出的结果,是证明某种疾病治疗方法有效性和安全性的最可靠证据,是所谓的"金标准",也是临床应用的最好证据。所以说,循证医学的关键在于证据,实际上也就是一种寻求和应用最好证据的医学。寻找证据包括证据查询和新证据探索;应用证据是将寻找到的最新、最佳证据用于指导临床实践,并验证这些证据的可靠性,是新证据探索的基础。

二、循证医学的历史与现状

20世纪70年代,英国流行病学专家阿奇·科克伦(Archie Cochrane)在其专著《疗效与效益:医疗保健中的随机对照试验》中提出,各临床专业应该对所有的随机对照试验(RCT)结果进行整理,做出分析评价,并不断收集新的结果以更新这些评价,从而为临床治疗实践提供可靠的依据。科克伦首次明确指出随机对照试验在评价治疗效果中的重要性之后,RCT 在临床研究中被普遍应用。最典型的例子是 1989 年公布的心律失常抑制试验(CAST),该试验结果表明,长期用于治疗急性心肌梗死(AMI)的 I 类抗心律失常药物竟然提高了患者的死亡率。又如,硝苯地平等第一代钙通道阻滞剂可以扩张动脉血管、降低血压,所以长期以来被想当然地用于 AMI 的治疗,但 RCT 研究却表明此类药物同样提高了患者的死亡率。大量 RCT 研究的惊人发现动摇了长期以来由经验医学主宰临床决策的局面,作为新兴学科的循证医学开始渗透到临床医学的各个领域。由于科克伦对循证医学的重要贡献,现在许多循证医学机构或循证医学数据库都以他的姓氏命名,Cochrane 几乎成为循证医学的代名词。1992 年,《美国医学会杂志》(*JAMA*)发表了循证医学工作组对循证医学的全面阐述。同年 10 月,Cochrane 中心成立于英国牛津。1993 年 10 月,来自 11 个国家的 77 名循证医学倡导者联合成立了 Cochrane 协作网。Cochrane 协作网的任务是通过编写、维护更新、传播卫生保健诊治效果的系统评价(systematic review),为制定高质量的医疗卫生决策提供科学依据。1995 年 10 月,美国医学会(AMA)和《英国医学杂志》(*BMJ*)联合创刊《循证医学》(*Evidence-Based Medicine*),成为循证医学发展史上的一个里程碑。英国还相继建立了成人医学、公共卫生、外科、病理学、药物治疗学、护理学、牙科等各学科的循证医学中心,使循证医学的发展进入了一个新阶段。1997 年,"evidence-based medicine" 被 *MeSH* 收录为医学主题词。近些年,国外循证医学发展迅速,产生了诸如循证医疗(evidence-based health care)、循证诊断(evidence-based diagnosis)、循证决策(evidence-based decision making)、循证内科学(evidence-based internal medicine)、循证外科学(evidence-based surgery)、循证妇产科学(evidence-based gynecology & obstetrics)、循证儿科学(evidence-based pediatrics)等分支。现在,Cochrane 协作网的成员和支持者已遍布全球。循证医学教育已成为国外医学院校医学生的必修课,全科医生及临床各科医生必须接受循证医学的继续教育。

中国的循证医学起步于 1996 年末。1997 年,卫生部正式批准由华西医科大学筹建中国循证医学中心,建成了资料库和培训、出版宣传、网络信息等 6 个工作组并投入了运转。中国循证医学中心于 1999 年 3 月被正式批准加入世界 Cochrane 协作网,成为国际循证医学中心成员之一。中国人口众多,拥有大量的样本、丰富的病种,中医中药对某些病的特殊疗效正受到世界关注,中国参与国际循证医学研究受到国际同行的高度重视。目前,该中心正按病种搜集中国有关疾病临床随机对照试验资料,建立中国的数据库,进行系统评价和卫生技术评价,为中国临床试验和医疗卫生决策提供研究依据,并按国际标准进行科学的系统分析,将资料输入国际数据库,同时分享 Cochrane 协作网已取得的研究成果。经过 20 多年的发展,中国循证医学已经跻身 Cochrane 协作网贡献最大的前 10 个国家;《中国循证医学杂志》中英文版是迄今被 Cochrane 方法学数据库在全球 3 万多种生物医学期刊中系统收录的唯一的中文期刊和非英语母语国家主编的英文期刊。越来越多的中国循证医学专家更加广泛地参与到WHO等影响全球的卫生决策体系中[1]。2019年3月,全球首个中医药领域的循证医学中心——中国中医药循证医学中心在北京成立,该中心将联合国内各大科研机构为中医药的有效性和安全性提供依据。2021年1月,Cochrane中国协作网正式启动,这是一个致力于促进中国循证卫生实践和政策决策的新的区域协作网。Cochrane中国协作网的成员单位包括成立于四川大学华西医院的Cochrane中国中心、成立于香港中文大学医学院那打素护理学院的Cochrane香港以及其他七家成员单位(北京中医药大学循证医学中心、北京大学循证医学与临床研究中心、武汉大学第二临床学院循证医学与临床流行病学教研室、复旦大学循证医学中心、兰州大学健康数据科学研究院、重庆医科大学公共卫生与管理学院循证医学中心、宁波诺丁汉大学循证医学中心)。Cochrane中国协作网通过与临床医生、专业协会、政策制定者、患者、医疗保健机构和媒体合作,促进Cochrane证据在中国更广泛地传播和使用,并为中国的Cochrane系统综述作者提供支持和培训。同年5月,中国临床实践指南联盟(China Clinical Practice Guideline Alliance, GUIDANCE)在北京成立。GUIDANCE是一个多学科团队加盟的、非营利的平台,旨在为我国的循证医学指南制定者提供一个具备方法、资金、项目管理的全环节支持的平台,以提高临床实践指南的公正性、可靠性和适用性,长久持续地为国家整体的卫生决策生态链提供有关卫生技术安全性、有效性、经济效益的信息。

尽管如此,循证医学在我国临床实践和临床科研中的普及程度依然不足。一项早期调查发现,在临床实践中约82%的医生是按传统医学模式行医的;虽然约65%的人听说过循证医学,但对其具体思想、目的和方法所知甚少;绝大多数(约85%)的医生对什么是可靠的、科学的临床证据感到茫然,更谈不上如何寻找真实可信的证据用于自己患者的治疗;知识的获取及更新主要来自阅读综述、专著、零星的文献报道和听取讲座[2]。一项针对临床医务人员对循证医学认知与实践现状的调查发现,调查对象对循证医学的认知水平普遍一般,但来自三级医院、工作年限超过10年、硕士研究生及以上学历的医生对循证医学的认知度较高,开展循证医学实践的频率也较高;影响循证医学实践的前三位因素是时间不足、外语水平低以及循证医学资源了解不足[3]。因此,我国相当一部分基层医护人员在临床实践中的观念还停留在传统医学模式上,加强循证医学的教育才能促进我国临床医学的发展。

三、循证医学实施方法

循证医学的实践分为以下四步:

(1)提出问题:这是临床研究的精髓。在临床实践中,临床医生必须准确采集病史、查体及收集有关实验结果,占有可靠的一手资料,找出临床存在而需要解决的疑难问题。国际上一般采用PICO格式:

---

[1] 李幼平,李静,孙鑫,等.循证医学在中国的起源与发展:献给中国循证医学20周年[J].中国循证医学杂志,2016,16(1):2-6.

[2] 董碧蓉,丁群芳,岳冀蓉.临床医师循证医学知晓度及临床实践现况调查[J].华西医学,2000,15(2):125-127.

[3] 董杉,董晓梅,彭淋,等.临床医务人员对循证医学认知与实践的现况调查[J].循证医学,2012,12(3):175-179.

P（population/patient）人群/患者；

I（intervention）干预措施；

C（comparision/control）比较；

O（outcome）结局。

（2）收集证据：检索有关医学文献，找出与拟弄清的临床问题关系密切的资料。

（3）评价证据：将收集的有关文献应用于系统评价（systematic review）和荟萃分析（meta analysis），做出具体的评价，得出确切的结论，以指导临床决策。

（4）使用证据：将获得的真实、可靠并有临床应用价值的最佳证据用于指导临床决策。对于经严格评价为缺乏疗效甚至有害的治疗措施，应予以否定；对尚难定论并有希望的治疗措施，则可为进一步的研究提供信息。

多数临床医生在循证医学的实践过程中面临最大的困难是无法准确、及时地找到自己所需要的文献。1992年的一项研究发现，一名医生在一年中的每一天必须阅读17篇医学期刊上发表的文章才能跟得上该名医生研究的医学领域的信息更新①。在今天，该数字只会更高。现今国际生物医学期刊已达3万余种，每年发表的文献高达数百万篇。我国医学文献量也在急剧增加，公开发行的医学期刊超过1 500种，平均每年发表文献数以万计，其质量优劣不一。临床医生如何在这种信息的海洋中寻找所需要的最可靠的证据仍是一个问题。另外，临床医生由于工作繁忙，时间有限，没有条件持续追踪大量最新研究，是当前中国临床医生所面临的实际问题，而这恰恰又是实践循证医学的重要环节。

第二节 循证医学资源及其检索

一、循证医学资源的分类和分级

循证医学提倡在临床实践中尽可能使用当前可得到的最佳证据，结合临床经验和患者的意愿进行诊疗方案的选择。其中，寻找证据是关键。加拿大临床流行病学教授布瑞恩·海恩斯（R. Brian Haynes）提出了支持循证医疗决策的循证医学证据结构的"5S"模型②：将原始研究（如PubMed数据库中的原始研究）作为最基层，综述（如Cochrane系统评价）作为次基层，其上是摘要（如单个研究或系统评价的简短描述），再上是关于某种健康状况各方面的相关摘要、综述或研究的总结，最顶层为系统，即整合了临床实践指南的临床决策支持系统（图7-1）。临床决策支持系统实时提供临床实践所需的最佳研究证据，帮助医生做出合理决策。

---

① DAVIDOFF F, HAYNES B, SACKETT D, et al. Evidence-based medicine[J]. BMJ, 1995, 310(6987): 1085-1086.

② HAYNES B. Of studies, syntheses, synopses, summaries, and systems: the "5S" evolution of information services for evidence-based healthcare decisions[J]. Evid Based Nurs, 2007, 10(1): 6-7.

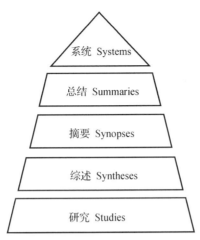

图 7-1 Haynes"5S"模型示意图

进行临床决策时,证据搜索一般按自上而下的顺序,首选系统,其次选总结、摘要、综述,最后选原始研究证据。在实践中,循证医学资源主要分为系统综述(systematic review,也称系统评价)和临床实践指南(clinical practice guidelines)两类。

(一)系统综述

系统综述是指根据人群,针对某一具体临床问题,系统、全面地检索文献,然后按照统一科学标准,筛选出合格的研究,再通过综合分析和统计学处理,得出可靠的结论,用于指导临床决策。系统综述有别于传统的文献综述。传统综述常就某一专题在一段时间内发表的文献进行分析研究、归纳整理,做出具有作者倾向性的描述,反映某一专题的研究概况和发展方向。系统综述收集文献的全面性、质量及综合资料定量分析方法均优于传统综述,从而减少了偏倚和错误程度。

(二)临床实践指南

临床实践指南是以系统综述为依据,经专家讨论后由专业学会制定的。临床实践指南是为临床诊疗决策提供参考和指导的重要文件,能系统地指导临床医生提升临床诊疗水平,改善患者临床结局。

除了证据类型,在临床应用中还要研判证据的真实性、重要性及适用性。循证医学问世以来,先后出现过很多关于证据级别(level of evidence)和推荐强度(strength of recommendation)的标准。2000 年,由包括 WHO 在内的 19 个国家和国际组织成立了"推荐分级的评价、制定与评估(Grades of Recommendations Assessment, Development and Evaluation, GRADE)"工作组,并于 2004 年正式推出了 GRADE 证据质量分级和推荐强度系统。GRADE 系统使用易于理解的方式评价证据质量和推荐等级,已被 WHO、Cochrane 协作网等 110 个国际组织或协会采用(截至 2023 年 12 月)[①]。

GRADE 系统将证据质量分为高、中、低和极低四个等级,将推荐强度分为强推荐和弱推

---

① The GRADE working group. GRADE home[EB/OL].[2023-12-26]. https://www.gradeworkinggroup.org/.

荐两个等级,并提供了用以描述的符号、字母或数字(表7-1、表7-2)。Cochrane 协作网提供 GRADEprofiler 软件(GRADEpro)帮助医疗工作者进行证据质量评价①。

表7-1 GRADE 证据质量分级的详情表

证据级别	具体描述	研究类型	总分	表达符号/字母
高级证据	我们非常确信真实的效应值接近效应估计	• RCT • 质量升高二级的观察性研究	≥0 分	⊕⊕⊕⊕/A
中级证据	我们对效应估计值有中等程度的信心:真实值有可能接近估计值,但仍存在二者大不相同的可能性	• 质量降低一级的 RCT • 质量升高一级的观察性研究	-1 分	⊕⊕⊕○/B
低级证据	我们对效应估计值的确信程度有限:真实值可能与估计值大不相同	• 质量降低二级的 RCT • 观察性研究	-2 分	⊕⊕○○/C
极低级证据	我们对效应估计值几乎没有信心:真实值很可能与估计值大不相同	• 质量降低三级的 RCT • 质量降低一级的观察性研究 • 系列病例观察 • 个案报道	≤-3 分	⊕○○○/D

表7-2 GRADE 证据推荐强度分级

证据质量	推荐强度	具体描述	表达符号/数字
高级证据	支持使用某项干预措施的强推荐	评价者确信干预措施利大于弊	↑↑/1
中级证据	支持使用某项干预措施的弱推荐	利弊不确定或无论高低质量的证据均显示利弊相当	↑?/2
低级证据	反对使用某项干预措施的弱推荐	—	↓?/2
极低级证据	反对使用某项干预措施的强推荐	评价者确信干预措施弊大于利	↓↓/1

二、循证医学资源的利用

循证医学资源分散在名目繁多的生物医学数据库中,通过一定的练习,不难获得有关循证医学的信息资料:系统综述、实践指南及针对某一临床问题具有科学证据的医学文献。在进行循证医学文献检索时,首先应确定拟检索的数据库,然后遵循数据库检索规则在正确分析信息需求的基础上,确定检索途径,选择确切的检索词,明确各检索词之间的逻辑关系与查找步骤,编制出符合检索课题的检索策略。另外,在进行检索时要注意数据库提供的特殊文献类型选项或标志,如 PubMed 数据库可在文献类型中勾选"Systematic Review""Meta-Analysis"等选项,将检索结果限定在系统综述和荟萃分析文献中。

---

① 曾宪涛,冷卫东,李胜,等. 如何正确理解及使用 GRADE 系统[J]. 中国循证医学杂志,2011,11(9):985-990.

三、中文循证医学资源

中文循证医学资源检索主要以中国生物医学文献服务系统 SinoMed(包含中国生物医学数据库 CBM、中国医学科普文献数据库、北京协和医学院博硕学位论文库等)或中国生物医学期刊数据库(CMCC)二次文献库为主。检索这两个数据库中的任何一个都可获得循证医学文献。这两个数据库的内容是基本相同的,不同的是 SinoMed 收录的年代较久,是从1978年开始的,而 CMCC 是从1994年开始的。同时通过中国知网、万方数据知识服务平台、维普中文期刊服务平台、中华医学期刊网等均可检索到相应的循证医学文献,这些数据库的使用方法可参见本书相关章节。

中文循证医学网络资源主要有以下几项。

(1) 中国循征医学中心网(Cochrane China,https://china.cochrane.org)。这是中国循证医学/Cochrane 中心及 Cochrane 中国协作网官方网站。

(2) 中国临床实践指南联盟(GUIDANCE,http://www.guidance.org.cn/)。GUIDANCE 于2021年5月成立,是一个多学科团队加盟的、非营利的平台,目前已组建了重症、传染病、肝癌、检验、儿科、医院药学、呼吸、血液和神经外科9个临床专委会,一个学术委员会和一个方法学专委会。循证医学指南的制作是 GUIDANCE 平台的核心功能和职责,截至2022年底已签订了近20部指南。

(3) 《中国循证医学杂志》官网(https://www.cjebm.com/)。《中国循证医学杂志》是第一份中文循证医学刊物,2001年6月由中国循证医学/Cochrane 中心创办。该网站可免费下载该期刊电子版全文,提供网上投审稿系统。

(4) 循证医学在线(EBM Online,https://www.jebm.cn)。该网站由广东省循证医学科研中心组办,可利用《循证医学》杂志电子版全文、EBM 资料和相关循证医学的新闻等,免费注册。

(5) 丁香园社区(https://www.dxy.cn/bbs/newweb/pc/home)。该网站包括医疗学术论坛、临床病例数据库、用药助手、诊疗顾问、临床指南等资源,部分内容收费。

(6) 微信公众号:怡禾循证。该公众号由怡禾平台的医生遴选一些实用且高水准的专业资料,翻译成中文发布。

四、外文循证医学资源

国外循证医学资源比较丰富,主要有 Cochrane 中心协作网、生物医学综合二次文献数据库、循证临床决策支持系统及各种研究机构网站等。

(一) Cochrane 协作网

Cochrane 协作网(https://www.cochrane.org)是以英国著名流行病学家、内科医师科克伦(Archie Cochrane)的姓氏命名的,成立于1993年,旨在为临床实践和医疗卫生决策提供可靠的科学依据和最新信息。Cochrane 协作网拥有若干个主题小组和多个系统综述小组

(CRG),负责高效、及时地制作高质量的系统综述,为决策者解决最重要的研究问题。Cochrane 协作网在全球 50 多个国家/地区拥有官方地理 Cochrane 小组,这些小组在该国代表 Cochrane,促进和支持 Cochrane 证据在卫生政策和实践中的使用。Cochrane 还有 17 个方法学小组,为 Cochrane 系统综述准备过程中使用方法的创建和实施提供政策建议和讨论空间。Cochrane 中心通过对临床各个专业文献进行系统评价、Meta 分析和临床对照试验,提取对临床医疗真实有效的文献,去粗取精,去伪存真,组成新型的文献集合——Cochrane 图书馆(Cochrane library)。现在已经有超过 7 500 个 Cochrane 系统综述在 Cochrane 图书馆发表。Cochrane 的成果被公认为代表了全球高质量、高可信度证据的"金标准"。

从 2005 年起,Cochrane 图书馆由 Wiley 公司负责出版和发行,分为光盘版和网络版(https://www.cochranelibrary.com/)(图 7-2),数据每季度更新一次。非注册用户可以免费浏览网络版系统评价的摘要和部分开放获取全文,注册并付费的用户可查看全部系统评价全文。

图 7-2 Cochrane 图书馆官网

Cochrane 图书馆包括如下子库。

1. Cochrane 系统综述(Cochrane Database of Systematic Reviews,CDSR)数据库

该库收集了各 Cochrane 系统综述组在统一工作手册指导下完成的对各种健康干预措施的系统评价,包括全文评价(completed review)和研究方案(protocols)。Cochrane 系统综述被称为治疗学的"金标准"证据来源。CDSR 数据库已被 MEDLINE 等多家二次文献库收录,可从 PubMed 免费检出。

这些系统综述可按主题和 PICO 来浏览。虽然只有订阅用户才具有全文访问权限,但部分系统综述以开放获取(open access)协议发表,这意味着所有访问者都可免费获取其全文。

开放获取的文章会有相应的"Open access"标记:粉色标记表示直接开放获取的文章(遵循金色道路);蓝色标记表示发表 12 个月后开放获取的文章(遵循绿色道路)。

2. Cochrane 临床对照试验中心注册(Cochrane Central Register of Controlled Trials, CENTRAL/CCTR)数据库

CENTRAL 在 Ovid 平台中称 CCTR,是收集医疗卫生领域干预效果研究的随机对照试验(RCT)和对照临床试验(CCT)的书目数据库,于 1996 年首次发布,共收录了 30 多万条记录,主要来源于 PubMed 和 Embase 数据库,以及 CINAHL、ClinicalTrials.gov 和 WHO 的国际临床试验注册平台。CENTRAL 每月发布一次。除了书目详细信息(作者、标题、来源、年份等)外,CENTRAL 记录通常包括摘要,但不包括全文。

3. Cochrane 临床答案(Cochrane Clinical Answers, CCAs)数据库

Cochrane 临床答案为 Cochrane 严谨的系统综述研究提供了一个易读易用、以临床为重点的入口,旨在为临床决策提供可操作性的信息。该产品由 Cochrane 和 Wiley 合作开发,并于 2018 年成为所有 Cochrane 图书馆订阅者可用的数据库套件的一部分。每个 CCA 都包含一个临床问题、一个简短的答案,以及 Cochrane 系统综述中最相关的结果数据。证据以用户友好的表格格式显示,包括文字叙述、数据和图标链接。

Cochrane 图书馆提供多种检索方式,除了一般的关键词检索,还支持 *MeSH* 主题词检索和 PICO 检索,这些选项可以在高级检索页面找到。

Cochrane 协作网免费提供多种语言(包括中文)的简语摘要检索。每一篇 Cochrane 系统综述都包含简语摘要。为了易于理解和翻译,简语摘要均采用标准的内容、结构和语言。目前已经有 7 000 余篇简语摘要,可在 https://www.cochrane.org/zh-hans/evidence 页面检索。

(二)循证医学专业数据库

1. Ovid 平台循证医学评论(Evidence-Based Medicine Reviews, EBMR)数据库

EBMR 数据库由 Wiley 公司开发,汇总了从 1991 年至今的重要循证医学资源,可供临床医生、研究者作为临床决策、研究的基础使用,可节省阅读大量医学文献报告的时间。此库目前包括 ACP、CCTR、CDSR、DARE、CMR、HTA、NHS EED 七个子库,每季度更新一次数据,现有数据量 740 000 多条,每年增加约 12 000 条。

(1) ACP——American College of Physicians,美国内科医师学会循证数据库。该库包括《美国内科医师学会杂志俱乐部》(*ACP Journal Club*,由美国内科医师学会出版)与《循证医学》(*Evidence-Based Medicine*,由 ACP 与英国医学杂志集团合作出版)两种出版物,每月至少过滤 50 种以上的核心期刊,搜寻最佳的原始与评论性文章,结构化整理摘要评论与摘要其中重要的医学实证所得。

(2) CCTR——Cochrane Controlled Trials Register,Cochrane 临床对照实验数据库。

(3) CDSR——Cochrane Database of Systematic Review,Cochrane 系统综述数据库。

(4) DARE——Database of Abstracts of Reviews of Effectiveness,疗效评价数据库。该库从 MEDLINE 等数据库中通过人工审查原始文献,筛选关于临床干预措施和政策有效性的系

统综述。自2015年4月起的文摘由南安普敦大学的国家研究院健康研究传播中心(National Institute for Health Research Dissemination Centre)提供。

(5) CMR——Cochrane Methodology Register, Cochrane方法学数据库。该库收录了9 000多种关于对照实验的期刊论文、著作节选、会议文集、会议摘要,以及正在进行的方法学研究报告目录。

(6) HTA——Health Technology Assessment,卫生技术评估数据库。该库由英国约克大学评价与传播中心(CRD)编制,收集来自国际卫生技术评估协会网(INHTA)和其他卫生技术评估机构提供的完成和正在进行的卫生技术评估约4 000份,多为有关卫生保健干预的医学、社会学、伦理学和经济学意义的研究,包括如疾病的预防、筛查、诊断、治疗和康复的药物、疫苗、器械设备、医疗方案、手术程序、后勤支持系统和行政管理组织等具体内容。

(7) NHS EED——National Health Service Economic Evaluation Database,英国国家医疗服务体系经济评价数据库。该库主要提供关于卫生保健干预措施的成本和效益分析方面的资料,可协助决策者从全世界搜集系统性的经济性评估,并鉴定其质量及优缺点。

2. JBI循证实践医疗与护理数据库(JBI Evidence-Based Practice Database and Journal Package)

位于澳大利亚的乔安娜·布里格斯研究所(Joanna Briggs Institute, JBI)是全球领先的循证实践机构之一。该机构开发的实证基础实务模式已被医疗护理领域视为基准指标。使用此模式,临床医生和医疗护理专业人士可以评估全球一流的主要文献,采用严谨的方法评估相关性、正确性及科学可信度;集成及转换实证结果;并利用该信息尽可能提供最高质量的患者治疗和照护。JBI循证实践医疗与护理数据库通过OvidSP平台访问,包括循证实践资源库(Evidence-Based Practice, EBP)和JBI工具两部分。

(1) 循证实践资源库每周更新,内容涵盖一般医学、急症护理、癌症护理、感染控制、影像诊断、感染控制、助产护理、外科服务、烧伤护理、慢性疾病等领域,包括下列5种内容类型。① 证据概述:对常见医疗保健干预措施和活动总结的现有国际文献的文献综述;② 循证建议实践:依据可获得的最佳证据,描述和/或建议不同临床课题实践的程序数据库;③ 最佳实践信息表:专为执业保健专业人士所制的一系列信息指南表;④ 系统性评价:由训练有素的JBI评论家对国际研究文献所作的综合性、系统性评论汇编;⑤ 消费者信息表:标准化的概述,专为医疗保健消费者设计(患者/客户、亲属、护理机构)。所有的证据皆遵循FAME原则——可行性(Feasibility)、适宜性(Appropriateness)、临床意义(Meaningfulness)和有效性(Effectiveness)。

(2) JBI工具提供4大类工具:定点照护(Point of Care)、证据评估与实施(Appraisal and Implementation)、质量改进(Quality Improvement)和研究(Research)。

3. NHS循证医学数据库

NHS循证医学数据库由NHS设在约克大学的评价与传播中心(Centre for Reviews & Dissemination, CRD)开发。该数据库提供多种循证医学资源,包括系统综述指南(https://

www. york. ac. uk/crd/guidance/)、培训课程(https://www. york. ac. uk/crd/training-services/)、出版物(汇集了 NHS 有效性事项、NHS 证据简报、报告、书籍等,https://www. york. ac. uk/crd/publications/)、非 cochrane 系统评价注册平台 PROSPERO(2011 年启动,https://www. crd. york. ac. uk/prospero/)等。

NHS 循证医学数据库包含 3 个库:疗效评价数据库(DARE)、NHS 经济评价数据库(NHS EED)、卫生技术评估数据库(HTA)。其特点是既可同时检索 3 个数据库,也可单独检索其中 1 个数据库,可用"AND""OR""NOT"逻辑运算符,检索功能较为完善,并可对检出结果排序。相关内容也可以通过 EBMR 检索。

需要注意的是:① CRD 承诺至少在 2024 年 3 月底之前会维护 DARE 和 NHS EED 的存档版本(两库的书目记录截至 2015 年 3 月 31 日,2015 年 4 月起 DARE 的文摘由南安普敦大学的国家研究院健康研究传播中心提供);② 自 2018 年 3 月 31 日起,CRD 页面上的 HTA 数据库版本仍然可用,但随着提交已过渡到 INAHTA 提供的新平台(https://database. inahta. org/),其不再接收新记录。

4. PEDro 数据库

PEDro 数据库(https://www. pedro. org. au)是一个免费的物理治疗证据数据库,由澳大利亚的物理治疗循证中心(CEBP)创建并维护,集成了超过 6 万项物理治疗循证医学相关的临床试验、系统评论和循证临床实践指南,每月更新一次数据,最早的实验可追溯至 1929 年。检索结果优先显示临床实践指南,然后是系统评价,最后是试验。每一条记录包括作者、标题、方法、方法得分及摘要。该网站还包括很多 EBM 教程资源。

5. Best Evidence Topics(BestBETs)网

BestBETs 网(https://bestbets. org/)是英国曼彻斯特皇家医院开发的为急诊医学服务的循证医学网站,旨在为临床医护人员提供快速获取实际问题相关循证医学解答的工具。内容包括临床问题、临床表现、检索策略、检索结果、相关文献列表、评价、临床概要等。

(三)循证临床决策支持系统

随着医学信息的快速发展,临床决策支持系统(clinical decision support system,CDSS)逐渐被引入循证医学领域,产生了循证临床决策支持系统。循证 CDSS 强调以快速更新的医学文献作为知识来源,其目的是将文献中蕴含的基于最佳临床证据的各类诊疗知识快速且有效地应用到临床实践中,为医护工作者提供基于最佳科学证据的决策建议[①]。

近年来,Wiley、EBSCO、BMJ 等国际知名的出版公司均研发了各自的循证临床决策支持工具。这些循证临床决策支持数据库的共同特点是:提供多维度的决策支持信息辅助临床决策;一站式的证据检索平台;结构式的证据摘要;证据分级与循证临床推荐意见;同行专家参与证据分析;数据库资源的 APP 访问和远程访问[②]。

---

① 张寅升,李昊旻,段会龙. 循证临床决策支持系统概述[J]. 中国卫生质量管理,2018,25(4):99-104.
② 耿劲松,陈亚兰,吴辉群,等. 循证临床决策支持的网络资源研究[J]. 中国数字医学,2015,10(10):17-19,35.

1. DynaMed

DynaMed(https://www.dynamed.com/)是EBSCO出版集团旗下的临床决策支持系统。DynaMed最初由美国卫生保健专业医生布瑞恩·阿伯尔(Brian S. Alper)在校期间创建,2005年被EBSCO出版集团收购。2011年EBSCO出版集团与加拿大麦克马斯特大学(McMaster University)卫生信息研究所合作,2014年重新推出DynaMed Plus。该数据库由专业的编辑团队基于严格的七步循证方法,系统评估和监测当前所有相关的研究,力求呈现给临床医生最小偏倚的证据。DynaMed Plus能够无缝集成到临床工作流程中,通过EHR集成、方便的移动应用程序、简化的单点登录等功能来预测并响应时间紧迫的临床医生的需求。平台每天更新,可采用多种方式进行检索和阅读,在强大的搜索技术支持下,DynaMed Plus可快速识别问题并展示关键要点、有针对性的概要和明确定义的建议,对于需要更深入研究的内容提供指向主要文献的一键式链接。

2. BMJ Best Practice

BMJ Best Practice简称BMJ BP(https://bestpractice.bmj.com),中文名称为BMJ临床实践。它是BMJ出版集团于2009年发布的临床决策支持工具,其前身是BMJ Clinical Evidence(临床证据)数据库。BMJ BP综合了世界最新的研究成果、指南和专家意见,涵盖超过30个医学专科,其标准化结构涵盖包括预防、诊断和治疗的诊疗全流程,帮助医务工作者快速、方便地获取最新信息并做出临床决策。BMJ BP支持单一疾患和伴复杂合并症患者的管理,是唯一拥有特定合并症管理工具的临床决策支持系统。该平台包含近500份循证患者教育资料、循证医学工具包、可离线使用的医学计算器、5 000余幅(段)临床操作演示图片(视频)等,正文中以弹出形式嵌入了65 000余篇参考文献。平台上任一专题均可进行完整的PDF下载,针对改变临床实践的证据会做出醒目提醒。其APP移动客户端支持离线访问。

该平台与Cochrane临床答案(Cochrane Clinical Answers)紧密联系,有助于从研究证据中提炼可靠的临床观点。数据每天更新。平台还提供了10个免费主题,可供非订阅用户浏览。所有之前出版的BMJ临床证据全文,在出版2年后均可从PubMed免费获取。

3. UpToDate数据库

UpToDate数据库(https://www.uptodate.com/,中文网站https://shl.uptodate.com/home)创建于1992年,是荷兰Wolters Kluwer出版集团旗下的临床决策支持系统,为临床医生提供即时、循证的临床医药信息,快速解答临床专业人员提出的相关临床问题,并提供临床治疗建议,协助临床医生进行诊疗决策。该库涵盖了25个医学领域的1万多个医学主题,每个主题之下设有细分的专业类别,基于循证医学进行证据分级和推荐分级,包含9 800多条分级推荐意见、7 600多篇英文药物专论、544 000多条MEDLINE参考文献,数据每日更新。该数据库检索方式简单易行,还提供图表搜索、医学计算器、患者教育和7 400多个药物专题的药物决策。其移动访问支持语音搜索。

4. Essential Evidence Plus(EEP)数据库

EEP数据库(https://www.essentialevidenceplus.com)是Wiley公司旗下的综合临床决策

支持系统,旨在通过提供高质量的研究证据给予医务人员循证决策支持。该系统提供的信息主要包括:① 证据主题精要,对所有相关医学文献按主题进行评价以保证证据的真实性,并将证据整合成为临床医生短时间内做出决策所需的精要;② 以患者为导向的证据摘要和患者信息;③ 决策支持工具和计算工具,用以评估诊断和预后措施,计算患病风险,选择有效和安全的药物剂量等;④ Cochrane 系统综述;⑤ 循证医学指南,常见疾病的临床诊疗过程的循证临床实践指南,以及循证的证据分级概要;⑥ 药品安全警戒,通过电子邮件的提醒服务告知用户最新的药品安全信息。

（四）生物医学综合二次文献数据库

1. MEDLINE

MEDLINE 由 NLM 创建,共收录自 1966 年至今的 5 200 多种生物医药期刊的索引与摘要,提供了有关医学、护理、牙科、兽医、医疗保健制度、临床前科学及其他方面的权威医学信息,被美国、欧洲及中国等药品监督管理机构列为必检数据库。在互联网上,任何人通过 PubMed 均可免费检索 MEDLINE,并可访问其中开放获取的全文。用户也可通过 Web of Science 平台、EBSCOhost 平台访问 MEDLINE 数据库。

要有效地检索 MEDLINE,必须对该库的结构和文献标引有一个比较完整的了解,还需要知道如何使用医学主题词（如 *MeSH*）、文本词检索和扩展检索以及逻辑运算符等。MEDLINE 的标引人员选用 *MeSH* 主题词来标引每一篇文章,而用户则可以使用这些主题词构建检索策略。必须注意的是,标引人员总是用专指性强的主题词标引文献。例如,"心室功能紊乱,左"就比"心室功能紊乱"专指性更强。这就意味着用泛指的主题词（如心室功能紊乱）去检索就会漏检一些更有意义的文献。使用扩展检索可以检出用某一主题词及其下位词标引的所有文献。另一个检索方法是,用作者使用的名词术语取代主题词进行文本词检索,这样可获取检索词出现在标题或文摘中的所有文献。PubMed 具有使用 *MeSH* 主题词和文本词进行综合检索的自动转换功能。需要注意的是,新近被收录的文献倘若尚未进行主题词标引,则此时只能用自由词检索。

在检索结果页面,我们只需在左侧"Article type"选项表中勾选"Meta-Analysis"、"Randomized Controlled Trial"及"Systematic Review"选项,即可将结果限定在循证类资源中。我们还可以运用 PubMed 中的"临床查询（Clinical Queries）"来查找临床研究文献（图 7-3）。该入口使用带有内置搜索过滤器的专用搜索方法。可选择的临床研究类别包括治疗方案、诊断、病因、预后或临床预测指南。该库的详细使用方法参见本书第三章第三节。

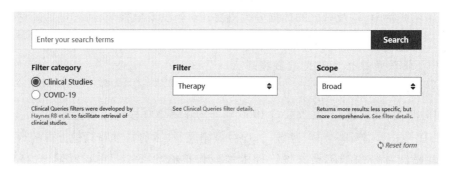

图 7-3　PubMed 临床查询

2. Embase

Embase 是由 Elsevier 集团提供的大型生物医学及药学文献书目数据库。与 MEDLINE 一样,该库也是目前世界上最常用的生物医学文献库之一。其前身为著名的荷兰《医学文摘》(*Excerpta Medica*)。Embase 可帮助用户建立全面的系统评价,研究特定主题的公开发表的文献,帮助进行循证医学决策。它收录了从 1947 年至今的最重要的国际生物医学文献,包括来自 95 个国家和地区的 8 500 多种期刊(包括 MEDLINE 期刊),其中 2 900 多种为 Embase 独有期刊。该库所有文章都使用 Emtree 同义词库进行全文索引(用户可从 Emtree 中选择术语,一键将其传输到搜索策略,查看术语的同义词、含义和所有实例)。用户利用搜索向导和模板可轻松构建以证据为导向的 PICO(循证医学文献检索格式)搜索。该库每天更新数万条记录,支持药物不良事件筛查、医疗器械信息搜索等。Cochrane 协作网推荐 Embase 为循证医学必检数据库。有关 Embase 检索方法参见本书第三章第五节。

(五) 临床实践指南资源

临床实践指南主要来源于各国建立的临床实践指南网站。有关网站很多,其中规模比较大且权威的有美国国家指南交换中心和加拿大临床医学实践指南网站等。

1. 美国国家指南交换中心(National Guideline Clearinghouse,NGC)网站

NGC 网站(https://www.ahrq.gov/gam/index.html)是由美国卫生健康研究与质量管理局(Agency for Healthcare Research and Quality,AHRQ)、美国医学会(American Medical Association,AMA)和美国健康计划协会(American Association of Health Plans,AAHP)于 1998 年联合制作的一个提供临床实践指南和相关证据的功能完善的免费数据库。它收录了来自全世界 300 多个指南制定机构提供的上千个涵盖多种病症的预防、诊断、治疗和预后等临床操作指南的结构性摘要,用户可免费检索,并可通过链接读取全文。

2. 加拿大医学会临床实践指南信息库(CPG INFOBASE)

CPG INFOBASE(https://joulecma.ca/cpg/homepage)于1995年成立,其中指南由加拿大各地和各机构团体提供。该网站提供关键词搜索、浏览、基本检索和高级检索等多种检索途经。网站包含近1 200份指南,其中一半以上的指南有全文。不过从2023年起,网站改版,不再提供专用指南检索页面。

3. 苏格兰校际指南网站(The Scottish Intercollegiate Guidelines Network,SIGN)

SIGN(https://www.sign.ac.uk/)建于1993年,重点关注癌症、心血管疾病和心理卫生等领域。该网站现有近170份指南,提供指南全文。

4. 指南中心(Guideline Central)网站

Guideline Central 网站(https://www.guidelinecentral.com/)是全球最大的免费指南数据库,提供来自35家医学协会和政府机构的2 600份免费临床指南综述,包括多种分类浏览和搜索路径,支持手机App访问。

5. 国际指南协作网(Guidelines International Network,GIN)

GIN(https://g-i-n.net/)成立于2002年,是一个全球性的协作网络,目前拥有来自47个国家/地区的119名组织成员和107名个人成员。其开放获取的GIN图书馆包含GIN成员发布或认可的3 000多个指南的链接,以及来自非成员组织的健康指南。

其他较有影响力的临床资源指南网站还有:新西兰临床实践指南(NZGG)网站、德国指南交换中心(GGC)网站、英国临床指南(PRODIGY)网站、英国国家临床示范研究所(NICE)网站、芬兰循证医学指南(EBM Guidelines)网站等。临床实践指南一般都会发表在各类医学期刊上,所以在很多医学信息检索平台都可以进行综合检索。

(六)循证医学资源元搜索引擎

1. SUMSearch

SUMSearch(https://sumsearch.org/)是由美国得克萨斯大学圣安东尼奥卫生科学中心(University of Texas Health Science Center at San Antonio,UTHSC)开发的使用元搜索引擎技术的医学证据搜索引擎,可帮助用户实现对一系列临床问题的最优搜索。SUMSearch与PubMed平台的临床查询相似,但是SUMSearch的文献搜索范围更广,可同时对CDSR摘要、PubMed、NGC、AHRQ(美国卫生研究质量管理机构的资料库)、Merck Manual等数据库进行跨库检索,系统会自动将结果进行整合。使用者也可根据自己的需要进行针对病因、诊断、治疗、预后等的限制检索。使用中注意严格评价证据质量。

2. TRIP数据库

TRIP数据库(https://www.tripdatabase.com/)于1997年建立,涵盖了100余个高质量医学信息网站(包括CDSR和DARE),以及临床指南和常用医学期刊(如《美国医学会杂志》、《新英格兰医学杂志》和《英国医学杂志》等)数据库,旨在让用户快速轻松地查找和使用高质量的循证研究证据。其座右铭是"快速找到证据"。检索时可一次打开多个数据库,每个数据库及其检索结果用不同颜色加以区别,以便于选择性地浏览相关内容。该库有免费版和专业收费版两种版本。

（七）循证医学网上免费杂志

1. BMJ 系列循证医学杂志

（1）《循证医学》（*Evidence-Based Medicine*，*EBM*）

EBM 是最早介绍循证医学的权威医学期刊。该刊 1991 年至 1999 年由美国内科医师学会主办，2000 年开始由英国医学杂志接办，网上可免费获取该刊文献全文（https://ebm.bmj.com/）。该刊从大量国际性医学杂志中筛选内科、家庭医学、外科、精神病科、儿科、妇产科等学科的重要临床进展，选取方法学正确、相关的临床论文；治疗学论文必须采用随机试验，并有 80% 以上的随访率；诊断论文必须和诊断学"金标准"比较，有独立盲法检验。每篇论文都按问题、数据来源、论文选择、数据抽取、主要结果、结论、专家评论的体例编排。其参考文献除期刊论文外，有时还有重要学会会议录文摘。该网站提供多种检索途径，可按标题、作者、摘要、参考文献、出版时间等字段限定检索，并支持全文检索。

（2）《循证护理学》（*Evidence-Based Nursing*，*EBN*）

EBN 是英国医学杂志出版集团和英国皇家护理学会共同出版的一份季刊，专注护理领域。*EBN* 网上检索方式与 *EBM* 相同（https://ebn.bmj.com/）。目前可检索到自 1998 年以来各期杂志的相关内容，可免费获得全文。

（3）《循证心理健康》（*Evidence-Based Mental Health*，*EBMH*）

EBMH 同样是季刊，专注精神健康领域。*EBMH* 网上检索方式与 *EBM* 相同，目前可检索到自 1998 年以来各期杂志的相关内容，可免费获得全文（https://ebmh.bmj.com/）。

2. ACP 系列刊物

（1）《美国内科医师学会期刊俱乐部》（*ACP Journal Club*）（1991—2008）

该刊是美国内科医师学会在 1991 年 1 月至 2008 年 4 月期间出版的文章和社论的集合，当时它是一本双月刊独立期刊。自 2008 年 5 月以来，该刊已作为《内科医学年鉴》的月刊出版，总结了来自 120 多种临床期刊的内科最佳新证据。网上可免费获取部分全文（https://www.acpjournals.org/loi/ajc）。

（2）《内科医学年鉴》（*Annals of Internal Medicine*）

该刊由美国内科医师学会于 1927 年创立，主要发表与临床实践、医疗保健服务、公共卫生、医疗保健政策、医学教育、伦理和研究方法相关的各种原创研究、评论文章、实践指南和评论。该刊是被引用次数最多的普通内科期刊，也是世界上最有影响力的期刊之一，每周二在线发布新文章。网上可免费获取部分全文（https://www.acpjournals.org/journal/aim）。

（3）《内科医学年鉴：临床病例》（*Annals of Internal Medicine*：*Clinical Cases*）

该刊由美国内科医师学会和美国心脏协会合作出版，2022 年创刊。它是一本经过同行评审的开放获取期刊，主要发表病例报告、病例系列、医学图像/视频病例和医学领域的临床反思。网上可免费获取全文（https://www.acpjournals.org/journal/aimcc）。

3. Bandolier 杂志（*Bandolier Journal*）

该刊是由英国牛津大学于 1994 年创办的月刊，网络版始于 1995 年，可免费获取全文。该刊使用循证医学技术,对原始试验论文的综述进行系统综述,为医学专业人员或患者提供有关疾病(特别是治疗方面)的科学依据。资源来源于 York 疗效分析公报,以及近年来 PubMed 或 Cochrane 图书馆收录的系统综述、Meta 分析、随机对照试验、高质量的病例对照研究、队列研究等。2007 年该刊纸质版停刊,但网站保持不定期更新(https://www.bandolier.org.uk/)。

4. 免费医学杂志(Free medical journals)网站

该网站收录了 5 000 多种免费医学刊物,可按学科、全文开放时间、影响因子等分类浏览,对于需要获取免费医学文献全文的用户来说十分便利(http://www.freemedicaljournals.com/)。

(八)其他循证医学资源举要

1. Students 4 Best Evidence

该平台(https://www.students4bestevidence.net/)由 Cochrane 中心提供,是一个为对循证医疗感兴趣的学生而打造的网络社区,可提供海量学习资源。

2. NIH 临床试验数据库

该数据库(https://www.clinicaltrials.gov)是由 NIH 于 2000 年推出的临床试验数据库,由 NLM 维护,其结果数据库(Results Database)于 2008 年发布。该网站提供来自全世界 223 个国家与地区以及美国 50 个州注册登记的近 50 万个临床试验的详细信息。该网站可免费访问。

3.《默沙东诊疗手册》(*MSD Manual*)网站

《默沙东诊疗手册》是一本由美国和加拿大医学专家开发的医学参考书,该手册于 1899 年首次出版,是世界上使用最广泛的医学信息资源之一,涵盖了各种病种、药物、治疗方法和预防措施。该手册网站有医学专业人士版、大众版和兽医手册三个版本,作为免费的公众服务提供给医疗专业人士和普罗大众。网站支持多语种,包括中文(https://www.msdmanuals.cn)。

4. EBM Toolkit

该网站(http://www.ebm.med.ualberta.ca/)由几位加拿大人开发,集成了可用于 EBM 的各种资源和工具,包括从证据的查找、评估到临床应用所需的各种指南、术语词表等。网站已经不再更新。

5. Finding and Appraising the Evidence

该平台(http://www.healthknowledge.org.uk/interactive-learning/finding-and-appraising-the-evidence)提供由阿曼达·布尔斯(Amanda Burls)与安妮·布莱斯(Anne Brice)编写的 6 个在线单元课程。这些课程主要针对如何寻找证据,以及如何评价已被发表的试验的有效性与可信性,从而提供有效并高效的医疗。

6. 牛津循证医学中心(CEBM)网站

CEBM 网站(https://www.cebm.ox.ac.uk/)是全球著名的循证医学研究和学习中心,提供很多 EBM 学习资源。该网站有一个持续更新的证据等级表(OCEBM Levels of Evidence),并有不同语言版本。相关资料可免费下载。

第八章 医学论文写作

科技论文是对科学技术领域的现象进行研究并描述其成果的文章,简言之,它是科研成果的总结。它记载着人们探索真理的过程,反映科研工作的水平和价值,是科研工作者之间进行学术交流的文字记录。医学论文是科技论文的一部分,是以一定的科学理论为指导,把医学科研工作者在科研、医疗、预防、教学、护理等工作实践中所获取的第一手资料,经过分析、归纳等思维劳动,用文字撰写而成的文章。撰写论文是科研工作的重要组成部分,同时也是取得学历、学位和晋升职称的必要条件。科技论文既总结研究成果,又综述研究过程;既起促进作用,又有启示作用。医学科研工作者通过撰写医学论文,不仅可以扩大视野,掌握国内外医学动态,而且能提高科研设计能力、研究能力及教学能力和业务水平。如果只做科学研究,而不撰写论文,则其科学研究成果无从体现,无法得到推广和交流,也就丧失了科学研究的意义和作用。医学论文是医学文献的重要组成部分,既是进一步开展医学研究、学术讨论及帮助读者提高业务技术水平的有力工具,也是掌握、了解医学科学进展的主要信息来源,可以为医学科学知识的积累、交流、传播、继承和创新提供条件和依据。由此可知,医学论文像一面镜子一样,可反映出一个国家、一个地区或一个单位的医学科学水平和工作风貌,更能反映出人才质量和科研水平的高低。因此,如何撰写出高质量的医学论文是广大医学科研及医务工作者应该掌握的基本技能,是摆在每个医学科研及医务工作者面前的一个重要课题。

第一节 医学论文的写作要求

一、论文的科学性

科学性是医学论文写作的基本要求,是医学论文的灵魂。论文的科学性主要包括以下3层含义:一是论文内容的科学性,即论文研究内容是真实的。医学研究的对象是人,无论用实验研究、现场调查还是用临床观察的方法来研究人类生命活动过程,目的都是要找出人类疾病的发生、发展规律和防治方法,促进人类健康长寿。因此,医学论文写作内容的真实可靠,不仅要求能够客观地反映医学科研的实践与经验,其科学价值还应该能接受实践的检验。二是论文表述的科学性,即表述准确、明白。表述的科学性具体表现为:语言的使用要十分贴切,不得含糊;概念的表述要选择科学术语;数值的表述要严谨、准确,并经统计学处理。三是论文结构的科学性。论文结构要具有高度严密的逻辑性,要用相关分析、综合归纳等方法从错综复杂的事物事理中找到其内在规律性。

二、论文的创新性

科学贵在创新,只有不断创新,人类社会才会进步,医学科学也不例外。创新性是医学论文的生命,没有创新就没有医学科学的发展。所谓创新性,就是要有所发现、有所发明、有所创造、有所前进,要以科学的、实事求是的、严肃的态度提出自己的新见解,创造出前人没有过的新方法、新理论或新知识,而决不能简单重复、模仿甚至抄袭前人的成果。在医学论文写作中,创新性是指创新点的有无,并不是指创新点的大小。也就是说,不论创新点是大是小,只要有微小的创新就可写论文。

三、论文的学术性

学术性是医学论文写作的本质要求。所谓学术,是指比较专门、系统的学问。医学论文一般是由论点、论据、论证构成的,因而要站在一定的理论高度,分析有学术价值的问题,研究某一具体的、专门的、系统性的学问,要引述各种事实和道理去论证自己的新见解,以揭示人类机体与疾病之间相互关系的内在本质和变化规律。

四、论文的可读性

可读性是医学论文的价值体现和交流的必要条件。单调乏味的论文难以引起人们的阅读兴趣,内容再好也难以达到交流的目的,其价值也就不容易得到体现。因此,医学论文的写作力求文风朴实,讲究逻辑,深入浅出,用词要准,语句生动有吸引力,还要注意结构上要既简明又严谨,层次分明,语句通顺,能突出重点。

五、论文的规范性

规范性也是医学论文写作的一个重要特点,只有共同遵循一定的规范原则,作者所表达的意思才会具有专一性,不致被读者误解。医学论文在长期的科研、医疗、教学等实践活动中已经形成了比较固定的格式,而且随着国际学术交流的不断增加,医学论文的写作要求也趋向国际化。为使科研论文的写作格式达到科学的统一,早在1979年国际医学期刊编辑委员会(International Committee of Medical Journal Editors,ICMJE)就公布了《生物医学期刊投稿的统一要求》(*Uniform Requirements for Manuscripts Submitted to Biomedical Journals*)。多年来该格式多次改版,现在更名为《学术研究实施与报告和医学期刊编辑与发表的推荐规范》(*Recommendations for the Conduct, Reporting, Editing, and Publication of Scholarly Work in*

Medical Journals)(https://www.icmje.org/)。目前,国内外的生物医学期刊大多采用这种格式。医学论文是存储医学信息的载体形式,规范的写作能保证医学信息在传递、交流和利用等各个环节得到科学的统一,为检索提供方便,从而更准确、完整地反映当代医学发展水平。

第二节　医学论文写作的三大要素

医学论文写作的三大要素包括论点、论据和论证,其中最主要的要素是论点和论据。也就是说,医学论文是以医学原理或以医学实践、医学观察、调查或实验等所获得的资料、数据,来阐述医学领域中的某个新观点或新结论。

一、论点

论点就是作者在论文中所提出的观点,表明在这篇论文中要证明什么。它是论文论述的中心,是文章的核心,也就是作者在论文中的论述都要围绕论点这个核心来展开。论点应符合以下三点要求:第一,正确无误。论点必须如实地反映客观事物,揭示事物的本质和发展规律,经得起推敲和反驳。第二,明确清晰。作者对所论证的问题,要明确表示肯定什么,否定什么,赞成什么,反对什么,态度明确,毫不含糊。第三,行文简洁,高度概括,即以言简意赅的语言描述论文的观点。

二、论据

论据是论文中用来证实论点的材料和证据,表明用什么来证明。论文中的论据包括理论性论据和事实性论据。事实性论据是指观察到的现象、收集到的数据、建立的标本和模型等。论点和论据有着极为密切的内在联系。一个论点能否确立,主要取决于论据,如果论据不真实、不充分,论点就确立不起来。因此,论据必须具有真实性、充分性、代表性和重复性,它是构成论文的基础。

三、论证

论证就是著者组织和安排论据来论述论点的方法和过程,表明如何进行证明。一篇文章如果有了论点和论据,但是没有阐明论点与论据之间的内在联系,这就形成了论点、论据分离,观点、材料不统一的局面,便不符合论文的要求。论文中的论证过程,实际上就是理论联系实际的过程,既是摆事实、讲道理的过程,也是分析问题、解决问题的过程。只有运用严密的逻辑推理和辩证唯物主义的观点和方法来分析问题、解决问题,把论点和论据之间的内在关系建立起来,才能成为一篇有说服力的论文。因此,论证是论点与论据之间的纽带,是串联论文的黏合剂。

第三节 医学论文的种类

医学论文按其写作目的、要求和研究方法的不同,分为学位论文和学术论文两大类。

一、学位论文

学位论文是指作者从事医学科学研究取得创造性的成果或有了新的见解后,以此为内容撰写而成的、作为申请授予相应学位时供评审用的学术论文。学位论文对应于学位分为学士论文、硕士论文、博士论文。

(一) 学士论文

学士论文应能表明作者确已较好地掌握了本门学科的基础理论、专业知识和基本技能,具有从事科学研究工作或担负专业技术工作的初步能力,并能解决不太复杂的问题。学士论文由大学本科毕业生在老师的指导下撰写,篇幅在 8 000 字左右。

(二) 硕士论文

硕士论文应能表明作者确已掌握了本学科的坚实的基础理论和系统的专业知识,并对所研究的课题有新的见解,有从事科学研究工作或独立担负专业技术工作的能力,并能够解决科学研究及技术工作中比较复杂的问题。硕士论文由硕士研究生在导师的指导下撰写,篇幅在 30 000~40 000 字之间。

(三) 博士论文

博士论文应能表明作者确已掌握了本学科的坚实宽广的基础理论和系统深入的专门知识,并且具有独立从事科学研究工作的能力,在科学研究或专业技术上取得了创造性的成果,反映出作者在某一领域有渊博的知识和熟练的科研能力。博士论文由博士研究生独立撰写,篇幅在 50 000 字以上。

二、学术论文

学术论文是某一学术课题在实验性、理论性或观测性上具有新的研究成果或创新见解和知识的科学记录;或是某种已知原理应用于实际中取得新进展的科学总结,用于学术会议上宣读、交流、讨论或在学术刊物上发表。医学学术论文是医学工作者研究成果的体现,其主要阅读对象是同行专业人士,故应重点介绍医学专业领域新的研究成果,而不必过多地叙述一般研究过程,篇幅不宜过长,一般以 5 000 字左右为宜。

(一) 实验研究型学术论文

实验研究型学术论文是以实验本身为研究对象,或者以实验为主要研究手段而得出科研成果后撰写的学术论文。前者围绕实验装置或新药品、实验条件、实验方法进行讨论,从而得出实验装置、条件、方法和新药在临床各科应用的可能性与推广价值;后者以新的制剂、实验仪器和设备为研究手段,通过实验验证某种设想和发现新的现象,从而找出新的规律,得出有实际价值的结论。例如,在临床试验和动物实验中,受试的人或动物经人工处理后再观察其反应,并进行分析和总结,得出相应的结论。

(二)观察研究型学术论文

观察研究型学术论文所表达的研究成果是通过有计划、有目的地对研究对象进行反复细致地观察、记录,以揭示研究对象的本质,从而寻找其规律,并上升到理论;或是指在临床上不施加人工处理因素,对一定对象(正常人、患者)进行观察、分析和比较后最终撰写出来的论文。例如,疗效观察、病例分析、新诊疗技术的应用等都属于这种类型的学术论文。

(三)基础理论型学术论文

基础理论型学术论文是指运用基础理论所阐述的方法进行研究而撰写的学术论文。在医学领域里,特别是基础医学领域,也有些论文不以实验和观察作为论文的核心部分,只是以实验和观察作为其理论推导的根据和假说的出发点,或者作为结论的证明材料,从而得出有实际价值或理论价值的科学结论,如疾病病理机制的研究论文等。

(四)总结经验型学术论文

总结经验型学术论文是指通过对既往积累的丰富资料,包括个人平时观察到的记录等,进行回顾性总结而撰写的学术论文,如临床经验体会、专题研究总结等。

(五)调查研究型学术论文

调查研究型学术论文是指在一定的人群中,采用调查方法对某种疾病的发病情况、病因病理、防治效果进行流行病学调查,经过分析、整理、统计学处理后撰写的学术论文。如有关疾病防治方案的评价、流行病学调查报告、生理数据的测定等都属于调查研究型学术论文。

第四节 医学论文的体裁

医学论文的体裁是由论文的内容来决定的,不同的内容选用不同的体裁。医学论文的体裁主要有以下8种。

一、论著

论著也称原著或原始论文,是医学论文最主要的一种体裁,也是医学期刊的核心部分。论著一般是通过科学的实验设计,选择合适的观察研究对象,经过严密的观察以及收集、记录、整理数据资料,对结果进行归纳总结,得出结论后撰写而成的。

二、综述

综述是指以某一领域的某一课题为中心,对已公开发表的文献资料进行综合评述。这种论文的综合性比较强,能反映该领域的新技术、新进展和新动态,并附以大量参考文献,使读者能在短时间内了解该领域的研究概况、存在问题及今后的展望等。

三、研究简报

研究简报是研究性论文的简要报道,通常是在作者对论文全文的考虑还不成熟,查找资料不够完备的情况下撰写而成的,撰写研究简报的目的是争取时间,尽快公布阶段性的研究成果。有时期刊编辑会根据版面要求将论文改为简报,简报一般篇幅较短。

四、病例报告

病例报告通常是1例或数例报告,以少见病、罕见病、疑难重病或新疾病为主要报告对象,也包括一些常见病、多发病的特殊临床表现、诊断或治疗方法。病例报告对读者的临床实践工作有指导价值。其一般篇幅较短。

五、学术讨论

学术讨论是针对学术上还不很成熟、还没有形成系统理论依据的研究专题,就其现阶段的研究成果做探讨性的论述,以引起同行对这一专题的重视并做进一步的研究。

六、临床病例讨论

临床病例讨论是指对临床上的疑难重症,或较复杂的病例的诊断和治疗等问题进行集体讨论,记录讨论过程,并把重要内容简要地整理成文稿,使读者对该疾病的诊断、治疗等有明确、系统和深刻的认识。

七、评论

评论一般是指作者、读者或编者对期刊中的某一论文或某一专题的思想性、学术性等进行评论,提出评论者的见解、主张和意见,使原著的逻辑性、学术性和理论性更趋完善。

八、编辑述评

编辑述评是由专业期刊编辑部根据近期某一领域的研究热点,组织该领域的权威或专家撰写而成的。

医学论文的体裁除上述几种外,还有信稿、技术交流、译文等。

第五节　医学论文的写作格式及要点

医学论文的写作格式和方法越来越趋向程式化和国际化。目前，世界上大部分生物医学期刊论文都遵循 ICMJE 制定的《生物医学期刊投稿的统一要求》（现更名为《学术研究实施与报告和医学期刊编辑与发表的推荐规范》）的通用格式。因为该要求首次制定的地点是在温哥华，所以简称温哥华格式。我国在国际通用格式的基础上也制定了国家标准，对生物医学期刊的投稿也有一定的格式规范和要求。但不同的期刊在某些细节上可能会略有区别，因此在写作时还要参考所投期刊对论文的格式要求，多数期刊会在其"投稿须知"中列明该刊论文及参考文献的格式要求。以下介绍医学论文的一般格式及学位论文和医学综述的写作要点。

一、医学论文的一般格式

基础医学研究、临床医学理论研究和实验研究等各类学术研究论文，一般由前置部分、主体部分和附录部分构成。前置部分包括题名、作者、摘要、关键词、中图分类号、文献标识码等；主体部分包括引言、材料和方法、结果、讨论、结论、参考文献等；附录部分常常是一些插图和表格等。以下是各部分的写作要点。

（一）题名

题名是对论文内容的高度概括，是以最恰当、最简明的词语反映论文中最重要的特定内容的逻辑组合。题名应当符合准确、简明、醒目、规范的要求，力求题文相扣、突出主题，充分表现论文的中心内容，以激发读者的阅读兴趣。中文题名一般在 20 个字左右，必要时可列一个副标题；外文题名一般不宜超过 10 个实词。通常最终的题名是在论文写作、修改过程中修改选定的或在全文完成后提炼出来的。

（二）责任者署名

责任者署名包括责任者姓名、单位、邮政编码及 E-mail 地址。多人合写时，主在前，次在后；多单位合写时，用脚注标明。所谓责任者，是对论文的科学性、创新性、学术性等负有直接责任的作者。责任者署名要坚持实事求是的原则，按所承担责任和贡献大小进行排列。根据温哥华格式的要求，署名责任者应具备的条件是：参与论文主题内容的构思与设计，资料与数据的采集、分析和解释；起草论文或对其中重要理论内容作重大修正；参与论文撰写，了解论文全部内容，且有答辩能力并同意发表。

（三）摘要

摘要又称内容提要，是对文献内容准确扼要而不加注释或评论的简略陈述。目前生物医学学术期刊多数采用结构式摘要。国内医学期刊的结构式摘要，一般包括研究目的（objective)、方法(methods)、结果(results)、结论(conclusion)四部分。研究目的往往用一句话概括研究课题所要解决的问题,即论文的主题内容;方法部分简要说明研究所采用的方法、途径、对象、仪器、设备、试剂和药品剂量等;结果部分主要介绍研究所发现的事实,获得的数据、资料,发明的新技术、新方法,取得的新成果等;结论部分是介绍研究者在对研究结果进行分析的基础上所得出的观点或看法,提出尚未解决的问题或有争议的问题等。写作摘要力求精练、清晰,尽可能采用专业术语,并用第三人称语气表述,连续写出,不分段落,不加小标题,不举例证。摘要格式要规范,内容简短、完整,一般占全文文字的10%左右;为文字性资料,不使用图、表、化学结构式。另附内容基本一致的英文摘要。

(四)关键词

关键词是指能表达论文主题内容特征的、具有实质意义的单词或词组,一般从题名、摘要、正文中提取,并尽可能选用符合 MeSH 的词。一篇论文列出 3~8 个关键词,最多不超过 10 个,词与词之间空一格书写,不加标点符号。外文字符之间可加逗号,除专有名词的字首外,其余均小写。

(五)中图分类号

可查阅我国医学院校图书馆使用的《中国图书资料分类法(第五版)》分类体系中的 R 类,并依次逐级找到与论文主题相对应的分类号。

(六)文献标识码

为了便于文献的统计和期刊评价,确定文献的检索范围,提高检索结果的适用性,每篇论文或资料应标注一个文献标识码。《中国学术期刊(光盘版)》设置了 A、B、C、D、E 共 5 种文献标识码。其中,A 表示理论与应用研究学术论文(包括综述报告),B 表示实用性技术成果报告(科技)、理论学习与社会实践总结(社科),C 表示业务指导与技术管理性文章(包括领导讲话、特约评论等),D 表示一般动态信息(通讯、报道、会议活动、专访等),E 表示文件、资料(包括历史资料、统计资料、机构、人物、书刊、知识介绍等)。

(七)文章编号

为了便于期刊文章的检索、查询、全文信息索取和远程传送以及著作权管理,凡具有文献标识码的文章均可编制一个数字化的文章编号,其中文献标识码为 A、B、C 的三类文章必须编号。该编号在全世界范围内是该篇文章的唯一标识。文章编号由期刊的国际标准刊号、出版年、期次号及文章的篇首页码和页数等 5 段共 20 位数字组成。其结构为:XXXX-XXXX(YYYY)NN-PPPP-CC。其中,XXXX-XXXX 为文章所在期刊的 ISSN,YYYY 为文章所在期刊的出版年,NN 为文章所在期刊的期次,PPPP 为文章首页在期刊中的页码,CC 为文章页数,"-"为连字符。期次为 2 位数字。当实际期次为 1 位数字时需在前面加"0"补齐,如第 1 期为"01"。仅 1 期增刊用"S0",多于 1 期增刊用"S1""S2"……文章首页所在页码为 4 位数字,实际页码不足 4 位者应在前面补"0",如第 139 页为"0139"。文章页数为 2 位数字,实际页数不足 2 位者应在前面补"0",如 9 页为"09",转页不计。文章编号由各期刊编辑部给定,中文文章编号的标识为"文章编号:"或"[文章编号]"。英文文章编号的标识为"Article ID"。

(八) 引言

引言又称前言、导言,是正文的开端。其内容主要包括论文研究的目的、范围及所要解决的问题,前人在本课题相关领域内所做的工作、尚存的知识空白及当前研究进展,拟用什么方法去解决所提出的问题,预期研究结果及其意义等。

引言的写作在包括上述内容的同时要注意以下事项:① 内容切忌空泛,篇幅不宜过长。回顾历史应择其要点,背景动态只要概括几句即可,引用参考文献不宜过多。根据以往的经验,一篇3 000～5 000字的论文引言字数在150～250字为宜。② 不必强调过去的工作成就。回顾作者以往的工作只是为了交代此次写作的基础和动机,而不是写总结。评价论文的价值要恰如其分、实事求是,慎用"首创""首次发现""达到国际一流水平""填补了国内空白"等提法。因为首创必须有确切的资料。对此,可以用相对委婉的说法表达,如"就所查文献,未见报道"等。③ 不要重复教科书或众所周知的内容。例如,在讨论"维生素D是否能预防骨质疏松"这个问题的文章中,没有必要再说明什么是维生素D、什么是骨质疏松。④ 引言只起引导作用,可以说明研究的设计,但不要涉及本研究的数据、结果和结论,尽量不要与摘要和正文重复。结果是通过实验或临床观察所得,而结论是在结果的基础上逻辑推理提升的见解。在引言中就对结论加以肯定或否定是不合逻辑的。⑤ 引言一般不另列序号及标题。

(九) 材料与方法

该部分主要说明研究的对象、使用的材料、研究的方法及研究的基本过程。它为研究结果提供科学依据,也便于别人重复、验证。在实验研究论文中,该部分内容包括仪器设备的型号、生产厂家,药品试剂的来源、制备、选择标准、批号、纯度,观察和受试对象的选择标准与特征,实验方法、观察与记录指标的确定,实验程序、操作要点,统计学处理方法的描述等。临床研究论文中,这部分称为"临床资料",其内容包括病例选择标准(诊断与分型)、病例的一般资料(病情和病史)、随机分组情况(实验组与对照组)、治疗用药(剂量、剂型与给药途径)、疗效观察项目(症状、体征、实验室检查等)、疗效判断标准(痊愈、显效、缓解、无效或死亡)。

(十) 结果

研究结果是指通过实验所获得的数据与观察到的现象,必须是研究者的第一手资料,因而是论文的关键部分,是研究工作的结晶。全文的结论由此得出,讨论由此引发,判断推理和建议由此导出。结果应按研究的逻辑思维顺序依次列出,并用统计指标、统计图表或文字进行描述,数据要用统计学方法处理。凡能用文字说明的问题,尽量不用图表,对同一数据不要同时用表、图、文字重复叙述。使用表格要规范化,目前国际上通行三线表,即在表题与表头之间画第1条横线,在表头与表身之间画第2条横线,在表身与表的脚注之间画第3条横线。表中文字左边对齐,数字以小数点为基准上下对齐。

(十一) 讨论

讨论部分是论文的核心,也是最难写的部分。评价论文水平的高低、作用的大小,在很大程度上取决于这部分内容。讨论的内容能否深入,在很大程度上是由作者的理论思维、学术素养、分析判断能力、文字表达能力及信息素养等综合素质的高低决定的。应当根据研究结果,结合基础理论和前人研究成果,应用国际国内最新的学说、理论、见解,对课题进行分析,做出解释,强调结果发现的意义及对将来研究的启示。其内容主要包括:对不论是阳性或阴性的结果均做补充说明和解释;对结果进行分析、探讨,对可能的原因、机制提出见解,阐明观点;将结果与当前国内外有关研究进行比较,并对其理论或实践意义做出评价;提出作者在研究过程中的经验、体会;指出该结果的可能误差,研究过程中存在的缺陷与教训;提出进一步研究的方向、展望、建议或设想等。

讨论的内容大致包括以下几个方面:① 简要概述国内外对该课题的研究近况,以及该研究的结论和结果与国际、国内先进水平相比处于什么地位。② 根据研究的目的阐明该研究结果的理论意义和实践意义。③ 着重说明本文创新点所在,以及该研究结果从哪些方面支持创新点。④ 对该研究的限度、缺点、疑点等加以分析和解释,说明偶然性和必然性。⑤ 说明该文未能解决的问题,提出今后研究的方向与问题。并不是每篇论文都必须包括以上内容,应从论文的研究目的出发,突出重点,紧扣论题。

讨论部分要特别注意以下几点:① 讨论是作者阐明自己的学术观点,并不是自由论坛,不能泛泛而谈。讨论的内容要从论文的研究结果出发,围绕创新点与结论展开,要做到层次清晰、主次分明,不要在次要问题上浪费笔墨,以免冲淡主题。与文献一致处可一笔带过,重点讨论不一致处;引证必要的文献,切忌写成文献综述。② 实事求是、恰如其分地评价,不妄下结论,切忌推理过度外延。医学中尚有许多尚未阐明的问题,所以推理应非常谨慎,通常冠以"可能"等或然性词语。③ 任何研究都有其局限性,如国内的研究结果有待国外验证;体外试验有待体内试验验证。因此,讨论要坚持一分为二的观点,对于与他人研究结果不一致处要认真分析原因,要抱有虚心追求真理的态度与他人商榷,切勿持"唯我正确"的态度。④ 并非每篇论文都要有讨论,有的短篇可不写。如果结果与讨论关系密切,则可放在一起写,合称"结果与分析"等。

(十二) 结论

结论部分是根据研究结果和讨论所做的高度概括性论断。结论应概括研究的主要内容和研究结果,指出通过研究解决了什么问题,总结发现了什么规律,对前人的研究或见解做了哪些修正、补充、发展、证实或否定。结论部分的写作应注意突出重点、观点鲜明、评价恰当,文字力求精练。

(十三) 致谢

致谢是指对责任者以外的,对论文写作确实有帮助或有实际贡献的合作者或指导者表示尊重或谢意。致谢是对他人劳动予以肯定的一种方式,一般附于文后。

(十四)参考文献

论文中凡是引用他人论文中的论点、材料、数据和结果等,均应按出现的先后顺序标明号码,依次列出他人论文的出处。其目的在于:① 佐证作者的论点,说明论文中某些认识、观点、论据的来源;② 尊重原作者;③ 便于读者进一步检索原文。参考文献是科研的起点和基础,也是论著的重要组成部分。参考文献应当是作者亲自阅读的、与论文关系密切的、有代表性的主要著作,宜少而精,而且应是公开发表的文献。参考文献的著录格式应符合所投期刊的规定和要求。国内期刊的参考文献著录格式一般遵循 GB/T 7714—2015《信息与文献 参考文献著录规则》(该版国家标准于 2015 年 5 月 15 日发布,于 2015 年 12 月 1 日起实施)。该标准规定了各个学科、各种类型出版物的文后参考文献的著录项目、著录顺序、著录用的符号、各个著录项目的著录方法以及参考文献在正文中的标注法,著录项目包括专著、专著中的析出文献、连续出版物、连续出版物中的析出文献、专利文献以及电子文献。网络信息依据特定网址中的信息进行著录,需要加上数字对象唯一标识符(DOI)。以下略举几例。

1. 期刊文献

著录格式:[序号]主要责任者. 题名:其他题名信息[J]. 期刊名,年,卷(期):页码. 如果是从网上获取的期刊文献,还要加上电子文献载体标识和"[引用日期]. 获取和访问路径. 数字对象唯一标识符."。例如:

[1] 李炳穆. 理想的图书馆员和信息专家的素质与形象[J]. 图书情报工作,2000(2):5-8,95.

[2] 陈建军. 从数字地球到智慧地球[J/OL]. 国土资源导刊,2010,7(10):93[2013-03-20]. http://d.g.wanfangdata.com.cn/Periodical_hunandz201010038.aspx. DOI:10.3969/j.issn.1672-5603.2010.10.038.

2. 普通图书

著录格式:[序号]主要责任者. 题名:其他题名信息[M]. 其他责任者. 版本项. 出版地:出版者,出版年:引文页码. 例如:

[1] 罗杰斯. 西方文明史:问题与源头[M]. 潘惠霞,魏婧,杨艳,等译. 大连:东北财经大学出版社,2011:15-16.

[2] 冯友兰. 冯友兰自选集[M]. 2 版. 北京:首都师范大学出版社,2008:第 1 版自序.

3. 一般网络信息

著录格式:[序号]主要责任者. 题名:其他题名信息[文献类型标识/文献载体标识]. 出版地:出版者,出版年:引文页码(更新或修改日期)[引用日期]. 获取和访问路径. 数字对象唯一标识符. 例如:

[1] Cochrane 协作组织. 我们的证据[EB/OL]. [2019-4-26]. https://www.co-

chrane. org/zh – hans/evidence.

【注】 文献类型标记:普通图书 M,会议录 C,汇编 G,报纸 N,期刊 J,学位论文 D,报告 R,标准 S,专利 P,数据库 DB,计算机程序 CP,电子公告 EB。电子文献的载体类型标记:磁带 MT,磁盘 DK,光盘 CD,联机网络 OL。

虽然有国家标准,各个期刊规定的具体格式也可能略有不同,投稿时还应详细了解拟投期刊的规定细则。国外期刊的常用引文格式有若干种。温哥华参考文献格式(作者 – 序号体系)与哈佛参考文献格式(作者 – 时期体系)并列为医学领域最为常用的两种参考文献格式。MEDLINE 和 PubMed 数据库均采用温哥华格式。该格式的最新版本刊载在 NLM 出版的《引用医学:作者、编辑和出版社的 NLM 指南》(*Citing Medicine*:*The NLM Style Guide for Authors*,*Editors*,*and Publishers*)(https://www.nlm.nih.gov/citingmedicine/)上。

手工著录参考文献容易出错,可以利用各数据库的文献导出、百度学术搜索和 Google 学术等搜索引擎的引文导出等功能,选择合适的格式,自动生成参考文献,再根据具体情况微调。也可以利用专门的参考文献管理工具管理参考文献,自动生成文后参考文献列表。

(十五) 英文摘要和英文关键词

联合国教科文组织规定:全世界公开发表的科技论文,不管用何种文字写成,都必须附有一篇简明的英文摘要。我国大部分生物医学期刊对刊登的论文也要求有一篇简短的英文摘要,其目的是促进国际学术交流。内容包括英文题名、著者及作者单位的汉语拼音译名、英文摘要、英文关键词。

(十六) 附录

附录为一些图表、实物照片等,必要时可附在论文的末尾作为正文主体的补充项目。附录与正文连续编页码,不同附录另起一页。

二、学位论文的一般格式

三类学位论文的水平要求不完全一样,但写作规律基本相同,而且格式与医学论文的一般格式有很多相同之处。学位论文的撰写格式及其写作的特殊要求如下。

(一) 封面

封面由学位授予单位统一印制。封面内容通常包括中英文论文题名、所在单位、学生姓名、学科专业名称、研究方向、指导老师姓名与职称、导师小组成员姓名与职称、论文完成日期等。

(二) 论文独创性及使用授权声明

两项声明需要论文作者及导师签署。

(三) 中英文摘要

学位论文有两种摘要。一种摘要比较简短,篇幅、写法与医学论文一般格式中的摘要相同;另一种是详细摘要,供答辩委员会成员审阅。详细摘要的内容包括:学位论文的主要内容、所获得的主要结果和数据、讨论中的主要观点和最终的主要结论。详细摘要应概括地介绍研究思路、过程及论证方法等,篇幅通常在2 500字左右。

(四) 关键词

学位论文一般选择3~8个关键词。

(五) 目录

目录由论文的篇、章、节、附录等的序号、标题和页码编排而成。

(六) 序言或引言

学位论文的引言含选题理由、文献综述及其学术地位。引言部分可以反映学生对该专业领域知识的掌握程度、收集文献信息的广度和深度及综合文献信息的能力。

(七) 材料与方法、结果、结论、讨论、致谢、参考文献

这几部分的写作方法与医学论文的写作方法基本相同。但为了反映硕士、博士研究生在实验设计、基本操作、数据处理、理论分析等方面的能力和水平,在论文中对实验与设备、研究过程、取得的结果、计算程序、推理论证等应写得更为详尽、具体,以便评委对研究生是否掌握坚实的基础理论和系统的专业知识,以及是否具有独立从事科研工作或担负专业技术工作的能力做出恰当的评价。

(八) 附录

附录包括在论文中没有直接引用而又与论文内容有关的原始文献、数据、图表、复杂的公式推导、照片、相关的注释、术语符号说明、全称缩写对照表,某些在正文中未做介绍的试剂配制、仪器设备,曾发表的相关论文等。

三、医学综述的一般格式

医学综述的作用在于它能够对医学科研或临床的研究过程进行全面、系统地回顾,并反映医学科研现状及发展趋势。综述是作者以某一专题为中心,从一个学术侧面围绕某个问题,收集一定历史时期(主要是近期最新文献)有关文献资料,以自己的实践经验为基础,进行消化整理、综合归纳、分析提炼后写成的概述性、评述性专题学术论文。其特点包含三个方面:一是综合性。综述要纵横交错,既要以某一专题的发展为纵线,反映当前课题的进展;又要与国内外研究现状进行横向比较。只有如此,文章才会占有大量素材,经过综合分析、归纳整理、消化鉴别,使材料更精炼、更明确、更有层次和更有逻辑,进而把握本专题发展规律和预测发展趋势。二是评述性。综述须比较专门、全面、深入、系统地论述某一方面的问题,对所综述的内容进行综合、分析、评价,反映作者的观点和见解,并与综述的内容构成整体。一般来说,综述应有作者的观点,否则就不成为综述,而是手册或讲座了。三是先进性。综述不是叙述学科发展的历史,而是要搜集最新资料,获取最新内容,将最新的医学信息和科研动向及时传递给读者。

医学综述在篇幅结构、参考文献等方面都有特别要求。国内发表的医学综述多为

3 000～6 000字。最近,期刊上出现了一些短小的微型综述(被称为"mini review"),此类综述文章高度概括现期研究并预测未来,很受读者欢迎。医学综述的前置部分与其他医学论文基本相同,其主体部分主要由前言、正文、总结、参考文献四部分构成。

（一）前言

综述的前言简要说明写作本文的理由、目的、意义,内容涉及范围,学术背景,发展现状及争论焦点。字数一般在200字左右。

（二）正文

这是综述的核心部分。其内容结构灵活多样,通常围绕中心论题,综合归纳前人文献中所提出的理论和事实,比较各种学术观点,阐明所提问题的历史与依据、研究现状与动向、发展趋势与展望等。一般可按题目大小、内容的多少及相互之间的逻辑关系安排不同层次的大小标题,按论点和论据组织材料,从不同角度叙述主题的中心内容。

（三）总结

该部分概括正文的主要内容,得出一个简单、明确的结论,并指出存在的分歧或有待解决的问题,以及进一步研究的方向。字数一般以300字左右为宜。

（四）参考文献

综述是在阅读了某一专题相当数量文献的基础上,经过分析研究,从中选取较有价值的信息资料,进行归纳整理后撰写的综合性描述论文。因此,参考文献的选取十分重要,并注意按引用的顺序进行编号著录。

第六节　医学论文的写作步骤

一般医学论文的写作包括选题、构思与选材、拟定写作提纲、撰写初稿、修改定稿等几个步骤。一般医学论文、学位论文和医学综述的写作略有不同,现分别介绍如下。

一、一般医学论文的写作步骤

（一）选题

医学论文的选题来源与医学科研的选题来源是一致的,通常有上级主管部门下达的科研项目或招标的攻关课题、科研或临床单位需要解决的课题、医学工作者根据个人所从事专业选定的课题等。选题的基本程序一般包括提出初步设想、检索并阅读文献和立题3个基本步骤。选题的基本要求应遵循科研选题的总体原则。

（二）构思与选材

构思是指围绕论文的主题合理地组织好论文内容结构的思维过程。首先以论点为中心,论据和材料为内容,形成论文的框架结构;再根据所要论述的主题,将有关内容材料,按主次关系及相互之间的联系组织起来,做出逻辑严密、层次清晰的论证;最后在结论中表明问题的解决办法,结尾和开头相互呼应。

(三) 拟定写作提纲

从构思出发,根据中心论点和分论点,拟定写作大标题及需要分出的小标题,然后紧扣各级标题,列出拟安排的要点和相应资料及位置,包括自己的观点、观察结果、参考文献、图表等,形成整篇论文布局合理的写作脉络。

(四) 撰写初稿

根据要求按写作格式及提纲完成初稿。

(五) 修改定稿

初稿完成后,仔细阅读全文,从整体着手反复推敲,检查写作的目的、意义是否明确,斟酌立论是否正确、严谨,论据是否充分、客观,思维是否清晰、周密,结构是否合理、富有逻辑性,重点是否突出、分明,语句是否准确、精练,有无明显的错误等。另外,还要注意医学术语及专用词的正确使用。

二、学位论文的写作步骤

(一) 选题

学士论文一般由指导老师给出选题范围,让学生从中选择;硕士论文则是在导师的指导下,由硕士研究生独立选择研究课题,而导师主要在选题方向、思路方面给予指点,并创造条件充分发挥硕士研究生的主观能动性,培养其独立选题的能力;博士论文由博士研究生靠自己的探索和创新能力,独立进行研究课题的选择。例如,用某种实验手段或方法对研究对象某方面的特性或效应进行实验观察或调查观察的观察性课题,比较适合于学士、硕士论文的写作;而用自己已有的或创新的手段或方法探索研究对象的本质或事物的机制的探索性课题,如创建新的测试方法、某种疾病的病因学研究、病理机制的研究等,则比较适合于博士论文的写作。当然,选题应尽可能注意与导师或导师小组成员的专业及研究方向相近。

(二) 收集资料

撰写学位论文首先要求对涉及的专业领域文献信息有一个完整的了解和系统的积累,范围尽可能宽一些,基础医学、临床医学、本专业学科、邻近学科及边缘学科的文献都应该收集,特别要阅读本专业学科的文献综述、相关专著、学术期刊的原始文献等,并先写出文献综述。

(三) 开题报告

选定课题后,在研究工作开始之前,要准备向导师、同行专家做开题报告,特别是研究生的开题报告应独立完成。报告的内容主要是选题的目的、意义,课题的历史背景、现状和发展趋势,本人研究的初步方案,需要解决的问题和突破的难点,预期的结果,完成的主客观条件,以及对课题的先进性和可行性的论证。在导师、同行专家评议后,再做必要的修改和补充,经导师最后审阅认可后,进入研究工作阶段。在研究的某个阶段或研究结束后,便可着手论文写作。

(四)论文答辩报告

学位论文答辩既是对学生知识结构、科研水平的检验,也是对其思维能力、表达能力、解决问题的能力、信息素养等的综合考察。答辩中要重视研究的数据和结果,又要看治学态度和学风。答辩报告是学生在答辩开始时所做的 20~30 分钟的关于论文内容的简要报告。报告的内容和思路大致如下:先说明为什么要选择这个研究课题,关于这个课题前人曾做过哪些方面的研究、解决了哪些问题、还存在哪些问题,然后介绍自己的主攻方向是什么,研究中主要根据什么理论、采用什么方法、获得哪些结果、取得哪些成果、有何资料佐证、创新之处何在、有何不足、有什么新的打算等。另外,还要做好回答论文中所涉及的各种学术问题的准备。回答问题时要冷静,对于有把握的问题要进一步申述自己的理由;对于拿不准的问题不能盲目辩解,应实事求是地回答;对于指定回答的问题不清楚的,应谦虚地当场问清楚,然后作答。

三、医学综述的写作步骤

(一)选题

医学综述的选题要从客观需要、自我优势出发,选择新的、有不同见解的、有足够的文献资料作为佐证,能够充分体现医学综述价值的课题,注意选题不要太宽,要有一定的深度。可从以下几方面选题:医学基础理论研究的新进展、新观点;新发现的疾病或对疾病的新认识;诊断或治疗疾病的新技术、新方法的临床应用情况;某一疾病的诊断、治疗现状与进展;新药物、新仪器设备的临床应用前景;各学科之间的相互渗透和新产生的边缘学科的研究概况等。

(二)收集阅读文献资料

丰富的文献资料是撰写医学综述的基础,因此,系统地收集有关课题的医学文献,仔细阅读分析相关医学文献,消化吸收其中的精华要点,并用医学信息研究方法加以归类整理等,是撰写医学综述的至关重要的步骤。

(三)拟定提纲

按照医学综述的选题宗旨,对收集的医学文献进行分析研究、归类整理后,拟定出简明而又充分反映综述主题内容要点的标题式提纲,对文献资料如何排列、编号,细节如何安排,在什么部分讨论什么问题等应明确而具体,并注明文献资料的出处。

(四)撰写初稿

根据拟定的提纲和相应的材料,宜一次性完成初稿的写作。

(五)修改定稿

修改医学论文是作者对所论述的客观事物认识不断加深的过程,是探讨医学研究由表及里的过程,同时也是作者对所进行的医学研究和临床实践中的结果和作用负责的表现。因为作者在论文修改过程中,要对医学研究和临床实践中所获得的数据、结果和实际作用做进一步的分析理解和准确表达。医学研究和医疗临床实践中的任何学科都与患者的诊治有直接或间接的关系,也就是说,医学论文的实践性是与医疗实践活动联系在一起的。医学论文总结提出的一项新技术或新方法,以及对药物作用的评价,甚至一个数据、一个名词术语、一种技术操作细节,均会在不同程度上对医疗工作产生某种影响。因此,认真审核修改医学论文中的错误和纰漏,十分必要和重要。初稿完成后,除了做常规修改外,有时需要反复阅读有关文献资料,认真校对引用材料或请有关专家审校,最后定稿。

第七节 医学论文写作的常见问题

一、选题与立题问题

标题太长或单调,主题不突出;标题与内容不符或题目太大而内容贫乏。

二、概念不清

在医学写作中,有些作者对患病率、发病率、病死率、死亡率、感染率等概念混淆不清。例如,有些作者把"构成比"当作"率"。

三、关于疗效的确切评价问题

(一)只有观察组,没有对照组

有比较才有鉴别,医学研究如无适当的对照进行比较,就难以得出有效结论。即使有了对照组,若两者之间没有可比性,同样不能得出确切的结论。因此,对照组与实验组一定要在性别、年龄、病情、病期、病型、部位、疗程等条件大致相同的情况下,才有可比性,其结果才有科学价值。

(二)病例资料经过挑选

有些论文作者对所谓"资料不全""疗程未满""未随访到"的病例剔除不计,这样所得的结果往往比实际疗效高,其结果的科学性必然受影响。更有甚者,对一些数据,主观臆断地以某种缘由加以剔除,完全失去了研究的意义。

(三)考核方法和考核指标的科学性不够

① 无明确的客观指标,仅凭患者主诉进行考核;② 观察、研究人员主观、片面;③ 考核标准过低;④ 数据未经统计学处理;⑤ 考核方法不够科学。

(四)统计学方面的差错

(1)对照组的设立(随机同期对照、历史性对照、不同地区或医院的对照、交叉对照)。

(2) 随机化分组(简单、区组、分层)。

(3) 盲法(非盲、双盲)。

上述情况说明,在考核疗效时一定要注意:① 病例资料的可比性;② 客观数据要经统计学处理;③ 考核指标要有严格的科学性(有可比性,指标不能过低,不能有主观片面性等)。

四、图表的应用问题

图表是表达研究数据,使之一目了然的最简洁方法。一般来说,图是从表来的,可以使读者从图中看出一个大概趋势和实验内容。在图表应用上,可用文字表达的就尽可能不用图表,必须用时图表也不宜过多,一般在4幅以内。

五、写作技巧问题

医学论文写作要求文字简练,力争达到"少一句不够,多一句则啰唆"的要求。一般论著字数在2 500～5 000字,病例报告在1 000字。简化字要规范,不用自选字及自选简化字。各种符号也要符合规范。文中医学名词、药物名词、数字、统计学符号、缩略语等的使用均按国家及行业标准执行。计量单位应使用法定计量单位。

第八节　医学论文写作中参考文献管理工具的利用

一、参考文献管理

课题研究与论文写作通常需要参考大量文献,包括书籍专著、各类论文、事实型数据、网络信息等。这些文献来源不一,格式多样,收集、利用、保存和管理这些文献都要花费很多时间与精力。论文写作时,也需要花费一定时间按照统一格式整理文后参考文献列表。参考文献标注的准确性和格式的规范性会直接影响论文整体的学术规范性及投稿成功率,因此参考文献管理工具应运而生。

参考文献管理工具,即参考文献管理软件,是功能强大的科研论文写作助手。其在文献搜集过程中,可以帮助我们按照主题从不同数据库检索、提取、组织、下载各类文献;在文献研读过程中,可以协助我们分析、筛选重要文献,记录笔记,摘引总结观点;在论文写作过程中,参考文献管理软件提供的"边写边引用"插件可以方便我们恰当引用之前研读的文献,自动形成规范的文后参考文献脚注或尾注,并在我们更改正文内容或选取不同的参考文献样式时,自动刷新文后参考文献的内容与格式。

二、常用参考文献管理软件

论文写作常用的参考文献管理软件包括 EndNote、NoteExpress、Mendeley、知网研学等,它们的基本功能相似,又各具特色,使用者可以根据自身需求和条件选择不同的工具。

（一）EndNote

EndNote 是一款著名的参考文献管理软件,其版权归科睿唯安(Clarivate Analytics)公司所有,有客户端和网页端(Web 版)两种版本,用户个人账号可在两个版本通用,个人数据也可在两个版本间同步。EndNote 客户端软件为商业软件,用户须付费使用(图 8-1)。EndNote Web 版已集成到同属 Clarivate Analytics 公司旗下的 Web of Knowledge 数据库,如果所在机构购买了该数据库,机构成员可免费使用 EndNote Web 版。

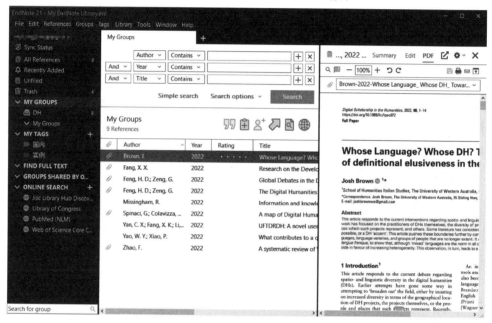

图 8-1　EndNote 客户端软件主界面

EndNote 的功能非常强大,可以方便地建立个人参考文献库,管理文档、图像、表格和方程式等内容,有着良好的使用界面和强大的文献搜索功能,对以 SCI 期刊为主的外文数据库支持良好,同时也能很好地支持中文数据库(但不支持中文题录的全文匹配和下载),其"边写边引用"(CWYW)写作插件支持主流编辑软件 Microsoft Word、Apple Pages 和 Google Docs,无论是文献检索、管理和文献全文获取,还是论文写作过程中的文献引用插入、SCI 期刊论文模板调用,均可为用户提供强大帮助。

EndNote 的主要功能如下:

(1) 文献检索:可以在软件界面搜索数百个数据库,无须逐一打开数据库网站。

(2) 文摘及全文管理:高效管理大量文献信息,多渠道全文获取,支持 PDF 全文搜索和高亮/注释等标记,与 Web of Science 深度整合。

(3) 论文写作与引文编排:支持 6 000 多种参考文献样式,有数百种 SCI 期刊论文模板。

(4) 文献共享与协作:支持与研究小组成员共享文献库,可追踪修改历史。

(5) 支持多个操作系统(如 Windows、MacOS)和 PC 端、移动端平台。浏览器中利用

EndNote Click 插件可快速下载全文,导入文献。

EndNote 官网为 https://endnote.com/。

(二) NoteExpress

NoteExpress 是北京爱琴海乐之技术有限公司的一款参考文献管理软件(图 8-2)。该软件为中文界面,功能丰富,兼容性好,具有响应及时的技术支持和多样的帮助资源,对中外文数据库普遍支持。作为一款国产软件,其使用方式比较符合国内用户的习惯。

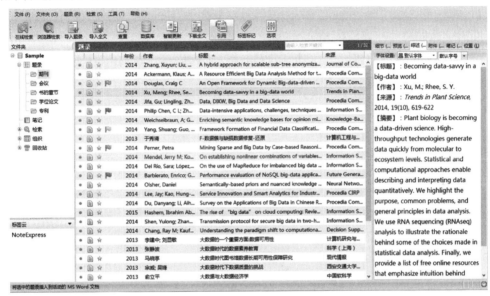

图 8-2 NoteExpress 客户端软件主界面

NoteExpress 的特色功能如下:

(1) 支持多平台云同步,包括客户端软件、浏览器插件和手机 App,帮助用户高效完成文献追踪和收集。

(2) 智能识别全文文件中的标题、DOI 等关键信息,自动更新补全题录元数据。

(3) 内置近 5 年的 JCR 期刊影响因子、国内外主流期刊收录范围和中科院期刊分区数据,在用户添加文献时,自动匹配填充相关信息。

(4) 传统的树状结构分类与标签标记分类相结合,使文献管理更灵活。(EndNote 21 版也增加了对标签的支持。)

(5) 可对检索结果进行多种统计分析。

(6) 写作插件支持金山 WPS、Microsoft Word 和 Office 365 软件。

(7) 内置 5 000 多种国内外期刊、学位论文及国家、协会标准的参考文献格式,支持格式一键转换,支持生成校对报告,支持多国语言模板,支持双语输出。

其缺点是对 Mac 系统支持欠佳。不过该公司的另一款同类软件"青提学术"提供了对 MacOS、Windows、Linux、iOS、Android 的支持。

NoteExpress 官网为 https://www.inoteexpress.com。

NoteExpress 帮助页面为 https://www.inoteexpress.com/wiki/index.php。

(三) Mendeley

Mendeley 是一款口碑甚佳的免费参考文献管理软件(图 8-3),现被 Elsevier 集团收购。Mendeley 为每一个免费注册账户提供 2 GB 云端存储空间,支持多种操作系统和多平台(包括 Windows、Mac、Linux、iOS、Android 等平台)云同步。

除了浏览器插件(Web Importer)、写作插件(支持 Microsoft Word、LibreOffice)、PDF 全文搜索、内嵌支持高亮/注释功能的 PDF 阅读器等功能之外,Mendeley 的一大特色是学术网络社交平台的集成。用户可公开个人 Profile 和个人研究计划,系统会根据个人资料为用户推荐相关文献和相关领域的研究者,帮助用户组建学术网络;可以创建公开或私密研究群组(Group),与群组成员交流或共享研究内容。用户创建的参考文献格式也可以很方便地共享给他人。

对于没有 EndNote 或 NoteExpress 使用权限的用户来说,Mendeley 是一款很好的替代软件。

Mendeley 官网为 https://www.mendeley.com/。

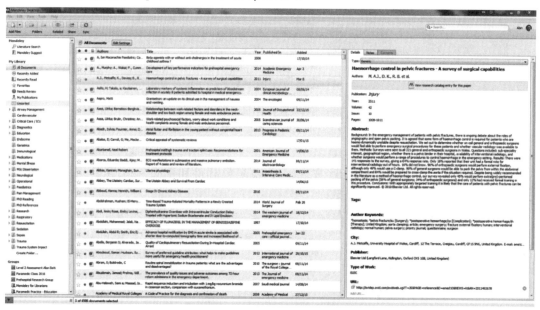

图 8-3　Mendeley 主程序界面

(四) 其他

中国知网平台的"知网研学"(原 E-Study)软件,集文献检索、下载、管理、笔记、写作、投稿于一体,可为学习和研究提供全过程支持。它支持 Windows 和 Mac 平台,有浏览器插件和 Microsoft Word 写作插件,为用户提供 5 GB 存储空间,可实现数据云同步。该软件适合经常使用中国知网的用户,需购买会员后使用。

"知网研学"的特色功能如下:

(1) 内嵌阅读器,支持中文主要学术成果文件格式,包括 CAJ、KDH、NH、PDF、TEB 等文件的管理和阅读,并支持将 WORD、PPT、TXT 转换为 PDF 格式。

(2)支持对学习过程中的划词检索和标注,包括检索工具书、检索文献、词组翻译、检索定义、Google Scholar 检索等;支持将两篇文献在同一个窗口内进行对比研读。

(3)写作插件提供数千种期刊模板和参考文献样式。论文撰写完成并排版后,直接选择要投稿的期刊,即可进入相应期刊的作者投稿系统进行在线投稿。

"知网研学"官网为 https://estudy.cnki.net/。

此外,RefWorks、NoteFirst、Zotero、Citavi 等文献管理软件也各具特色,各有拥趸。工欲善其事,必先利其器。选择一款适合自己的文献管理软件,可以轻松实现参考文献的收集、管理和引用,避免不必要的精力付出,从而更专注于研究写作本身。

参考文献

1. 全国信息与文献标准化技术委员会.信息与文献 资源描述:GB/T 3792—2021[S].北京:中国标准出版社,2021.
2. 全国信息与文献标准化技术委员会.信息与文献 参考文献著录规则:GB/T 7714—2015[S].北京:中国标准出版社,2015.
3. 梅谊.医学文献检索与利用[M].苏州:苏州大学出版社,2011.
4. 徐一新,夏知平.医学信息检索[M].2版.北京:高等教育出版社,2009.
5. 顾萍,谢志耘.医学文献检索[M].2版.北京:北京大学医学出版社,2018.
6. 董建成.医学信息检索教程[M].2版.南京:东南大学出版社,2009.
7. 刘薇薇,王虹菲.医学信息检索[M].天津:天津大学出版社,2009.
8. 杨克虎.生物医学信息检索与利用[M].北京:人民卫生出版社,2009.
9. 赵文龙,李小平,肖凤玲.医学文献检索[M].3版.北京:科学出版社,2010.
10. 代涛.医学信息检索与利用[M].北京:人民卫生出版社,2010.
11. 曹洪欣.医学信息检索与利用[M].2版.上海:第二军医大学出版社,2008.
12. 李彭元,何晓阳.医学文献检索[M].北京:科学出版社,2010.
13. 高俊宽.网络信息检索[M].合肥:合肥工业大学出版社,2015.
14. 陈先平,杨耀防.医学文献检索与论文撰写[M].4版.南昌:江西高校出版社,2019.
15. 付强强,嵇承栋.Step by Step 循证医学文献检索[M].上海:上海科技教育出版社,2019.